역주 목민심서 6

정약용

다산연구회 역주
임형택 교열

창비

6

일러두기

1. 이 책 『역주 목민심서』(전7권)는 1934~38년 신조선사에서 간행한 『여유당전서與猶堂全書』(전67책冊, 1970년에 경인문화사에서 6책으로 영인본 간행) 중 제5집 정법집政法集의 『목민심서牧民心書』를 저본으로 한 『역주 목민심서』(전6권, 창작과비평사 1978~1985)의 전면개정판이다. 전7권 중 국문 번역문은 제1~6권에, 한문 원문은 제7권에 실었다.

2. 원문에 충실한 번역을 원칙으로 하되 독자의 이해를 돕기 위하여 경우에 따라 의역을 하였다.

3. 원저의 지은이 주註는 본문에서 【 】안에 넣었다. 다만 옮긴이의 보충이 필요한 항목은 각주에서 원주의 내용을 밝히고 추가 설명을 하였다.

4. 인명, 지명, 제도, 중요한 역사적 사실과 용어 등에 대하여 옮긴이의 각주를 붙였다.

5. 『목민심서』의 서술 체제는 강목체綱目體로 되어 있는데 이 책에서는 활자의 색과 크기를 달리하고 행간을 띄어 강綱과 목目을 구분하였다.

6. 부(예: 제1부 부임 6조), 조(예: 제1조 전정) 등은 원문에는 없지만 이해를 돕기 위하여 붙였다.

7. 원저의 목目 부분에 ○ 기호로 구분지어 서술해놓기도 했는데, 번역문에서 그 부분을 그대로 따랐다. 다만 독자의 편의를 위해 문단을 나누기도 하였다.

8. 원서의 목目 무문에는 소제목이 없지만 독자의 편의를 위해 소제목을 넣기도 하였다.

9. 이 책에 나오는 기호는 다음과 같이 사용하였다.

   『 』서명을 나타낸다. 서명과 편명을 함께 밝힐 때는 중점으로 구분했다. 예: 『후한서·순리전』

   「 」편명을 나타낸다. 예: 「순리전」「호전」

   〔 〕병기한 한자와 음이 다른 경우, 번역문에 원문을 병기할 때 사용하였다.

   案 鏞案 臣謹案 정약용 자신의 견해임을 밝힌 표현이다. 鏞案은 존경하는 분의 말씀에 대해, 臣謹案은 임금의 말씀에 대해, 案은 그밖의 일반적인 문제에 대한 견해이다.

賑荒六條

備資

흉년에 백성을 구휼하는 정사〔荒政〕는 선왕先王이 이
마음을 쏟았던 일이다. 목민牧民하는 능력은 여기서
볼 수 있다. 이 일이 잘되어야 목민관이 임무가 끝나는
것이다.

『주례周禮』에서 대사도大司徒는 황정荒政 12가지로써 만민을 모은다고
하였는데, 1)산리散利【곡식 종자와 양식을 대여함】, 2)박정薄征【부세를 가볍게 함】,
3)완형緩刑【형벌을 관대하게 씀】, 4)이력弛力【요역을 쉽게 함】, 5)사금舍禁【산택山
澤의 금령禁令을 풀어 백성들로 하여금 나물 등을 채취하게 함】, 6)거기去幾【관문의 장
시場市에서 기찰譏察하지 않음】, 7)생례眚禮【길례吉禮와 빈례賓禮를 줄임】, 8)쇄애殺
哀【상례를 생략함】, 9)번악蕃樂【악기를 치움】, 10)다혼多昏【예를 갖추지 않고 혼례를
많이 치르도록 함】, 11)색귀신索鬼神【폐지되었던 제사를 찾아 다시 지냄.『시경詩經』에
서 "신神으로서 제사를 지내지 않는 것이 없고 제물은 귀중히 여기지 않음이 없다"[1]라고
하였다】, 12)제도적除盜賊【기근이 들면 도적이 많다】이다.

---

1 『시경詩經 · 대아大雅 · 탕지십蕩之什 · 운한雲漢』.

산리散利

○ 창인倉人[2]은 거두어들인 곡식을 저장하여 나라의 쏨쏨이에 대비하는 일을 맡는데, 남는 것이 있으면 저장해두었다가 흉년을 기다려 나누어준다.

박정薄征

○ 균인均人은 지정地政[3]을 고르게 하는 일을 맡는데, 기근이 들거나 전염병이 퍼지면 부역과 부세를 없애고 지세地稅를 거두지 않는다. 지직地職[4]을 지킬 뿐 지정을 고르게 하는 일은 하지 않는다. ○ 사시司市는 나라에 흉년이 들어 굶주리고 전염병이 퍼져 죽어갈 때에 장시에서 세를 받지 않고 포로 내게 한다.

완형緩刑

○ 추관秋官의 사사士師[5]는 흉년으로 기근이 들면 황변荒辯의 법[6]으로 다스린다.

---

2 창인倉人: 『주례周禮』에서 지관地官에 속하는 관직으로 창고에 곡식을 저장·관리하는 일을 관장한다.
3 지정地政: 조세의 부과 등 토지에 관한 행정.
4 지직地職: 지정에 관련된 직무. 여기서는 현상 유지를 위한 최소한도의 직무만을 수행한다는 뜻.
5 사사士師: 『주례』에서 추관秋官에 속하는 관직으로 오금五禁의 법에 의한 형벌을 담당한다. 오금이란 궁금宮禁, 관금官禁, 국금國禁, 야금野禁, 군금軍禁을 말한다.
6 황변荒辯의 법: 흉년이 들었을 때에 특별히 적용하는 법. 백성을 옮겨주고 재물을 통하게 하는 일과 형벌을 완화하는 일 등이 있는데, 여기서는 금법禁法을 관대히 하여 민심을 편안하게 하는 완형緩刑을 뜻한다.

거기去幾

○ 추관의 사관司關[7]은 나라에 흉년이 들고 전염병이 퍼지면 관문의 세 징수를 없애고 오직 기찰만 한다【기찰하되 징수하지 않는 것을 거기라고 한다】.

생례眚禮

○ 추관의 장객掌客[8]은 빈객의 접대를 맡는데, 무릇 빈객에 대한 접대는 흉년이 들면 예를 간소하게 한다. ○ 천관天官의 선부膳夫[9]는 큰 기근이 들면 거擧[10]하지 않고, 전염병이 크게 번지면 거하지 않는다.

번악蕃樂

○ 대사악大司樂은 전염병이 크게 번지거나 큰 기근이 들거나 큰 화재가 나거나 대신大臣이 죽는 등 무릇 나라에 큰 우환이 있으면 악기를 풀어놓게 한다.

〔鏞案〕 이런 일들은 모두 선왕의 예禮이다. 수령으로서 선왕의 도를 행하려 하는 자는 흉년을 당하면 마땅히 그대로 따라 행해야 할 것이다. 궁결宮結에서 넉넉히 거두어 그만큼 민결民結에 고루 혜택이 가게 하면【'전정'(제6부 제1조)에 나와 있다】 이것이야말로 '산리'라고 할 수 있다. 민고民庫

---

7 사관司關:『주례』에서 추관에 속하는 관직. 관문에서 상인들의 왕래를 살피고 상품에 세를 부과하는 일을 맡았다.
8 장객掌客:『주례』에서 추관에 속하는 관직. 사방에서 오는 빈객에게 음식을 지공支供하는 등의 접대를 맡았다.
9 선부膳夫:『주례』에서 천관天官에 속하는 관직. 왕실의 요리를 맡았다.
10 거擧: 소를 잡아서 음식을 성대하게 차림.

의 잡요雜徭【현령이 먹던 것】 가운데서 줄일 수 있는 것을 줄이면 이것이야 말로 '박정'이라고 할 수 있다. 부황이 들고 피골이 상접한 자에게 매질을 가하지 않으면 이것이야말로 '완형'이라고 할 수 있다. 관에서 하인들을 뽑아 보낼 때에 그 노고와 비용을 걱정해주면 이것이야말로 '이력'이라고 할 수 있다. 사가私家의 제사에 희생물을 쓰지 않고 감사의 순력巡歷 때에 아첨하지 않으면【음식물의 접대를 줄임】이것이야말로 '생례'라 할 수 있다. 기생을 물리치고 풍악 쓰기를 그만두어서 감히 행락하지 않는다면 이것을 '번악'이라고 할 수 있다. 장시에서 세를 받지 않아 장사꾼과 나그네가 모여들면 이는 곧 사시司市의 정사요, 음식물을 간소하게 줄여서 백성을 진휼하는 데 보태면 이는 곧 선부膳夫의 뜻이다. 그 누가 고례古禮는 오늘에 행할 수 없다고 말하겠는가.

『예기禮記·곡례曲禮』에서 말하였다. "흉년이 들어 곡식이 제대로 되지 못했으면, 군후君侯는 식사에 제폐祭肺[11]를 하지 않고, 말에게 곡류를 먹이지 못하게 하고, 군후가 달리는 도로에 풀을 제거하지 않도록 하며, 제사에는 악기를 쓰지 않는다. 대부大夫는 기름진 음식을 먹지 않으며 사士는 술자리에서 풍악을 쓰지 않는다." 〖鏞案〗수령으로서 흉년에 능히 음식을 갖추어 먹지 않고 말에게 곡식을 먹이지 않으면 예를 아는 자라 할 것이다.

『예기·옥조玉藻』에서 말하였다. "흉년이 든 해에는, 천자는 소복을 입고 장식하지 않은 수레를 타며 식사 때에 풍악을 잡히지 않는다. 군君은 베옷을 입고 본本[12]을 착용하며, 관문과 교량에서는 세를 받지 않고【통행

---

11 제폐祭肺: 군후는 식사 시에 허파 부위를 써서 제祭를 지냈다고 한다.
12 본本: 원주에 본은 "사士의 홀笏"을 가리킨다고 하였다. 군후는 원래 상아로 만든 홀을,

세을 거두지 않음], 산택山澤에서는 열列【열이란 엄중한 금령을 뜻함】을 하고 부세를 매기지 않을 뿐 아니라 토목공사를 일으키지 않는다. 대부는 수레와 말을 새로 마련하지 않는다." ○ 구준丘濬은 말하였다. "옛날의 제왕은 재앙을 만나면 필히 만사에 두려운 마음을 가져 모든 일을 줄이고 깎았다. 이는 비단 백성의 시름을 걱정해서만이 아니고 대개 하늘의 재앙을 두려워해서이다. 그러므로 『주례』에서는 큰 기근이 들면 거豦하지 않고 전염병이 크게 번지면 거하지 않는다고 했으니 '거'란 소를 잡아 음식을 성대히 차리는 일이다. 어찌 음식만이 그랬겠는가. 입는 옷, 타는 수레 등 여러 가지 기물을 만들거나 공사를 일으키는 등의 일을 모두 중지했다. 이는 다름이 아니라 임금과 백성의 분수가 비록 현저히 다르지만 실제로는 서로 도와 함께 살아나가기 때문이다. 흉년에 기근을 당했을 때 우리 백성들은 배고파 울면서 구해주기를 기다리고 애달프게 서로 바라볼 따름이다. 기술을 지닌 자들은 그 기술이 쓸모가 없고 장사하는 자들은 물건을 팔 곳이 없다. 전당을 잡히고자 해도 부잣집에 돈이 없고, 돈을 빌리려 해도 상호上戶에 능력이 부족하다. 물고기·새우·고둥·조개 따위는 다 채취해가서 벌써 고갈되었고 나무껍질이며 풀뿌리도 온통 벗겨내고 파내었다. 얼굴은 사람 모양이 아니어서 도깨비와 흡사하여, 늙은이를 부축하고 어린애를 이끌고 헤매면서 울고 부르짖다가 병들고 쇠잔한 몸을 억지로 일으키는데 굶주린 배를 안고 숨이 껄떡거리니 아침에 저녁 일을 예측할 수 없다. 백성들의 형편이 급박하여 죽음에 다다른 것이 이러함에도 윗자리에 앉은 자로서 어찌 저 홀로 호사를 누릴 것인가. 아무리 향

사는 나무로 만든 홀을 착용하도록 되어 있었다. 그런데 흉년에는 군후가 사의 나무 홀을 착용한다는 의미이다.

락을 누린다 해도 음식이 목구멍에 넘어가지 않을 것이다."

곡량자穀粱子[13]는 말하였다. "다섯 가지 곡식이 익지 않은 것을 대기근
大饑饉이라 한다. 한 가지 곡식이 잘못된 것을 겸嗛【부족하다는 뜻】, 두 가지
곡식이 잘못된 것을 기饑, 세 가지 곡식이 잘못된 것을 근饉, 네 가지 곡
식이 잘못된 것을 강康【빈 쭉정이라는 뜻】이라 한다. 다섯 가지 곡식이 잘못
된 것을 대침大侵【손상된 상태】이라 한다. 대침의 해에 예禮는, 군후는 맛있
는 음식을 갖추어 먹지 않고, 누대에는 단청을 하지 않으며, 활쏘기를 그
만두고【활 쏘는 의식을 폐지한다】, 행차에 벽제辟除하지 않고, 백관은 포의布衣
를 입되 제대로 재단하지 않고, 귀신에게는 빌기만 하고 제사 드리지 않
는다. 이것이 대침의 예이다. 鏞案 선왕의 예는 흉년에 별도의 법제가 있
었으니 수령 된 자는 마땅히 이 뜻을 알아야 할 것이다.

『동국문헌비고東國文獻備考』에는 선조 26년(1593) 경성京城에 큰 기근이
들었는데 임금이 마침 의주義州의 피난길에서 돌아와 다음과 같은 교서
를 내렸다고 나와 있다. "유사有司[14]가 하루에 백미白米 6승을 올리는데,
나는 평소에 본디 하루 세 끼를 다 먹지는 않으니 3승의 쌀인들 어떻게
다 먹겠는가. 이제부터 마땅히 3승을 덜어 백성을 구휼하는 다섯 곳[15]에
나누어 보내도록 하라." ○ 영조 9년(1733)에 이런 교서가 내려졌다. "오늘
날 거듭된 기근이 이 지경에 이른 것은 내가 부덕한 소치가 아닐 수 없
다. 임금에게 바치는 쌀〔御供米〕은 추수 때까지 5분의 1을 줄이고 선반미宣

---

13 곡량자穀粱子:『춘추곡량전春秋穀粱傳』의 저자인 곡량자를 가리키는 말이지만 실제로는
『춘추곡량전』을 가리키고 있다. 인용 부분은『춘추곡량전·양공襄公 24년』에 보인다.
14 유사有司: 담당자를 말하는데 여기서는 음식을 맡은 사람.
15 다섯 곳: 당시 서울은 동·서·남·북·중앙 등 5부로 구분되어 있었는데, 여기서는 5부에
각각 설치된 진장賑場을 가리킴.

飯米 [16] 이하 일체를 헤아려서 좁쌀[小米]로 대체하라." ○ 영조 36년(1760)에 흉년이 들었다. 임금이 흥화문興化門에 나와서 떠도는 거지 100여 명을 불러 죽을 먹였는데, 그 죽을 한 그릇 가져오게 하여 친히 맛보았다[『국조보감國朝寶鑑』에 나와 있다]. 案 임금의 존귀한 처지로도 자책을 하며 감선(減膳, 임금이 먹는 것을 줄임)하기를 이와 같이 하였거늘, 하물며 감사나 수령들이 감히 스스로 편안을 누리고 즐기면서 자기 몫을 덜고 줄일 방도를 생각하지 않는단 말인가. 조석으로 항시 먹는 음식은 잡곡밥에다 반찬은 두 접시에 그치고, 거기서 남는 것을 모아서 진휼 물자에 보태며, 제사에는 특돈(特豚, 돼지고기)을 쓰고 손님 접대도 풍성하게 하지 않으면 그런대로 예에 들어맞을 것이다.

장횡거張橫渠가 가우嘉祐 초년에 운암현령雲巖縣令으로 있을 때의 일이다. 흉년이 들어 거친 쌀을 그의 부인이 찧으려고 하자 그는 급히 중지시키면서 "굶어 죽은 시체가 들판에 가득하니 우리가 거친 음식을 먹는 것도 오히려 부끄럽거늘 게다가 더 정하게 만들어 먹을 수가 있겠소?"라고 하였다. 한숨짓고 안타까워하다가 식탁에 앉아 음식을 들지 않은 적이 여러 번이었다. 案 이것이 감선減膳의 뜻이다. 무릇 마음에 편치 않은 일은 군자라면 하지 않는다.

충정공忠定公 장영張詠이 항주杭州를 맡아 다스릴 때 일이다. 기근이 들어 소금 판매의 금령을 어겨 잡혀 온 자들이 수백 명이었는데 그는 처벌을 모두 관대히 하였다. 관속들이 불가하다고 주장했으나 그는 "전당(錢塘, 항주의 별칭)의 천 집 만 집 굶어 죽은 사람이 무수하거늘 소금 판매를

---

16 선반미宣飯米 : 관아에서 관원들에게 제공하는 식사를 마련하기 위한 쌀.

엄히 금지하게 되면 떼거리로 도적이 되어 장차 우환이 더 커질 것이다. 추수가 끝난 뒤에도 계속 어기면 마땅히 단호히 다스릴 것이다"라고 말했다. 과연 경내에 끝내 시끄러운 일이 없었다. ○ 부필富弼이 청주靑州를 맡아 다스릴 때의 일이다. 하삭河朔[17] 지역에 홍수가 나서 수재민이 많이 발생하자 그는 이들을 전부 구휼하였다. 그리고 산림과 하천에 연명할 것이 있으면 채취를 허용하니 그 주인도 금하지 못하였다. 案 이것은 '사금'의 뜻이다.

> 구황의 정사는 미리 준비하는 것이 가장 중요하다.
> 예비해두지 않으면 일이 모두 구차하게 될 것이다.

여조겸呂祖謙이 말하였다. "대저 황정荒政으로서는 옛날 선왕들이 예비해두었던 정사가 있으니 그것이 최상이요, 이회李悝의 정사[18]를 닦아서 행하는 것이 그 다음이요, 축적해둔 곡식이 있고 주고받을 곳이 있어 서로 유통을 하도록 해서 백성을 옮기고 곡식을 옮기는 방식이 또 그 다음이다. 아무것도 없으면 죽을 끓여서 기민饑民에게 나누어 먹이는 것이 최하이다."

○ 미리 준비하는 것은 왕의 정사요 일개 수령이 어떻게 할 수 있는 일이 아니다. 비록 그렇긴 하지만 내 이미 나라의 백성들을 군주를 대신해

---

17 하삭河朔: 중국의 황하 이북 지역. 청주는 지금의 산동성山東省에 속해 있는데 황하의 하류가 산동성 북부를 통과한다.
18 이회李悝의 정사: 이회는 중국 위魏나라 때에 법제 개혁을 주도했던 인물(2권 255면 주 13 참조). 이회의 정사는 그가 평적법平糴法을 창안한 사실을 가리킨다.

서 맡았는데 혹 흉년을 만난 경우에 장차 이를 어떻게 하겠는가. 한 고을에 기근이 들면 이웃 고을의 곡식을 옮길 수 있고 한 도에 기근이 들면 여러 도의 곡식을 옮길 수 있겠거니와, 기사년 갑술년처럼 전국에 기근이 드는 경우[19] 장차 어찌 할 것인가. 창고는 텅 비어 있어 고을 안에서는 곡식을 얻을 수 없고, 여러 고을에서 소동이 일어나 감사에게 곡식을 요청할 수도 없다. 손을 쓸 방도가 없어 마음만 바빴지 사람들이 쓰러져 죽어가는 것을 서서 보고만 있을 따름이다. 명색이 목민관으로서 얼마나 부끄러운가. 무릇 물物이란 그 이치가, 귀해지면 천해질 징조요 흔해지면 귀해질 징조이다. 만약 여러 해 풍년이 든 끝에 곡식이 흙처럼 천해지면 수령은 자의로 돈 수천 냥을 들여서 곡식 수천 석을 사들여 불의의 사태에 대비하는 것이 마땅하다. 그리하여 혹시 모내기가 잘 끝나서 기근이 들 걱정이 없을 때는 비축한 양곡을 내다 팔면 필시 남는 것이 있을 것이다. 만약에 시가時價가 여전히 오르지 않는 경우 배로 운반하여 다른 지역에 가서 팔면 필시 해결될 것이다. 매양 보면 수령들은 고을에 관장으로 있는 것을 여관에 머무는 것같이 생각해서 봉름俸廩[20]의 나머지를 으레 가객家客[21]에게 맡기는데 집에 돌아가서 챙겨보면 온전히 남아 있는 사례가 드물다. 재임 중에 곡식을 사들여서 흉년에 대비하고, 풍년이 들면 이웃 고을에 판매하여 민역民役에 보탬이 되게 하며, 흉년이 든 해에는 기민에게 나누어주고 구휼에 보태 쓰는 것과 어찌 같겠는가. 그리고

---

19 기사년은 1809년인데 큰 흉년으로 기록되어 있으며, 갑술년은 1814년인데 역시 이듬해에 걸쳐 흉작으로 인심이 흉흉했다.

20 봉름俸廩: 녹봉과 기타 수입.

21 가객家客: 집안의 제반 업무를 맡아 관리하는 사람. 겸인傔人, 즉 청직廳直이나 책객冊客이 이에 해당한다.

도 필시 본전本錢은 없어질 까닭이 없다. 공사 간에 다 좋은 것이 이보다 더한 것이 어디에 있겠는가. ○ 무릇 '예비'의 정사에는 두 가지 일이 있으니 하나는 곡식을 사들이는 것이요, 다른 하나는 포흠을 징수하는 것이다. 곡식을 사들이는 것은 마땅히 앞의 방법과 같이 하면 되고, 포흠의 징수는 또 논의할 필요가 있다. 무릇 아전의 포흠은 마땅히 풍년에 적발하여 곡식이 흔할 때에 포흠을 모두 징수해서 창고를 채워야 한다. 법에 정해놓은 창고에 남겨둬야 할[應留] 곡식이 모두 실제의 액수대로 채워져 있으면 비록 흉년이 들더라도 무엇을 걱정할 것인가.

장영이 익주益州를 맡아 다스릴 때의 일이다. 촉蜀 지방은 본래 산이 험악하여 노는 자들이 많아 조금이라도 홍수나 가뭄을 만났다 하면 백성들은 으레 식량에 곤란을 겪었다. 그 당시 쌀 1두의 값이 36전이나 되어 여러 고을의 전세田稅를 시가로 셈해보니 쌀로 환산하면 6만 곡斛이었다. 다음 봄에 이르러 성 안의 가난한 백성들을 조사, 그 수를 헤아려 양권糧券을 나누어주고 본값을 내고 먹게 하였다. 조정에 아뢰어 항구적 제도로 삼았는데 70여 년이 되도록 때로 천재로 인한 기근이 있었지만 그곳 백성들은 굶주린 기색이 없었다.

송나라 신기질辛棄疾이 복주福州를 맡아 다스릴 때의 일이다. 1년이 못되어 축적한 돈이 50만 민緡에 이르렀다. 비안고備安庫라고 방牓을 붙이고 이렇게 알렸다. "민閩[22] 지역은 땅이 험차하고 인구가 조밀해서 흉년이 들면 광동廣東에서 곡식을 사들여야 하는 형편인데 지금 다행히 연이어 풍년이 들었다. 종실宗室 및 군인들이 창고에서 쌀을 내다가 판매하고

---

22 민閩: 중국 복건성福建省의 별칭이다. 복주는 지금의 절강성浙江省에 속한 곳으로 복건성에 접한 지역인데 당시에는 복건성에 속해 있었다.

가을에 값이 떨어지기를 기다려서 비안고 돈으로 곡식 2만 석을 채워놓으면 유비무환有備無患이 될 것이다."

고려 이무방李茂芳이 경주부윤으로 있을 때의 일이다. 전에 큰 기근이 들었는데 그가 부임하자 마침 농사가 잘 되었으므로 이무방은 백성의 편의를 위해 생선과 소금을 팔아서 의창義倉을 설치하고 진대賑貸에 대비하였다.

홍처량洪處亮[23]이 청풍부사로 있을 때 고을이 궁벽한 산골에 있어서 매년 들어오는 것이 본디 약소했다. 그는 아껴 쓰고 저축하여 3년이 되자 곡식 수천 곡斛을 마련, 별도의 창고에 봉해서 저장해두고 흉년에 대비하였다. 그가 떠난 후로 경신년(1680)에 큰 기근을 당하자 온 고을이 그것에 힘을 입었다.

『동국문헌비고』에 이런 내용이 있다. "영조 12년에 우의정 송인명宋寅明이 아뢰기를, '작년 농사가 꽤 잘되었는데 금년 역시 풍년이 들 듯합니다. 제가 얼마 전에 우연히 송나라 사마광司馬光의 문집을 보았더니, 흉년이 든 후에 진휼곡을 모으려면 일이 쉽지 않으니, 필히 풍년이 든 해에 각 고을에서 진휼곡을 미리 모아들이되 그 많고 적음에 따라서 진휼할 때처럼 등급을 나누고 상벌을 내리면 효과가 있을 것이라고 하였습니다. 이 말이 매우 좋습니다. 지금 풍작이 든 때에 각 도와 각 고을에서 진휼곡을 모으게 하고, 그중에서 곡식을 가장 많이 모은 고을에 포상하고 부족한 고을에는 벌을 내리면 흉년을 만나더라도 진휼 물자가 모자라는 근심이 없을 것입니다'라고 하여 임금이 윤허하였다." 案 맹자孟子는 "개

---

23 홍처량洪處亮, 1607~1683: 자는 자회子晦, 호는 북정北汀, 본관은 남양南陽이다. 예조참판, 대사헌 등을 역임했고 판중추부사에 이르렀다.

돼지가 사람의 먹을 것을 먹는데도【풍년에 곡식이 지천으로 널려 있는 것을 뜻한다】단속【알뜰히 거두어들이는 것을 뜻한다】할 줄 모르고, 길에 굶어 죽은 시체가 버려져 있는데도【흉년】창고를 열 줄【창고를 열어 진휼하는 것】을 모른다"라고 했다. 이는 풍년에 예비하지 않고 흉년에 진휼하지 않는 것은 그 죄가 사람을 칼로 찔러 죽이는 것과 다름이 없다고 말한 것이다. '예비'는 나라가 항상 힘써야 할 임무이다. '예비'가 없는 것은 정치가 없는 나라이다.

> 환곡 장부 중에는 진곡賑穀이 따로 있으니
> 본 고을에서 저장하고 있는 진곡의 유무와 허실을
> 자주 검사해야 할 것이다.

상진곡常賑穀은 호조의 진곡이요, 군자곡軍資穀은 여러 왕에 걸쳐 일찍이 진제賑濟에 사용하던 것이다. 군작미軍作米와 보환곡補還穀은 본디 진제를 위해서 설치한 것이다. 교제곡交濟穀과 제민곡濟民穀과 산산곡蒜山穀[24]은 본래 이웃 도끼리 서로 구제하기 위해서 설치한 것이다. 감사가 흉년에 대비해서 만든 것을 영진곡營賑穀이라 부르고, 수령이 흉년에 대비해서 만든 것을 사비곡私備穀 또는 자비곡自備穀 또는 사진곡私賑穀이라 부른다. 이제 큰 기근을 만났으니 어찌 활용하지 않겠는가. 다만 그 환곡

---

24 교제곡交濟穀 · 제민곡濟民穀 · 산산곡蒜山穀: 흉년에 지역적 차이에 따라 발생하는 문제를 대비하기 위해 준비한 양곡으로 대개 영조 연간 이래 설치되었다. 교제곡은 함경도와 강원도를 위한 것으로 함경도의 원산과 경상도의 포항에 이 양곡을 관리하는 창이 있었다. 제민곡은 호남의 순천과 나주, 호서의 비인庇仁에 창이 있었다. 산산곡은 낙동강 하류인 김해 대저면大渚面에 창이 있었다. 이들에 관한 설명이 3권 제6부 제3조 '환곡 장부 하'에 나온다.

을 나눠주는 것과 남겨두는 것의 실제 수와 포흠의 많고 적음은 진실로 조사하여 살피지 않으면 반드시 문책을 받을 것이다. 본래가 허류虛留인데 상급 관청이 나누어주기를 마치 실제로 있는 것과 같이 한다면 장차 어찌 할 것인가. 미리 살피지 않을 수 없다【진곡의 본말은 「창름고倉廩考」[25]에 아울러 밝혔고 또 '환곡 장부'(제6부 제3조)에도 나와 있으니 여기서는 생략한다】.

『경국대전經國大典』에 규정하였다.[26] "여러 진鎭의 소금 굽는 일과 해초 따는 일은 숫자를 갖추어 관찰사에게 보고해야 한다. ○ 여러 읍에서는 백성으로 하여금 해마다 구황救荒하는 물자를 갖추게 한다." 臣謹案 국초에는 진휼 물자를 예비하는 법이 이와 같았는데 지금은 좋은 법이 모두 폐지되었으니 왜 그렇게 되었는지 까닭을 모르겠다.

『속대전續大典』에 규정하였다.[27] "각 읍의 진곡은 매년 힘닿는 대로 비축해야 한다. 전혀 거행하지 않는 자는 벌을 논한다. ○ 진곡을 준비한다고 핑계하여 민간에 권분勸分[28]하는 일은 금한다." ○『대전통편大典通編』에 규정하였다.[29] "호조와 병조에 응납應納하는 마포麻布와 면포를 가지고 삼남三南에서 쌀로 바꾼 것을 군작미라 하며, 때에 따라 수납하고 방출함으로써 구황에 대비한다."【비변사 소관이다】 臣謹案 여러 왕들이 진휼 물자를 예비하는 법이 이와 같았다. ○ 지금도 남쪽 지방 각 고을에 군작미가 적지 않지만 모두가 아전의 포흠이 되고 한번 흉년을 만나면 오직 권분을

---

25 「창름고倉廩考」:『경세유표經世遺表 · 지관수제地官修制 · 창름지저倉廩之儲』를 일컫는 듯하다.
26 『경국대전經國大典 · 호전戶典 · 비황備荒』.
27 『속대전續大典 · 호전 · 비황』.
28 권분勸分: 흉년에 부자에게 진휼곡을 기부하도록 권유하는 것. 다음 조인 제11부 제2조 '기부를 권함'에 자세하다.
29 『대전통편大典通編 · 호전 · 비황』.

일삼을 뿐이니 어찌 한심하지 않은가.

한 해 농사의 작황이 판명되면 빨리 감영에 가서 다른 고을의 곡식을 옮겨오는 것[移粟]과 조세 줄이는 것을 의논해야 한다.

『국조보감』에 다음과 같이 기록되어 있다. "효종 2년 봄 황해도에 전염병이 크게 번졌으므로 약물藥物을 나누어 보내고 관향미管餉米 9만 2000석으로 구제하였다." ○ "효종 10년 통영곡統營穀[30] 1만 석을 옮겨 호서와 호남의 기근을 구제하였다." ○ "관서에 큰 기근이 들었는데, 임금이 굶어 죽은 시체가 널려 있다는 소식을 듣고서 눈물을 흘리면서 평상시의 음식을 줄였으며, 어사를 뽑아 보내면서 적절히 백성을 살리고 군보미軍保米[31]와 노비신공奴婢身貢[32]을 덜어주도록 명하였다." ○ "현종 원년 명을 내려 함경도 삼蔘과 포布의 공납을 반으로 덜어주고[또 단천端川의 은銀 공물을 감하였다] 영동과 영서의 대동미大同米, 여러 도의 전세田稅와 노비공포奴婢貢布를 덜어주었으며 충청도에 대해서는 미米의 수납을 1결에 1두씩 감해주도록 하였다." ○ "현종 2년 경기에는 봄에 거두는 쌀[33]을 결마다 2두씩 감하였다." ○ "현종 11년 각전各殿의 향온미香醞米[34]를 적절히 감하

---

30 통영곡統營穀: 통영統營 관할의 환곡.
31 군보미軍保米: 군보軍保들이 내는 쌀.
32 노비신공奴婢身貢: 여기서 노비는 사노비가 아닌 공노비를 가리킨다. 이들에게서 징수하는 몸값을 '노비신공'이라고 한 것이다.
33 봄에 거두는 쌀: 대동미의 절반은 가을에 거두고 절반은 봄에 거두었다.
34 향온미香醞米: 향온香醞은 궁중에서 쓰는 술의 일종, 향온미는 향온을 빚는 데 쓰는 쌀.

고, 강화의 쌀 3만 석을 운반해 서울에서 내다 팔고 호조의 염鹽·철鐵·포布를 전라도에 나누어주어 진휼 물자에 충당하고, 어영군御營軍의 상번上番을 정지해서 그 보미保米를 여러 도에 그대로 두어 구제에 쓰라고 명령하였다." ○ "현종 12년 3월 삼남·원양原襄[35]·황해·경기의 전세를 본도에 두어 굶주리는 백성을 구제하도록 명하였다."

숙종 즉위년 큰 기근이 들어 신포身布의 절반을 감하고, 군보미 12두를 바쳐야 하는 자에게는 2두를 감하고 또 전세와 대동을 차등을 두어 감해주도록 명하였다. ○ 숙종 3년 겨울 비변사에서 "경기·영남·호서에서 피해가 매우 심한 지역은 전세를 모두 본 읍에 유치해두어서 진휼 물자로 삼았다가 내년 가을을 기다려 본 읍에서 도로 징수하도록 하고, 대동과 삼수미三手米는 절반을 감하고, 여러 군문軍門의 번포番布와 보미保米 또한 절반을 감하고, 제반 신포身布와 노비신공을 각각 차등을 두어 감하고, 피해가 심하지 않은 곳도 각기 차등을 두어 감하며, 영남에서 피해가 매우 심한 곳은 진상호표피進上虎豹皮,[36] 군기월과미軍器月課米,[37] 기인가포其人價布,[38] 제용감정포濟用監正布[39] 등을 아울러 전부 감하게 하옵소서"라고 아뢰었다. ○ 숙종 7년 함경도에 기근이 들어 6진鎭 각 읍의 제반 신역과 납부

---

35 원양原襄: 강원도의 옛 이름. 원주와 양양. 한때 강원도의 별칭으로 사용되기도 했다.

36 진상호표피進上虎豹皮: 왕에게 진상으로 올라온 호랑이나 표범의 가죽.

37 군기월과미軍器月課米: 각 관청의 군기軍器를 마련한다는 명목으로 백성들에게서 받아들인 쌀. 이것은 대동법 실시 이후에는 대동미에 포함되었다. 경상도에서는 이해(숙종 3년)부터 대동법이 시행되었다.

38 기인가포其人價布: 땔감과 숯 등을 바치는 일을 맡고 있는 사재감司宰監 소속의 공인貢人을 기인其人이라고 하는데 그들이 역 대신 바치는 포를 기인가포라 한다.

39 제용감정포濟用監正布: 포물布物, 인삼, 비단, 옷감 염색 등을 맡아보던 관청인 제용감濟用監에서 받아들이는 포.

해야 할 전세·공물 및 삼색노비신공三色奴婢身貢[40]을 아울러 전부 감하도록 허용하고 그 다음 안변安邊 등 아홉 고을은 그것의 절반을 감하였다. ○ 관서와 영동에 기근이 들어 다섯 고을에서는 전세와 신역身役과 신공身貢을 전부 감하고 환자는 3분의 1을 거두고 그 나머지 읍에서도 차등을 두어 줄이도록 하였다. ○ 영동에 기근이 들어 각전의 삭선朔膳을 1년에 한해서 정지하였다. ○ 숙종 8년 전라도에 기근이 들어 쌀과 포를 차등을 두어 감해주었으며 삭선도 정지하였다. ○ 숙종 9년 매 결에 전세를 3두씩 견감하고 삼수량三手糧을 1두 2승씩 감하되 호남의 예에 의하여 진청미賑廳米로 대충하도록 명하였다. ○ 숙종 25년에 온 가족이 사망한 자의 전역田役·신포身布·조곡糶穀으로서 여러 해 동안 징수되지 못한 것은 모두 탕감하였는데 이것은 판중추부사 유상운柳尙運이 아뢴 바에 따른 것이다.

영조 16년 6월에 금년의 전세미를 감하도록 명하였다【전부 감해준 것이다】. ○ 영조 16년 비변사에서 "함경도의 진휼 물자로 이미 나누어준 것이 피곡皮穀 5만 석이고 이제 또 영남의 대동미 2만 석, 군작미 1만석, 세대두稅大豆 2만 5000석, 호남 위대두位大豆[41] 5000석을 마련하여 더 지급하면 전후 나눠준 것이 모두 11만 석이 되는데, 우선 차례대로 들여보내게 하고, 호서와 호남의 군포를 각기 1만 필씩 작미作米하여 선혜청에 상납하게 하되, 작미한 군포의 대가는 함경도 감영은 나누어받은 돈과 포를 옮겨 올려다가 포를 낸 이문에 갚게 함이 마땅합니다"라고 아뢰었다.

---

40 삼색노비 신공三色奴婢身貢: 삼색노비에게서 몸값 조로 받는 것. 삼색노비는 함경도 갑산 등의 지역에 있었는데 세 종류의 노비 신분을 뜻하는 것으로 추정된다. 이들에 대한 신공이 문제되었던 것으로 여러 사료에 보인다.

41 위대두位大豆: 대두는 콩을 가리킴. 일명 태太. 위대두는 밭에 다른 곡물 대신 콩으로 받아들이는 것. 위태位太라고도 함(2권 297면 참조).

왕이 윤허하였다. ○ 영조 38년에 삼남에 큰 기근이 들자 교서를 내렸다.
"호서안집사湖西安集使【윤동섬 尹東暹[42]】가 올린 서계書啓를 보니, 아! 저 굶주리는 백성들을 내 눈으로 보는 것 같구나. 강화의 쌀 2000석과 함경도의 교제창交濟倉 곡식 3만 석을 특별히 지급하도록 허락하니, 각 도의 감사들은 운송 방법을 검토해서 신음하고 있는 굶주린 백성들을 구제하도록 하고, 교제창 곡식을 호남에 4만 석 영남에 3만 석을 마찬가지로 지급하도록 허가한다." 또 교서를 내렸다. "지금 물에 빠진 사람을 건지듯 호남을 도와야 할 일이다. 남북의 교제창에 있는 포항 쌀이 호남에 가장 가까우니 거기 쌓여 있는 쌀 5만 석을 배로 호남에 운반하고 함경도에서 올 곡식으로 교제창을 채워놓도록 하라.【교제창은 연일현에 있다】○ 이해에 또 비변사로 하여금 남북감운사목南北監運事目을 품의해서 확정하게 하였는데 그것을 다음에 기록해 제시한다.

감운사목監運事目

경상도에 북곡北穀 3만 석, 전라도에 북곡 5만 석과 동곡東穀[43] 5000석, 충청도에 북곡 3만 석을 나누어준다. 그런데 영남곡 1만 5000석을 우선 호남에 수송하고, 그 대신 호남에 나누어준 북곡 5만 석 안에서 이 수량대로 그것이 도착하기를 기다려 영남에 되돌려주게 한다. ○ 삼도감운어사三道監運御史 김종정 金鍾正[44]은 호남으로 운송하는 북곡 5만 석과 동곡

---

42 윤동섬 尹東暹, 1710~1795 : 자는 덕승德升, 호는 팔무당八無堂, 본관은 파평坡平이다. 호서안집사·대사헌을 거쳐 판중추부사에 이르렀다.
43 북곡北穀·동곡東穀 : 진휼미로 함경도 지방에서 마련한 것을 북곡, 강원도 지방에서 마련한 것을 동곡이라 칭했다.
44 김종정 金鍾正, 1722~1787 : 자는 백강伯剛, 호는 운계雲溪, 본관은 청풍淸風이다. 영조 때

5000석을 실은 여러 도의 선박이 영남의 경계에 도착하기를 기다렸다가 즉시 남선南船[45]에 차례차례 옮겨 실어 호남의 경계까지 독려하여 수송한다. 그런 뒤 영남에 나누어준 북곡 3만 석이 도착하기를 기다려 영남에 넘겨준다. ○ 양호감운어사兩湖監運御史 윤사국尹師國은 호남에 나누어준 북곡 5만 석 및 동곡 5000석 중에서 영남에서 대신 충당한 곡식 1만 5000석은 독려하여 호남에 수송하고, 호서에 나누어준 북곡 3만 석은 마찬가지로 독려하여 호서의 경계에 수송하되, 매번 곡식이 호남의 경계에 이르면 많고 적고를 따지지 말고 도착하는 대로 현장에서 수량을 헤아려 3분의 2는 호남에 부치고 3분의 1은 호서로 이송한다. 그리하여 호서는 3만 석의 수량에 맞추고 호남은 5만 5000석의 수량에 맞춘다. ○ 함경북도[46] 어사 김상익金相翊[47]은 운송해야 할 관關[48] 이북의 곡물을 한꺼번에 배에 실어 남관南關[49]으로 독려하여 수송한다. ○ 함경남도 어사 이인배李仁培[50]는 운송해야 할 관 이남의 곡물을 먼저 포장해서 실어 발송한다. 관 이북에서 오는 곡식이 도착하기를 기다려 곧 강원도의 경계까지 독려하여 수

의주부윤을 거쳐 청천군淸川君에 봉해졌다. 정조 때 홍국영洪國榮에 의해 물러났다가 복관되어 한성판윤을 지냈다.

45 남선南船: 호남선·영남선 등 남쪽 지방의 배.

46 함경북도: 함경도에서 철령鐵嶺 이북 지방을 가리키는 말. 당시에는 행정 구역으로 구분된 것이 아니었다.

47 김상익金相翊, 1721~?: 자는 중우仲佑, 본관은 광산光山이다. 영조 35년(1759) 별시에 을과로 급제, 전라감사, 이조참의 등을 지냈으나 정조 즉위 후 정조의 왕위 계승을 반대했었다는 협의로 유배되었다.

48 관關: 여기서는 철령에 있는 관문. 관행적으로 이 관문을 경계로 해서 함경도의 남과 북을 갈라서 불렀다.

49 남관南關: 철령관 이남 지방, 즉 함경남도 지역을 가리킴.

50 이인배李仁培, 1716~1774: 자는 계수季修, 호는 회계廻溪, 본관은 전의全義이다. 영조 32년(1756) 식년문과에 병과로 급제, 대사간을 지냈다.

송한다. 그러면 독운차사원督運差使員이 담당하게 되는데 곡물이 실린 배 그대로 교대해서 밤새워 영남의 경계까지 운송한다. ○ 각 도에서 곡식을 운반할 때에는 병선兵船·조선漕船·사선私船[51]을 따지지 않고 편리한 대로 취하여 사용한다. 臣謹案 이해【임오년(1762)】에는 경기와 삼남에 큰 기근이 들었는데 진작 아경(亞卿, 참판) 네 사람으로 안집사를 삼았고【다음 편에 나와 있다】 또한 유신儒臣 네 사람으로 감운어사를 삼아서, 한편으로 백성을 안정시키는 방도를 다하고, 한편으로는 배로 수송하는 일을 검독하여 위아래에서 분발하고 안팎에서 진력하여 4도의 백성으로 하여금 끝까지 죽고 병드는 비통을 면하게 하였다. 아름답다! 정사가 극진하다.

멀리 떨어진 도에서 곡식을 옮겨오는 일은 현지에 물자를 비축해두는 것만 같지 못하다. 양쪽이 다 편리한 정사를 의논해서 위에 요청해야 마땅하다.

광해군 초년에 큰 가뭄으로 흉년이 들었다. 선혜청 제조 이정귀李廷龜가 "곡식을 옮겨다가 백성들에게 대여해주는 취지는 원래 기근을 구제하기 위한 것인데, 백성은 실제 혜택을 입지 못하고 한갓 아전들이 협잡하는 재물이 되었으며, 이듬해가 되면 상환을 독촉하여 백성이 더욱더 병들게 됩니다. 오직 부역을 덜어주어 백성들의 힘을 펴게 하면 아무리 그들이 풀과 나무를 채취해 먹더라도 스스로 살아갈 수 있을 것입니다. 청하옵건대 진휼곡으로 선혜청의 지출을 대신 충당하고 경기도 백성들이

---

51 사선私船: 관선에 대조되는 의미의 말. 주로 운수업을 경영하는 민간의 선박을 가리킴.

금년 가을과 내년 봄에 바쳐야 할 쌀을 모두 줄여주십시오"라고 아뢰자, 그대로 따랐다.

현종 12년에 큰 기근이 일어나자 "이런 큰 흉년에 당해서 백성에게 세 징수를 독촉할 수 없으니 아울러 삼남·원양(강원)·황해·경기의 전세를 모두 본 도에 유치留置해서 굶주리는 백성을 구제하라"라고 교서를 내렸 다. ○ 청주목사 남구만南九萬이 상소문에서 이렇게 말하였다. "지금 의논 하는 자들이 '현재 목전에 죽게 된 사람들을 살리려 하다가는 곡식이 먼 저 떨어져서 내년 2~3월경이 되면 필시 백성이 거의 다 죽고 없어질 지 경이 될 터이니, 저들의 죽음을 참고 보면서 곡물을 굳게 지켜 죽는 사람 은 저대로 죽게 놓아두고, 사는 사람은 저대로 살게 놓아둔 채 3~4월경 에 가서 비로소 곡식을 내어 구휼을 하면 그래도 남은 백성은 살아남을 수 있을 것'이라고 합니다. 이런 말이 나오는 것을 보면 막다른 골목인데 계책이 없어 급급황황急急遑遑한 모습을 상상할 수 있습니다. 종전에 이 고을의 전세 및 대동의 남은 미곡을 상납할 때 육지와 강물에서 운반하 는 동안 소모되는 양이 한이 없어 백성이 낸 것이 셋이라면 서울로 실려 오는 것은 하나뿐이었습니다. 지금 만약 거두어 본 고을에 놓아두고 진 휼할 재원에 충당한다면 전부 다 구제받지는 못한다 하더라도 한 부분의 도움은 될 것입니다."

영조 원년에 삼남 지방에 기근이 일어나자 다음과 같은 교서를 내렸 다. "여러 궁宮의 삭선미朔膳米 값을 모두 감해줄 수는 없으되 그 많고 적 음에 따라서 내수사內需司는 300석을, 어의궁於義宮은 200석을, 창의궁彰 義宮은 100석을 감해주면 도합 600석이 된다. 삼남에 각각 200석을 주고 중앙 관아에 상납하지 말게 하고 을사조乙巳條로 회감하여 진휼 물자에 보태도록 하라." ○ 좌의정 민진원閔鎭遠이 "삼남의 진휼 물자는 관서의 면포로 배분하기로 했는데 삼남의 감사가 운수에 폐단이 있다고 하여 본도에서 상납해야 할 것을 유치해서 진휼 물자로 삼고, 배분되는 관서의 면포를 가지고 각 아문에 옮겨 상납하도록 청하였습니다. 각 아문에서는 관서포關西布의 품질이 약간 떨어진다고 하여 시행을 허락하지 않는 일이 많고, 병조에서는 면포가 혹 궁내에 들어갈 때가 있으므로 품질이 나쁜 것으로는 진배進排할 수 없다고 합니다. 생각건대 이 큰 흉년을 맞아 비록 궁내에서 쓸 것이라 하더라도 품질이 조금 나쁜 것이 무엇이 해롭단 말입니까? 청컨대 감사의 청에 따라 바꿔 쓰도록 허락해주십시오"라고 아뢰었다. 이에 왕이 윤허하였다. [臣謹案] 역대 임금들이 흉년을 맞을 때마다 곡식을 옮기고 곡식을 하사하며, 부세를 덜어주고 신포를 덜어주라고 한 명령이 역사에 끊임없이 기록되어 있는데 지금 그 큰 것만 뽑아 대략 백에 하나 정도 열거한 셈이다. 무릇 수령이 된 자가 큰 기근을 만나는 경우 옛 사실을 알아보면 헤아릴 수 있으니, 급히 감영으로 가서 장계狀啓를 올려 권고하여 임금의 은택이 미치기를 기해야 할 일이요, 어리석게 허겁지겁하여 우로지택(雨露之澤, 임금의 은혜)을 스스로 막아서는 안 된다.

진휼에 보태는 물자에 내사품(內賜品, 임금이 내려준 물건)이 있었다. 이를 계승하는 정사는 드디어 관례가 되었다.

「진휼사목賑恤事目」에 "숙종 기미년(1679) 이래 임금이 내린 진휼 물자는 호조의 은 1000냥과 명주 50필, 진휼청의 은 1000냥이었다"라고 나와 있다. ○ 숙종 8년에 후추〔胡椒〕 100두, 단목丹木[52] 1000근, 백반白礬 300근, 호피虎皮 10벌을 진휼청에 특별히 하사하여 진휼 물자에 보태게 하였다【을해년에도 후추·단목·백반 등을 하사하였다】. 匣謹案 이 일은 관례가 되어 영조와 정조에서 순조에 이르기까지 계승되어 왔는데 후추와 소목蘇木【즉 단목이다】이 모자라면 호조에서 그에 해당하는 값을 내려보냈다.

「진휼사목」에는 "여러 도의 진휼을 베푸는 장소에는 공명첩空名帖을 청하는 대로 내려보내 여러 고을에 배당하여 진휼 물자에 보태도록 한다"라고 나와 있다. ○ 영조 원년의 하교는 이러했다. "공명첩은 백성을 진휼하기에 급하여 허가하지 않을 수 없으나 각 아문에서 처리하는 일을 내가 보지 못하였다. 서울이나 지방에서 백성을 진휼하는 데 부득이한 경우 외에는 첩문을 일체 팔지 못하도록 할 것이다." 案 공명첩이란 가선대부嘉善大夫와 절충장군折衝將軍의 임명장에 성명을 비워놓은 것이다. 직첩 1장마다 혹 돈 5냥을 거두고 혹 돈 7냥을 거두는데, 백성들이 다 원하지 않으므로 마침내는 강제로 배당을 한다. 관에서는 벼슬을 판다는 거리낌이 있고, 백성에게는 가렴주구를 한다는 원성을 듣게 되니 좋은 제도가 아니다. 어진 말로 권분을 하여 자진 납부케 하여, 그 보상으로 봉사奉事나 직장直長[53]의 직함을 주는 것만 못하다.

---

52 단목丹木: 콩과에 속하는 열대 식물. 그 목재는 탄력이 좋아 활의 재료로 많이 쓰인다. 소방목蘇方木이라고도 한다.
53 봉사奉事·직장直長: 봉사는 훈련원·군기시 등에 속하는 종8품 관직이고, 직장은 의금부·상서원 등에 소속된 종7품 관직인데, 광해군 이후 가선대부·절충장군 등 명목상의 직함이 흔해졌기 때문에 차라리 이것을 바라게 되었다.

임금의 은혜는 비록 고르지만 또한 좋은
수령이라야만 능히 그 뜻을 받들 수 있다.

정백자程伯子가 부구현扶溝縣을 다스릴 때에 수재로 인해 백성들이 굶
주리고 있었다. 선생은 곡식을 대여해줄 것을 청하였는데 이웃 고을 역
시 같이 청하였다. 사농司農[54]이 노하여 사자使者를 보내 실상을 조사하
게 하였다. 사자가 이웃 고을에 이르자 그 고을 수령은 바로 곡식이 곧
익어갈 것이므로 대여하지 않아도 좋다고 진술하였다. 사자가 선생에게
와서 "어찌 스스로 진술하지 않느냐"라고 하였다. 선생이 그 말에 따르지
않자, 사자는 대여해줄 수 없다고 선언하였다. 선생은 백성이 굶주리고
있음을 역설하며 대여해주기를 요청해 마지않았다. 그래서 마침내 곡식
6000석을 얻어 굶주리는 사람들을 구제할 수 있었다. 그런데 사농은 더
욱 노하여, 대여한 민호의 등급이 같은데도 대여한 것이 동등하지 않다
하여, 현으로 공문을 보내 주리主吏에게 곤장을 치도록 하였다. 선생은
"기민의 구제는 응당 식구의 많고 적음에 따라야지 호戶의 등급이 높고
낮음에 따라서는 안 되는 일이며, 또한 모두 수령인 내가 한 것이지 이속
의 죄가 아니다"라고 주장했다. 결국 무사하게 되었다.

소식蘇軾이 항주를 맡아 다스릴 때의 일이다. 큰 가뭄으로 기근과 전염
병이 번지자, 소식이 조정에 청해 이 지방의 상공미上供米 3분의 1을 면제
받았다. 그래서 쌀값이 뛰어오르지 않았고, 이듬해 봄에는 값을 내려 상
평창미를 방출하여 백성들이 드디어 가뭄의 고통을 면하게 되었다.

---

54 사농司農: 농사일과 백성의 구휼 등을 담당하는 관인. 대사농이라고도 칭함.

김필진金必振이 원성현감原城縣監이 되었는데 그해에 큰 기근이 들어서 관에 구휼을 바라는 백성이 1만여 명이나 되었다. 그는 감영에 공문을 보내 조정에 요구하여 곡식 2000석과 돈 14만 푼을 얻어 진휼하니 1만여 명 모두 살아날 수 있었다.

어사가 내려와서 진휼을 관리하고 감독하게 되면, 마땅히 빨리 가서 뵙고 진휼할 일을 의논해야 한다.

흉년에 진휼을 감독하는 데에는 의당 대신大臣을 보내야 한다. 한위공韓魏公은 대신으로서 익주안무사益州按撫使가 되었고 부정공富鄭公은 귀신貴臣으로서 청주의 진휼하는 정사를 맡았다. 본조本朝의 상당부원군上黨府院君 한명회韓明澮는 삼도구황사三道救荒使가 되었으니, 만백성의 생명을 살리고 한 지방을 보전하는 것은 실로 나라의 대사이기 때문이다. 근세에 감진어사監賑御史[55]로서 신진의 유신儒臣을 많이 파견한 것은 이미 옛 뜻이 아닌데, 기사년(1809)과 갑술년(1814)에는 한 사람의 사신도 파견하지 않아 남쪽 백성이 호소할 데도 없이 쓰러져 죽게 하였다. 이 또한 옛날에는 없던 일이다. 이미 죽어 뼈만 남았는데 그제야 어사를 보내 이미 어긋난 사태를 묻고 따진들 무슨 효과가 있겠는가.

고려 문종文宗 5년에 큰 기근이 들었는데, 어사잡단御史雜端[56] 김화숭金化崇[57]을 서경西京·관내關內[58] 등 서쪽 방면의 선무사宣撫使로 파견했다. ○

---

55 감진어사監賑御史: 흉년에 진휼을 감독하기 위해 특별히 파견된 어사.
56 어사잡단御史雜端: 고려시대에 어사대에 속했던 관직의 하나로 종3품이었다.
57 김화숭金化崇: 고려 문종文宗 때 사람. 어사잡단으로 있을 때 서경관내서도선무사西京關

문종 6년에 관서關西·안북安北[59] 양 도에 기근이 들었는데 어사중승御史中丞 김화숭을 보내어 창고를 열어 진휼하였다.

　세조世祖 4년에 하삼도에 기근이 들자 병조판서 한명회를 명하여 삼도의 구황순찰사救荒巡察使로 삼았는데 백성들이 힘입어서 안정되었다. ○ 영조 7년에 삼남에 큰 기근이 들자 곧 어사 이종백李宗白[60]을 파견하여 삼남 영진사營賑使[61]로 삼았다. ○ 영조 38년에 경기와 삼남에 기근이 들자 안집사를 나누어 보냈는데 경기도에는 호조참판 김시묵金時默,[62] 호서에는 도승지 윤동섬, 호남에는 동지돈녕부사同知敦寧府事[63] 홍인한洪麟漢,[64] 영남에는 대사헌 이이장李彝章이었다. ○ 정조 19년에 호남 연해에 기근이 들었는데 특별히 검교직각檢校直閣[65] 전 승지 서영보徐榮輔[66]를 위유사慰諭

　　內西道宣撫使가 되어 빈민을 구제하고 몇 달 뒤 동북면병마부사東北面兵馬副使로 여진의 침입을 막았다.

58　관내關內: 고려시대에 일시 존치했다가 폐지된 행정 구역인 관내도關內道. 지금의 경기도와 황해도 지역이다.

59　안북安北: 평안남도 안주安州. 고려 때는 안북이라 불렸다.

60　이종백李宗白, 1699~1759: 자는 태소太素, 호는 목천牧川, 시호는 정민貞敏이다. 형조·공조·호조·이조 등의 판서를 지냈다.

61　영진사營賑使: 각 도의 진휼을 감독하기 위해 왕명을 띠고 지방에 파견된 관원.

62　김시묵金時默, 1722~1772: 자는 이신爾愼, 본관은 청풍이다. 영조 때에 발탁되어 호조참판·한성부판윤 등을 역임하였다. 정조의 장인.

63　동지돈녕부사同知敦寧府事: 돈녕부敦寧府에 속했던 종2품 벼슬. 정원 1명.

64　홍인한洪麟漢, 1722~1776: 자는 정여定汝, 본관은 풍산豐山이다. 전라도 관찰사·대사헌·우의정·좌의정을 지냈다. 풍산홍씨들이 시파에 가담해 세손의 즉위를 뒷받침할 때에 그는 벽파에 가담해 세손의 즉위를 반대하였다. 1776년 정조 즉위 후 여산礪山에 유배되어 사사당했다.

65　검교직각檢校直閣: 직각直閣은 규장각 소속 정3품에서 종6품 관원. 검교직각은 현임 직각이 특별한 사정이나 사고가 있을 때 전임 중에서 임시로 맡는 것을 말함.

66　서영보徐榮輔, 1759~1816: 자는 경재景在, 호는 죽석竹石, 본관은 달성達城이다. 진하사 은사進賀謝恩使로 청나라에 다녀온 뒤 암행어사, 수원유수 등을 지냈다. 정약용과 사이가 좋지 않아 누차 해를 입힌 일이 있었다. 저서로 『죽석문집竹石文集』이 있다.

使로 삼아 파견하였다.

이웃 지역에 곡식이 있으면 마땅히 곧 자체적으로
사들여야 하는데, 모름지기 조정의 명령이 있어야만
막힘이 없다.

『주례·지관사도·대사도』에는 "큰 기근이 들면 방국邦國으로 하여금 통
재通財하게 한다"라고 나와 있다. '통재'란 이웃 나라와 상통하여 구제한
다는 뜻이다. 『춘추春秋』에서 규구葵丘의 회맹[67]에 "곡식을 매입하여 막히
게 하는 일이 없도록 한다〔無遏糴〕"[68]라고 한 것이 그 한 조목이다. 『주역周
易』에서는 '유부연여有孚攣如하여 부이기린富以其鄰이라'[69] 하였는데, 왼손
이 마비되면 오른손이 구원해주고 오른손이 마비되면 왼손이 구원해주
는 것을 말한다. '연여'란 곧 이웃 나라와 서로 구제하는 것을 가리킨다.
지금 사람들은 이 뜻을 이해하지 못하고, 같이 한 나라의 신하이면서도
곡식을 막는 행위가 일반화되었으니 천하에 이런 일이 있어서 되겠는가.
이는 조정에서 마땅히 경계해야 할 일이다. ○ 한 해 농사의 결과가 이미

---

67 규구葵丘의 회맹: 중국 춘추시대 제후국들이 서로 다투는 형세가 전개되었는데 그때 제
齊나라 환공桓公이 패권국이 되어서 규구라는 곳에서 제후들과 조약을 맺은 일이 있었
다. 이를 가리켜 규구지회 혹은 규구의 회맹이라고 부른다. 기원전 651년이었다.

68 무알적〔無遏糴〕: 곡식을 대량으로 구매하는 행위를 금한다는 말. 즉 매점매석을 금지한다
는 뜻이다. 이 말이 『맹자孟子·고자 하告子下』에 보이며, '규구의 회맹' 조약문에도 들어
있다.

69 유부연여有孚攣如 부이기린富以其鄰: 『주역』의 소축小畜괘의 제5효에 나오는 구절. '유
부'는 성신誠信이 있는 것을 뜻하는 말이고, '연여'는 서로 관계가 굳은 상태를 표현한 말
이다. '부이기린'은 부를 이웃과 함께 한다는 의미이다. 이에 대한 상象에서 "유부연여하
여 혼자 부를 누리지 않는다"라고 하였다.

판명되면 수령은 공사公私의 돈과 베로 이웃 고을에 사람을 보내 곡식을 구매해서 진조賑糶의 법【시속에서는 발매發賣라 한다】을 시행해야 하는데 그 이득을 취하여 진휼에 보태는 일을 늦추어서는 안 된다.

소기蘇耆[70]가 섬서전운사陝西轉運使로 있을 때의 일이다. 경우景祐 연간 (1034~1037)에 낙양洛陽에 큰 가뭄이 들어 곡식값이 뛰어오르고 백성은 굶어 죽어갔으나 경동京東[71]전운사에서도 진휼할 방법이 없었다. 낙양유수는 소기에게 공문을 보내 곡식 20만 곡을 요청하였다. 그리하여 섬서부陝西府에 문서를 이송하여 요청한 대로 주도록 하였다. 동료가 소기에게 "섬서의 변경에는 주둔하고 있는 군대가 많습니다. 남는 곡식이 있으면 옮겨서 변방을 충실케 하는 것이 옳지 어찌 다른 지역에 보냅니까?"라고 말했다. 소기는 "천재天災가 유행하면 이웃 나라를 구제한다는 내용이 『춘추』에 실려 있소. 그리고 생민生民은 모두 임금에게 매달려 있어 내외의 구분이 없습니다. 만약 우리 변방에 곡식을 보낼 필요가 있다면 내가 마땅히 스스로 해결할 일이요, 이것으로 해서 서로 누를 끼칠 필요가 없지요"라고 대답하였다. 조정에서는 이 일을 매우 가상히 여겼다.

주자朱子의 「알적을 금하기를 요구하는 문서〔乞禁遏糶狀〕」[72]에서 말하였다. "본 군軍 건창현建昌縣 관하의 이피二陂·산전山田 등지에서는 사방으로 흩어져 곡식을 사들이고 있는데, 정안현靖安縣과 신건현新建縣의 향인

---

70 소기蘇耆, 987~1035 : 중국 송宋나라 인종仁宗 때 관리. 자는 국로國老이다. 섬서전운사를 거쳐 태수太守에 이르렀다.
71 경동京東 : 중국 북송시대의 수도는 개봉開封이었다. 경동은 동쪽 지역이므로 하남성河南省과 산동성 지역이 된다. 여기서 낙양은 경동로 소관이며, 섬서는 비교적 인접한 지역이다.
72 「걸금알적장(乞禁遏糶狀)」 : 『주자대전朱子大全·별집別集·공이公移』에 실려 있다. 원 제목은 「신제사걸행복강서불허알적申諸司乞行卜江西不許遏糶」으로 되어 있다.

鄉人들이 미곡을 꾸려서 배에 실으려고 할 때 보니 봉신현奉新縣의 위사尉司·궁수弓手 50여 명이 저마다 창과 몽둥이를 들고 강가를 순찰하면서 미곡을 수송하지 못하게 하는 것이었습니다. 또 봉신현의 차인(差人, 파견자)들이 경계를 넘어와서 막아서고 건창현 관하의 삼피三陂·담덕潭德·효구爻口·피수陂水에서 위아래로 왕래하는 선척을 붙잡아 놓아주지 않는 일을 당하였습니다. 청컨대 봉신현 관리를 잡아서 조사·처벌하고 전과 같이 미곡선米穀船이 오갈 수 있도록 놓아주게 해주십시오." 鏞案 '무알적'은 '규구의 회맹'에 들어 있는 말이다. 이웃 지역의 정의로 보아 재난의 구휼하는 일을 막아서 되겠는가.

황간黃榦이 한양군漢陽軍을 맡아 다스릴 때의 일이다. 기근을 만나 다른 지방의 쌀을 사들이고 상평창을 열어서 구제하고 있었는데 제치사制置司[73]에서 영을 내려 본 군의 곡식을 옮기고 곡식 매입은 금하려고 하였다. 그는 간청하며 회답하기를 "황간이 해임되기를 기다려 시행하십시오"라고 하였다. 이에 구휼하는 일이 제대로 시행되었고 이웃 지역의 굶주린 백성들이 떼지어 모여드는데 고루 따뜻하게 보살폈다. 봄철이 되어 날씨가 풀리자 돌아가려는 사람에게는 양식을 주어 보내고 돌아가지 않고 남는 사람들에게는 집을 지어 살게 했다. 백성들이 크게 감격하고 기뻐하였다.

오준로吳遵路[74]가 통주通州를 맡아 다스릴 때 온 천하가 한발과 왕충蝗蟲의 해를 입게 되었다. 그는 백성들이 아직 굶주리지 않은 때를 타서 부

---

73 제치사制置司: 원명은 제치삼사조례사制置三司條例司로 중국 송나라 희령熙寧 2년에 왕안석의 신법新法을 실시하기 위해 설치된 관서.
74 오준로吳遵路: 중국 송나라 때 사람. 자는 안도安道이다. 비각교리秘閣校理를 지냈다.

자들에게 돈 몇만 관을 모집하여 아전과 군교들을 파견하여 배를 타고 가서 쌀을 사들여 곡가가 뛰어오르지 않게 하였다.

서구사徐九思가 구용현句容縣을 맡아 다스릴 때의 일이다. 흉년이 들어 곡식값이 폭등하자 순무사가 창고를 열어 곡식 수백 석을 평시의 가격으로 팔아 그 값을 관에 바치게 하였다. 서구사는 "저 곡식을 사먹을 수 있는 자들은 그래도 다 힘있는 사람이며 빈민은 평시의 가격이라도 사먹지 못한다"라 말하고 그 반을 시가대로 판매하여 들어온 돈을 관에 돌려주고 나머지 곡식으로 죽을 끓여 굶주리는 사람들을 먹였다. 곡식이 많으면 힘에 맞게 나누어 지고 가게 하고 먼 산골짜기 사람들은 부근 부자들의 곡식을 가져가게 한 뒤 관에서 보상해주었다. 그리하여 온전히 살아난 자가 아주 많았다. 일찍이 "아무리 천자가 큰 혜택을 베푼다고 하더라도 어떻게 한 사람 한 사람에게 세를 덜어주고 복호復戶를 시켜주고 할 수 있겠는가. 오직 목민관으로서 사정을 잘 참작하는 데 달려 있다"라고 하였다.

호태초胡太初는 말하였다. "흉년에는 의당 관전官錢을 미포호米舖戶【즉 미곡상이다】에 대여하여 다른 지방에서 쌀을 구입해와서 팔도록 하되, 다만 백성들이 사먹을 곡식이 있게 할 뿐이고 그 값을 제한해서는 안 된다. 미곡이 폭주하게 되면 값은 저절로 떨어질 것이기 때문이다. 나의 선친이 금계金谿[75]의 수령으로 있을 때 두 해를 연이어 흉년을 만났는데 오로지 이 방도를 써서 백성들이 굶주리지 않았다."

---

75 금계金谿: 중국 북송 순화淳化 5년(994)에 무주撫州에 설치된 현. 지금의 중국 강서성江西省 동부 무주시의 지역이다. 호태초의 부친 호여잠胡余潛은 소정紹定 연간(1228~1233)에 금계의 수령으로 있었다.

『속대전』에 나와 있다.[76] "각 도의 연해에 창고를 설치해서 곡식을 저장했다가 이웃 도에 흉년이 들 때에는 이전하여 구제한다." ○ 나리포창羅里舖倉은 전라도 임피현臨陂縣에 두고 제주의 세 고을[77]을 구제하고 포항창浦項倉은 경상도 연일현延日縣에 두고 강원·함경 두 도를 구제하며, 교제창交濟倉은 함경도의 덕원德源·고원高原·함흥咸興 세 곳에 두어 강원도와 경상도를 구제한다. ○ 『대전통편』에 나와 있다.[78] "교제곡交濟穀은 본창倉에 납부하고 본 읍에 수납, 유치하는 것을 허용하지 않는다. 마음대로 유치한 수령은 처벌한다." ○ 제민창은 본래 사천泗川·나주·순천·비인 등지에 있는데 원곡元穀 2만 석을 유치하여 5분의 1모耗[79]로 가까운 고을에 나누어 방출한다. 나이挪移[80]·가분加分한 자는 교제창의 예例에 따라 처벌한다【순천·나주의 제민창은 지금은 폐지되고 곡물은 각기 해당 고을에 수납, 유치한다】. 臣謹案 교제交濟란 『주례』에서 언급한 통재通財의 의미이다. 나리포는 영암의 이진포梨津浦[81]에 있어야 마땅하나 지금은 그 곡식이 남해 연안의 여러 고을에 나누어져 있어서 일이 편하게 되었다. 臣謹案 교제의 법이 이렇다지만 공곡公穀은 한정되어 있어 두루 미치기에는 부족하다. 수령이 자체적으로 사들여야만 구휼의 업무가 성사될 것이다. 흉년을 만날

---

76 『속대전·호전·비황』.

77 제주의 세 고을: 제주목과 정의현·대정현이다.

78 『대전통편·호전·비언備焉』,

79 5분의 1모耗: 조선 후기에 환곡은 10분의 1모가 통용되는 규정이었다. 『대전통편』에 나오는 이 규정을 모법耗法으로 해석하면 예외적인 조항이 된다. 그러나 정조 21년(1797)에 편찬한 『곡총편고穀總便攷』에 의하면 제민창곡濟民倉穀도 10분의 1모법이 적용되고 5분의 1모를 별장別將 및 각 해당 고을에 나누어준다고 되어 있다.

80 나이挪移: 관에서 보관 중인 전곡錢穀을 잠시 마음대로 이용하여 이익을 남기는 일.

81 이진포梨津浦: 조선시대에 제주로 가기 위해서는 이진진梨津鎭에서 배를 탔다. 이진포는 지금은 전라남도 해남군 북평면에 속하지만 당시에는 영암에 소속되어 있었다.

때에도 그 이웃 도에는 농사가 비교적 잘된 곳이 있기 마련이다. 조정에서는 그 도의 감사에게 지시를 내려 이웃 도에서 곡식을 구입하는 길을 막지 말도록 하며, 공문을 지니고 오는 사람은 선박을 대고 곡식을 사갈 수 있도록 허용해야만 폭넓은 구제가 이루어질 수 있을 것이다.

> 강이나 바다의 포구의 경우 모름지기 저점邸店을 살펴서 횡포하는 행위를 금해 상선商船이 모여들게 해야 한다.

흉년에 상선이 포구에 정박하면 점주店主[82]와 아랑牙郞[83]들이 조종하여 값을 후려치고, 관교官校와 읍리邑吏들이 침탈하고 부정을 저지른다. 상인들은 이런 말을 들으면 뱃머리를 돌려 달아나니, 이것이 쌀값이 날로 뛰는 이유이다. 수령은 마땅히 이를 알아서 상인들의 마음을 기쁘게 하는 데 힘써 그들이 모여들게 하여, 돈을 가진 자가 곡식을 사고팔 수 있게 해야 한다.

청헌공淸獻公 조변趙抃이 월주越州를 맡아 다스릴 때의 일이다. 절동浙東·절서浙西 지방에 가뭄과 황충이 들어 쌀값이 폭등하고 굶어 죽은 자가 잇따랐다. 다른 여러 지역에서는 모두 큰길에 방을 붙여 사람들이 쌀값 올리는 것을 금지하였는데 오직 그는 큰길에 방을 붙여 쌀을 가진 자

---

82 점주店主: 원주에 "배의 주인〔船主人〕"이라고 밝혀져 있다. 저점邸店이란 객주라고도 칭하는데 배에 물화를 싣고 온 상인들에게 숙박을 제공하고 거래를 알선하는 역할을 하는 곳이다. 그래서 '선주인'이라고 한 것이다.
83 아랑牙郞: 원주에 "말질하는 사람"이라고 밝혀져 있다. 즉 곡식을 매매할 때 말질을 하는 자를 일컫는 말인데 거간꾼의 역할을 했다. 그래서 거간꾼이라는 뜻으로도 쓰인다.

가 값을 올려 팔 수 있도록 하였다. 이에 미곡상들이 몰려들어 쌀값이 도로 내리게 되었다. ○ 곡식이 몰려들게 하는 데에는 두 가지 방법이 있다. 첫째는 신임하는 측근자를 보내 외부의 곡식을 사들이는 것이요, 둘째는 쌀값을 올려서 상인들이 모여들게 하는 것이다. 방법은 이뿐이다.

주자는 「사고팔기를 편의하게 해줄 것을 요청하는 문서〔乞從便興販狀〕」[84]에서 말하였다. "방을 내걸어 타일러서 쌀 중개상들이 값을 깎지 못하도록 하고 객인(客人, 밖에서 들어온 상인)에게 문권을 나누어주어 스스로 다니면서 곡식을 판매하도록 했는데, 매우 염려가 되는 것은 주군州軍이 그것을 막아 상인들이 거래하지 못하게 하고 또 간혹 어떤 주군은 마구 잡물雜物이라고 이름을 붙여 이를 빙자하여 세전稅錢을 거두기도 합니다. 이 때문에 상인들이 곡식을 반입·판매하기를 원하지 않는 것입니다. 바라옵건대 상사께서는 엄히 금지, 단속하여 주십시오."

주자는 「미곡 중개상에게 약속하는 문건〔約束米牙帖〕」[85]에서 말하였다. "여러 현의 향촌 민호에서 쌀을 시장에 내다 팔 때 중개상인들이 트집을 잡고 압력을 행사하여 결과적으로 쌀값을 올리게 되는데, 중개상인들은 표준보다 작은 되나 말을 써서 팔아 많은 이익을 남김으로써 드디어 영세민이 살아가기 어렵게 만든다. 이 사정이 실로 절박하고 안타까우니 마땅히 약속을 이해해야 할 것이다." ○ 주자는 「진휼의 일에 관한 문건〔賑恤事件〕」[86]에서 또 말하였다. "보통 객상客商들이 곡식을 팔 때에는 반

---

84 「걸종편흥판장乞從便興販狀」:『주자대전·별집·공이』에 실려 있다. 원 제목은 「걸행강서종편객여흥판미곡乞行江西從便客旅興販米穀」이다.

85 「약속미아첩約束米牙帖」:『주자대전·별집·공이』에 실려 있다. 원 제목은 「약속미아불허두람반미입시등사約束米牙不許兜攬搬米入市等事」이다.

86 「진휼사건賑恤事件」:『주자대전·별집·공이』에 실려 있다. 원 제목은 「조치진휼조적사건

드시 중개상인을 경유해야만 바야흐로 곡식을 팔 수 있는데 항상 그들이 가로막아 중개료를 많이 뜯어간다. 이 때문에 객상들이 팔려고 하지 않고 기다리는 사태를 초래한다. 마땅히 엄히 규정을 세워야만 중개상인들이 감히 분란을 일으키지 못하게 될 것이다." ○ 또 말하였다. "객상이 판매할 때에 본 군에서는 세를 걷지 않고 그 배【상선】의 잡물에 대해서도 세전稅錢을 면제한다. 그리하여 미곡선을 불러들여 우리 지경에 배를 대놓고 곡식을 판매하도록 한다." 鏞案 아인牙人이란 장쾌駔儈, 즉 거간꾼이다. 배가 포구에 닿으면 점주와 아랑들이 짜고 농간하여 혹 부민富民에게서 뇌물을 받고 쌀값을 깎는 데 힘쓰고, 혹 객상에게서 뇌물을 받고 반대로 쌀값을 올리기도 한다. 매양 흉년을 당하면 마땅히 아랑들을 엄금하고 신실한 사람을 따로 파견해서 쌀값을 적절히 조정해야 할 것이다.

조령詔令을 기다리지 않고 편의에 따라 창고를 여는 것은 옛날의 법이요, 사신使臣[87]이 할 일이다. 지금의 수령으로서는 어찌 감히 이런 일을 할 수 있을 것인가.

급암汲黯이 조령을 받들어 하내河內를 순시하고 돌아와서 보고하였다. "집안사람이 실수로 불을 내 이웃 가옥들에 불이 번졌다 해도 족히 우려할 바가 못 됩니다. 신臣이 하남河南 지방을 지나가는데 가난한 백성들이 수재와 가뭄의 피해를 입은 것이 1만여 집이어서 혹 부자父子가 서로 잡아먹는 지경입니다. 신이 편의상 직권으로 하남창河南倉의 곡식을 풀어

措置賑恤艖糧事件」이다.
87 사신使臣: 중앙에서 왕명을 띠고 온 관원으로 진휼사賑恤使·안핵사按覈使 등을 말한다.

빈민을 진휼하였습니다. 청컨대 신에게 어명을 빙자한 죄를 내려주옵소
서"라고 하였다. 천자는 잘했다며 용서해주었다.

한소韓韶[88][한나라 환제桓帝 때 사람이다]가 영嬴[89] 땅을 맡아 다스릴 때의
일이다. 유민들이 그 지역으로 몰려들자 창고를 열어 구제하였다. 창고
담당자가 그렇게 해서는 안 된다고 우기자, 한소가 "굶어 죽는 사람들을
살린 것 때문에 죄를 받는다면 마땅히 웃음을 머금고 땅속에 들어가리
라"라고 하였다.

진晉나라의 곽묵郭默[90]이 동군태수東郡太守로 있을 때 일이다. 흉년을
만나 사람들이 굶주렸으므로 창고를 열어 백성들에게 곡식을 나누어주
고는 도정都亭[91]에 나아가 머물면서 스스로 표문表文을 올리고 죄를 청하
였다. 임금이 조서詔書를 내려 그를 표창하고 급암에 비유하였다.

당나라 장수타張須陀[92]가 제군승齊郡丞으로 있을 때의 일이다. 마침 기
근이 들자 창고를 열어 백성들에게 곡식을 나누어주었다. 관속들은 모두
"조령을 기다려야지 마음대로 처리해서는 안 됩니다"라고 반대하였지만,
"내가 만약 이 때문에 형벌을 받는다면 죽더라도 한 될 것이 없다"라 말
하고 먼저 창고를 열어 구휼하고 뒤에 장계를 올렸다. 황제가 그 사실을
알고도 문책하지 않았다.

---

88 한소韓韶: 중국 후한 사람. 자는 중황仲黃이다. 영현嬴縣의 수령으로 있을 때 그가 어질
   다는 소문이 나서 도적들도 그 고을에 들어오지 않았으며, 창고의 곡식을 풀어 유민들을
   잘 구휼하였다.
89 영嬴: 중국 산동성에 있는 지명. 일명 성자현城子縣.
90 곽묵郭默, ?~330: 중국 서진西晉 때 사람. 독장督將으로 영가永嘉의 난 때 유민들을 구휼
   하였고 하내태수河內太守·서중낭장西中郎將이 되었다.
91 도정都亭: 행인들이 머물 수 있도록 길거리에 지어놓은 정자.
92 장수타張須陀, 565~616: 중국 수·당 때 사람. 자는 과果이다. 제군승을 거쳐 형양통수가
   되었다.

왕순王恂[93]이 허주장사許州長史로 나갔을 때 일이다. 큰 가뭄이 들자 우선 거짓으로 자사刺史 명이라 하고 창고를 열어 백성을 진휼하였다. 그리고 곧 스스로 자기 죄를 탄핵하였다. 현종은 그를 용서하였다.

이고李皐[94]가 온주장사溫州長史로 있을 때의 일이다. 흉년이 들었는데 관곡官穀 수십만 곡斛이 있었다. 그가 진휼하려고 하자 연리掾吏가 황제의 명을 기다려야 한다고 반대하였다. 그는 "무릇 사람은 하루에 두 끼를 먹지 못하면 죽기 마련인데 어느 겨를에 황제께 아뢰겠는가. 만약 내 한 몸이 죽어 수천 명의 목숨을 살려낸다면 이로움은 더할 바 없이 크다"라 하고는 창고를 열어 곡식을 나누어주었다. 그리고 즉시 소장을 올려 스스로 탄핵하니, 황제가 가상히 여겼다.

원반천員半千[95]이 무척위武陟尉[96]로 나갔을 때의 일이다. 흉년을 만나서 현령 은자량殷子良에게 창고의 곡식을 풀어 백성을 진휼하자고 하였으나 은자량은 따르지 않았다. 은자량이 주州의 자사를 뵈러 간 사이에 원반천이 곡식을 풀어서 백성들이 그 덕택으로 구제되었다. 자사는 크게 노하여 원반천을 감옥에 가두었다. 때마침 설원초薛元超[97]가 하남절도사河南

---

93 왕순王恂: 중국 당나라 현종玄宗 때 사람인 왕순(王珣, 349~400)인 듯하다. 왕순의 자는 원림元琳, 백옥伯玉이다. 문학으로 이름을 떨쳤으며, 벼슬은 공부시랑工部侍郎에 이르렀다.

94 이고李皐, 733~792: 중국 당나라 사람. 자는 자란子蘭이다. 당나라 태종太宗의 후상後商이다. 호남관찰사·강서절도사를 지냈다.

95 원반천員半千, 621~714: 중국 당나라 때 사람. 본명은 여경餘慶, 자는 영기榮期이다. 황제가 500년에 한 번 태어난 현자라 해서 반천半千이라는 별명이 생겼다 한다. 홍문관학사弘文館學士를 지냈다.

96 원문은 "무양武陽"으로 되어 있으나 『신당서新唐書』와 『구당서舊唐書』 모두 원반천의 이 행적이 그가 무척위武陟尉로 있을 때의 일로 나와 있다. 그래서 '무척武陟'으로 바꾸었다. 무척은 지금의 중국 하남성 북부의 초작시焦作市에 속해 있는 지명이다.

97 설원초薛元超, 622~683: 중국 당나라 때 사람인 설진薛振, 혹은 설진薛震이라고도 한다. 원초元超는 그의 자이다. 홍문관학사·중서령을 지냈다.

節度使로 부임하여 자사를 질책하며 "당신은 백성이 있는데도 구제할 줄을 몰랐는데 은혜가 일개 현위에서 나왔거늘 어찌 그에게 죄를 줄 수 있겠소"라고 하였다. 원반천이 비로소 풀려났다.

범순인范純仁이 경주慶州[98]를 맡아 다스릴 때의 일이다. 굶어 죽은 시체가 길에 가득한데도 관에는 진휼할 곡식이 없었다. 범순인이 상평창에 봉해둔 곡식을 풀어 구제하려고 하였는데 주군에서는 모두 위에 아뢴 뒤에 시행해야 한다고 하였다. 범순인은 "사람은 이레 동안 먹지 못하면 죽게 마련인데 언제 회보를 기다리고 있겠는가. 여러분은 간여하지 말라. 차라리 나 혼자서 죄를 받겠다"라고 말하였다. 과연 황제의 명으로 사자를 파견하여 조사하게 하였다. 백성들이 "범공이 우리를 살렸다. 우리가 어찌 범공에게 누를 끼칠 수 있겠는가"라고 입을 모아 말하며 밤낮으로 곡식을 가져다 납부하였다. 그래서 사자가 당도할 무렵에는 이미 결손된 부분이 없었다.

정사맹程師孟이 초주楚州를 맡아 다스릴 때의 일이다. 관내에 상평곡常平穀이 없었으므로 창고를 설치하자고 건의하였다. 마침 흉년이 들어 백성을 진휼하는 데 부족했으므로 회보를 기다리지 않고서 다른 창고의 곡식을 풀었다. 아전들은 두려워하여 반대하였지만, 그는 "회답을 기다리자면 굶주리는 사람들은 모두 죽고 말 것이다"라 말하고는 드디어 곡식을 풀었다.

팽의彭誼[99]가 소흥부紹興府를 맡아 다스릴 때의 일이다. 백성이 굶주리

---

98 경주慶州: 중국 감숙성甘肅省에 속한 옛 지명. 일명 경양慶陽.

99 팽의彭誼, 1410~1498: 중국 명나라 때 사람. 자는 경의景宜이다. 성화成化 연간에 우부도어사右副都御史로서 요동遼東을 순무巡撫하였다.

게 되자 바로 창고를 열어 진휼하였다. 혹자가 마땅히 위에 알려야 하며 그렇지 않으면 죄를 받는다고 했으나, 그는 "윤허를 기다려 창고를 열면 굶어 죽는 자가 많을 것이다. 어찌 내 한 몸을 아껴 만인의 생명을 살리지 않겠는가"라고 말하였다. 이듬해 추수를 하자 백성들은 다투어 곡식을 바쳐 달을 넘기지 않아 창고가 다시 가득 찼다.

이윤칙李允則이 담주潭州를 맡아 다스릴 때 일이다. 기근이 들어 관의 창고를 열어 우선 진휼하고 나중에 위에 아뢰려고 하였다. 전운사가 난색을 표하자 그는 자기 재산을 담보로 삼을 것을 청해서 이에 창고를 열었다. 황제가 조서를 내려 칭찬하였다.

마소보馬少保[100]가 승주昇州[101]를 맡아 다스릴 때 일이다. 구강九江에 가서 머물 때에 마침 가뭄이 들어 백성들이 굶주리고 있었다. 이에 호주湖州·상주湘州의 조운선 수천 척에 실린 쌀을 맞이하여 그것으로 진휼하였다.

홍호洪皓[102]가 수주녹사秀州錄事[103]로 있을 때의 일이다. 홍수가 크게 나서 백성들이 굶주리고 있었다. 때마침 절동의 강선綱船[104]이 상평미常平米를 싣고 성 밑의 강을 지나가는 중이었다. 그는 관리를 파견해서 진책津

---

100 마소보馬少保: 중국 송나라 때 사람인 마량馬亮. 자는 숙명叔明이다. 담주潭州와 승주昇州, 항주杭州 등지의 지부知府를 역임하고, 벼슬이 태자소보太子少保에 이르렀다. 그래서 마소보라고 일컬은 것이다.

101 승주昇州: 중국 남경의 별칭. 구강九江은 강서성에 있는 장강 연안의 도시로 남경에서 거리가 그렇게 먼 곳이 아니다.

102 홍호洪皓, 1088~1155: 중국 송나라 때 사람. 자는 광필光弼이다. 원주袁州 등의 지방관을 지냈고 『제왕통요帝王通要』 『성씨지남姓氏指南』 등의 저서가 있다.

103 수주녹사秀州錄事: 수주는 중국의 절강성 가흥과 상해시 지역에 걸쳐 있던 지명. 녹사는 여기에서 중국 지방 관직의 하나인 녹사참군錄事參軍, 즉 사록사司錄事를 말한다. 판관과 동격이다.

104 강선綱船: 선박 여러 척을 줄로 이어서 선단을 만들어 강을 운행하는 것.

柵을 폐쇄하고 자사에게 고하여 그 배를 압류하자고 청하였다. 자사는 어안이 벙벙하여 "저것은 어명에 의해 행하는 일인데 그 죄는 죽어도 용서받지 못할 일이다"라고 말하였다. 홍호는 "백성을 보리가 날 때까지 구휼해야 하는데 지금 섣달도 미처 지나지 않았소이다. 중도에서 그치면 구원하지 않는 것과 마찬가지입니다. 차라리 저 한 몸으로써 10만 명의 목숨을 바꾸겠습니다"라 말하고 마침내 강선을 압류해버렸다. 염방사廉訪使[105]로 내려온 왕효갈王孝竭이 진제賑濟를 질서있게 하는 것을 보고 그의 죄를 사면해주도록 아뢰고 또 청하여 2만 석을 보태주기까지 하였다. 案 자사와 녹사로서 조선漕船을 함부로 압류하고서도 죄를 받지 않았다. 송나라는 어질고 두터운 덕으로 입국立國하였음이 이와 같았다.

조흡曹洽[106]이 영길도永吉道[107]의 도순문사都巡問使로 있을 때【태종 때】 일이다. 창고를 열어 진대할 것을 요청하였는데 임금이 "구휼은 백성을 구하는 급무이다. 장계를 올려 왕명을 기다리다가는 늦어서 일이 제대로 안 되리니 지금부터는 때맞추어 진휼토록 하라"라고 하였다.

허후許詡[108]가 경기감사로 있었을 때【세종 때이다】의 일이다. 굶주리는 백성을 진휼할 때 호조에 관문을 올리지 않고 편의에 따라 창고를 열게 해

---

105 염방사廉訪使: 염방사자廉訪使者. 중국 송대의 관명. 국경 지역의 군대를 감찰하여 황제에게 비밀리에 아뢰는 일을 맡았다. 당초 주마승수공사走馬承受公事라 하였다가 휘종 때 염방사자로 개칭하였다.

106 조흡曹洽: 洽은 恰의 오기로 추정됨. 조흡(曹恰, ?~1429)의 호는 퇴사헌退思軒, 본관은 창녕昌寧이다. 제2차 왕자의 난 때 공로를 세워 공신이 되었다. 전라도 절제사, 영길도 도순무사, 우군도총제 등을 지냈다.

107 영길도永吉道: 함경도의 옛 이름. 영흥과 길주.

108 허후許詡, ?~1453: 호는 일녕一寧, 본관은 하양河陽이다. 경기감사·한성부윤·예조판서 등을 역임하였으며 김종서와 더불어 단종을 받들다가 세조 때 유배 교살되었다. 영조 때 신원되어 충간忠簡의 시호를 받았다.

달라고 요청하였다. 왕이 윤허하였다.

　이동직李東稷이 광주부윤廣州府尹으로 있을 때의 일이다. 때마침 큰 기근을 만나 사람들이 전국에서 굶어 죽어갔다. 광주부에는 쌓은 곡식 10여만 곡斛이 있었는데 이것은 군향미軍餉米였으므로 조정에서는 진대를 허락하지 않았다. 그가 "만약 하루를 늦추면 필시 1000명을 죽일 것입니다"라고 하였다. 경부徑符[109]를 올리기도 전에 아전과 백성들이 모두 창고 곁에 모여들었다. 그는 곧 달려가서 자물쇠를 부수고 곡식을 풀어 살린 사람이 1만 명이나 되었다. 비변사에서 공문을 보내 막으려 함에 백성은 더욱 죽을 지경이었다. 그는 더 강경하게 주장하여 마침내 백성들이 굶어 죽거나 쓰러지는 일이 없게 되었다. 가을에 이르러 곡식을 회수하자 백성들은 "봄여름에 진휼의 혜택이 없었던들 우리 부모와 처자는 모두 이미 굶어 죽었을 것이다"라고 말하며, 늦게 바치는 자가 없었다.

109　경부徑符: 미상. 병부兵符는 군대를 출동할 때 제시하는 패이다. 이로 미루어 여기서 '부'는 창고의 양곡을 낼 때 제시하는 표를 뜻하여, 경부는 긴급히 양곡 출하를 요청하는 문건을 가리키는 것으로 추정된다.

勸分

권분勸分[1]하는 법은 멀리 주周나라 때로부터 시작되었는데, 시대가 내려옴에 따라 정치가 타락하여 이름과 실제가 같지 않게 되었다. 지금의 권분은 옛날의 권분이 아니다.

『춘추좌전春秋左傳』에 나와 있다. "희공僖公 21년 여름 큰 가뭄이 들어 희공이 무왕巫尫[2]을 불태워 죽이려고 했다. 장문중臧文仲[3]이 '이는 가뭄에 대비하는 방법이 못 됩니다. 성곽을 보수하고【도적을 방비하는 일】, 음식을 줄이며【군君이 격식을 갖춘 음식을 먹지 아니함】, 씀씀이를 줄이고 농사에 힘쓰며 권분하는 일【두예杜預는 "권분은 있는 사람과 없는 사람이 서로 돕는 것이다"라고 하였다】이야말로 힘써 행할 일입니다'라고 말하였다." 鏞案 옛날에는 백성에게 목인睦婣·임휼任恤[4]을 가르쳤으며 그 가르침을 따르지 않는 자는 형

---

1 권분勸分: 흉년이 들었을 때에 부유한 사람들에게 권장하여 양식이 떨어진 농민을 구제하기 위한 곡식이나 재물을 내놓거나 나누어주도록 하는 일.
2 무왕巫尫: 비를 기원하는 여자 무당. 일설에 무巫는 무당, 왕尫은 천상바라기를 가리키는데 기우행사祈雨行事로 천상바라기를 불태워 죽이는 풍속이 있었다고 한다.
3 장문중臧文仲, ?~B.C. 617: 중국 춘추시대 때 노나라의 대부 장손진臧孫辰. 문중文仲은 그의 시호이다.
4 목인睦婣·임휼任恤: 중국 주나라 때 백성을 향삼물鄕三物로써 가르치고 향팔형鄕八刑으

벌로 다스렸다【즉 불목不睦·불인不婣·불임不任·불휼不恤에 대한 형벌】. 흉년에 곡식을 나누어 먹도록 권한다면 어찌 서로 나누어 먹지 않을 자가 있겠는가? 형제【같은 혈족】에게 나누어주고 인척에게 나누어주고 이웃에게 나누어주고 가난하고 외로운 이에게 나누어줌으로써 왕명을 받드는 뜻이요, 재물을 관가에 바쳐서 만민에게 나누는 것이 아니다. 후세의 법은 옛날과 다르다고 하지만, 그래도 곡식을 팔거나 꾸어주도록 권했고 거저 주도록 권하지 않았다. 우리나라에서 권분이란 모두 백성의 재물을 억지로 빼앗아 거저 나누어주는 방식이다. 그런데도 권분의 법은 『춘추』에서 나왔다고 말하고 있으니 이 또한 딱하지 않은가.

중국에서 권분하는 법은 곡식을 팔도록 권하는 것이지 거저 먹이도록 권하는 것이 아니었으며, 베풀도록 권하는 것이지 거저 바치도록 권하는 것이 아니었으며, 몸소 솔선하는 것이었지 입으로만 말하는 것이 아니었으며, 상을 주어 권장하는 것이었지 위협하는 것이 아니었다. 지금의 권분은 비례非禮의 극치이다.

둥공鄧公이 동판通判으로 있을 때의 일이다. 흉년이 들었는데 상평창 곡식을 헤아려보니 진휼하기에 부족하였다. 게다가 떨어진 지역에 사는

로써 규찰했는데 목인과 임휼은 향삼물의 6가지 덕행 중 일부이다. 목인은 형제간의 화목과 친척 간의 사랑, 즉 족적인 관계이다. 임휼은 이웃을 돕고 빈자를 구제하는 것, 즉 사회적 관계이다. 구휼을 형제·인척·이웃·빈민의 네 범주로 구분하고 있는 것이다.

농민들이 모두 성시城市로 오기도 어렵거니와 만약 오는 사람들이 떼로 모이고 보면 전염병이 번질 우려가 있었다. 기일에 앞서 속현에 지시해서 부자들을 불러 가진 곡식을 신고하게 하여 모두 15만 석을 얻었다. 이를 상평가常平價보다 조금 더해 사들여서 백성들에게 나눠주니 백성들은 마을을 떠나지 않고도 편리하게 곡식을 얻을 수 있었으며, 먹고 남는 곡식이 있어 곡가도 안정되었다. 그리고 돈을 내어 곡식 5만 석을 사서 백성들에게 종자와 양식으로 대여하여, 이에 힘입어 다음 해 농사까지 곤란함이 없었다. 案 이는 곡식을 팔도록 권하는 방식이다. 그 값을 상평가에 비해 조금 더해주고 시가에 비해 싸게 할 뿐이었다. 지금의 권분이란 으레 보상은 없이 거저 빼앗는 식이니 도대체 어디에 근거를 둔 일인지 알 수 없다.

소보少保[5] 조열도趙閱道가 일찍이 월주越州를 맡아 다스릴 때의 일이다. 큰 흉년을 만나자 그는 고을의 부민들을 불러 모두 모이자 진제賑濟의 뜻으로써 권하고 타일러 바로 스스로 허리춤의 금대金帶를 풀어 마당에 내려놓았다. 이에 기꺼이 물건을 내놓는 자가 구름처럼 모여들어 온전히 살려낸 사람이 십수만 명이나 되었다.

진요좌陳堯佐가 수주壽州를 맡아 다스릴 때의 일이다. 큰 흉년을 만나자 그는 스스로 쌀을 내놓아서 죽을 끓여 굶주리는 사람들을 먹였다. 이에 관리와 백성들이 모두 앞다투어 쌀을 내놓아 수만 명을 살렸다. 그가 "내 어찌 이것으로 사사로운 은혜를 삼겠는가? 대개 명령으로 사람을 거느리는 것은 솔선수범하여 그들이 기꺼이 따르게 하는 것만 같지 못하다"

---

5 소보少保: 태자太子의 교육을 맡은 관직. 태자소보太子少保라고도 함.

라고 하였다.

호칭扈稱[6]이 자주로전운사梓州路轉運使가 되었을 때의 일이다. 기근이 들어 길 양쪽으로 굶주린 사람들이 끝없이 이어져 있었다. 그가 먼저 녹봉으로 받은 자기 쌀을 내어 백성들을 구제하자 부자와 거가대족들도 다쌀을 관에 바치기를 원해 온전히 살아난 사람이 수만이나 되었다. 案 앞의 조열도·진요좌·호칭 세 분 모두 몸소 솔선해서 아랫사람들에게 권하였다. 지금의 권분을 보면 수령은 한 푼의 돈도 내놓지 않고 백성들에게만 권하니 이 또한 부끄러운 일이 아닌가.

한위공이 익주안무사로 있을 때의 일이다. 검문관劍門關[7]에 공문을 보내 동쪽으로 가고자 하는 유민들을 막지 말고 백성들에게 포상하여 곡식을 바치도록 권유한 후에 그 곡식을 판 돈 16여 만 냥을 모두 4등 이하의 호戶에 나눠주고 또 죽을 끓여 굶주리는 사람 190여 만 명을 살렸다. 그지역 사람들은 "사또께서 오셔서 우리를 다시 살렸다"라고 하였다. 案 한위공 역시 상으로 권분하였던 것이다. 상으로 권하지 않고 위협으로 하는 것은 출연할 사람을 막는 짓이다.

방숭龐嵩이 응천부(應天府, 남경의 옛 이름)의 통판으로 있을 때 일이다. 흉년이 들어 부임하자마자 진휼을 독려하였으나 관곡官穀이 다 떨어졌으므로 거가대족과 부잣집에서 곡식을 빌려 온전히 살려낸 자가 6만 7000여 명이었다. 그러고 나서 밀린 포흠을 덜어주고 부역을 완화하고 떠돌이가 된 사람들을 안집시키기에 정성을 다하니 돌아와 생업을 되찾은 자가

---

6 호칭扈稱: 중국 송나라 사람. 간의대부諫議大夫를 지냈다. 그가 자주로전운사가 된 것은 송나라 인종 때의 일이다.
7 검문관劍門關: 중국 촉蜀 땅, 당시 익주와 섬서성陝西省 사이에 있는 검각산劍閣山의 관문.

10만여 명이었다.

송나라 효종孝宗 융흥隆興 연간(1163~1164)에 중서문하성에서 아뢰었다. "호남과 강서 지역에 가뭄이 크게 들었으니 상을 마련하여 곡식을 저장하고 있는 집들에 권유하도록 하십시오. 무릇 쌀을 내어 구제하도록 하는 것은 의풍義風을 숭상하는 일에 속하니 진납進納[8]과는 같지 않습니다." ○ 구준이 아뢰었다. "작위를 파는 것은 국가의 아름다운 일은 아니지만 그것을 기근을 구제하는 데 사용하면 이는 백성을 위한 일이요, 나라가 이득을 취하는 것은 아닙니다. 송나라 사람들이 말하는 '의풍을 숭상하는 일에 속하고 진납과는 같지 않다'라고 함이 바로 이것입니다. 신이 바라건대, 흉년을 만나 민간에 곡식을 저장하고 있는 자가 있어 이를 내놓아서 구휼에 쓰도록 하면 등급을 정하여 직함을 주고 멀리서 온 자는 노잣돈도 아울러 계산해서 직함을 준 다음에 나라의 문서를 지급하고 유사有司로 하여금 예를 더해서 우대하기를 현직 관리와 같게 하며, 과오를 범했더라도 직함을 추탈追奪하지 마옵소서. 이렇게 하면 평상시에 백성들이 다투어 곡식을 저장했다가 기근이 든 해에는 다투어 곡식을 기부할 것입니다. 이 또한 구황의 한 가지 방책입니다." 案 구준의 말이 옳다. 기사년(1809)의 기근에 포상의 규례規例로 타일러 백성에게 곡식을 나누어주도록 권하였다. 남원南原의 권창언權昌彦은 사족인데 곡식 수천 석을 바쳤다. 진휼을 끝내는 날에 조정에서는 포상할 것을 그만 잊어버렸다. 그 후 5년이 지난 갑술년(1814)에 또 큰 기근이 들었을 때에 조정은 비로소 믿음을 잃은 것을 후회하여 권창언에게 주부主簿 벼슬을 내리고 또 수

---

8 진납進納: 곡식이나 재물을 국가에 자진해서 바치는 것.

천 석을 기부하도록 권하였다. 진휼사업을 끝내는 날 또 잊어버렸다. 사람들이 "다음에 다시 큰 기근을 만나야 권창언의 벼슬이 오를 것이다"라고 말하였다. 조정이 신의를 잃는 것이 이 같아서야 어떻게 백성에게 기부하도록 권유하겠는가.

주자는 「진휼의 일에 관한 문건」에서 말하였다. "부잣집으로서 팔 수 있는 쌀이 있는 집이 몇 집이며, 식구의 양식으로 쓸 것, 지객地客[9]에게 줄 것 외에 쌀 몇 석을 팔 수 있는지 성명과 쌀 석수를 기록하라. ○ 성중의 상호上戶 25명이 진조미賑糶米 1만 1635석을 내놓기로 동의하였는데 한 되의 값은 17문 남짓이다. ○ 성자현星子縣은 상호가 약간 명인데 한 되의 값은 17문 남짓이다. ○ 도창현都昌縣은 상호가 약간 명인데 한 되의 값은 14문 남짓이다. ○ 건창현은 상호가 약간 명인데 한 되의 값은 12문 남짓이다." 〔鏞案〕화조和糶[10]는 권분보다 나은 방식이다. 다만 그 쌀값을 시가보다 가볍게 했는지는 알 수 없다. 세 고을의 쌀값이 각기 달랐던 까닭은 산중의 고을인지 물가의 고을인지에 따라 시가에 차이가 있었던 것이 아닌가 한다.

주자는 「상호에 차대할 것을 효유하는 문서〔諭上戶借貸帖〕」[11]에서 말하였다. "상호上戶에 권유하고 타일러서 봄에는 미곡 등을 하호下戶에 방출했다가 가을과 겨울에 예에 따라 이자를 거두되 매 두에 이자 5승을 거두게 한다. 추수 뒤에 원곡과 이자를 계산하여 돈으로 갚도록 약정하되 만

---

9 지객地客: 전호나 전객처럼 지주의 토지를 빌려 경작하는 사람. 지객이 지위가 가장 낮고 예속성이 높았다.
10 화조和糶: 곡식을 무상으로 주게 하는 것이 아니라 합의하에 판매하도록 하는 것.
11 「유상호차대첩諭上戶借貸帖」: 『주자대전·별집·공이』에 실려 있다. 원 제목은 「재유상호차대미곡사再諭上戶借貸米穀事」이다.

약 미루거나 제대로 갚지 않으면 관이 다스려 받아줄 것이다." 鏞案 우리나라의 권분법은 모두 '거저 주는 것〔白給〕'이다. 거저 주는 것일 뿐만 아니고 백성에게 주지도 않고 관에 '거저 바치는 것〔白納〕'이다. 그러므로 명령이 있어도 시행되지 않고 그 용도도 명백하지 않다. 중국의 법에 부자에게 권분하는 법은 조미糶米와 사미賒米 두 가지이다. 조미란 값을 좀 헐하게 하여 굶주린 백성에게 팔도록 하는 것이요, 사미란 이자를 받기로 하고 굶주린 백성에게 꾸어주도록 하는 것이다. 관장의 권하는 바가 이같음에도 백성이 따르지 않는 일이 있다면 아무리 독려하고 위엄으로 다스려도 잘못이 아니다. 우리나라의 법은 부자에게 거저 바치게 하고서 따르지 않는 자가 있으면 무서운 벌과 곤장이 마치 도둑을 다스리는 것 같다. 한번 흉년을 만나면 부민들이 먼저 곤욕을 치르게 된다. 그래서 남방의 백성들 사이에 "사는 것이 죽느니만 못하고 부자가 가난뱅이만 못하다"라는 말이 돌고 있다. 이는 학정 중에도 큰 것이니 수령 된 자는 마땅히 알아야 일이다.

주자는 「진휼 마당에 관한 문건〔賑場事件〕」[12]에서 또 말하였다. "상호 장세형張世亨·장방헌張邦獻·유사여劉師輿·황징黃澄 등 4명은 규례에 따라 진휼의 일을 도왔다. 그런데 이 4명 외에는 미곡을 반값으로 줄여 팔겠다는 자를 볼 수 없으니, 청컨대 상호에게 진조賑糶의 쌀값은 4분의 1씩 줄여서 판매하도록 승인하고, 그것을 규례에 따라 포상함으로써 상호들로 하여금 상 받는 일에 기꺼이 응하게 하며, 가난한 백성들이 끼니를 거르지

---

12 「진장사건賑場事件」: 진휼을 벌이는 장소를 진장賑場이라고 하는데, 여기서는 진장에서 진휼하는 일에 관한 내용을 담고 있다. 『주자대전·별집·공이』에 실려 있다. 원 제목은 「신감사위진조이해사건申監司爲賑糶場利害事件」이다.

않도록 할 것이다." 鏞案 이 대목에서 말한 '진조'에도 강요하는 처사는 없다. 처음에는 시가의 반으로 줄이려 하였으나 다음에는 4분의 1로 줄였으니 모두 강요하지 않았다는 명백한 증거이다. 또한 벼슬자리로 포상하니 백성도 기꺼이 따르지 않겠는가.

주자는 「진휼 마당에 관한 문건」에서 또 말하였다. "건도乾道 7년(1171) 8월 상호에 권유하여 진조하도록 하는 규례에 벼슬 없는 사람의 경우에 1500석을 내면 진의교위進義校尉로 보하고 2000석을 내면 진무교위進武校尉로 보하고 4000석을 내면 승신랑承信郎으로 보하고【진사일 경우에는 상주 문학上州文學으로 보한다】 5000석을 내면 승절랑承節郎에 보한다【진사일 경우에는 적공랑迪功郎에 보한다】. 이와 같이 진조를 하되 이에 의거하여 절반을 내도 포상한다. 또 순희淳熙 7년(1180) 10월 8일의 지휘절문指揮節文에 준하여 진조미를 시가의 절반 가격으로 내게 하고 곧 이미 반포된 지휘절문에 비추어 포상하기로 한다." 鏞案 곡식을 바쳐 직함을 얻는 것은 비록 옛 법은 아니지만 한나라 때 이래로 행해진 지 오래다. 흉년으로 굶주리는 해에 의협심을 발휘하여 어짊을 베풀고 재물을 낸 사람들을 살린 자에게 포상이 없어서 되겠는가. 근래 수령들이 백성의 재물을 마구 빼앗아서 구휼을 시행하고 끝에 가서는 한 잔 술로 감사를 표하는 일도 없으니 너무 심한 일이 아닌가.

신기질이 호남을 다스릴 때에 진휼의 방문榜文을 붙였는데 "벼를 훔친 자는 참형에 처하고 곡식을 풀지 않고 가두어두는 자는 유배 보낸다【劫禾者斬 閉糶者配】"는 여덟 자였다. ○ 구준이 말하였다. "주자는 '신기질이 쓴 두 구절의 방문은 터무니없는 말이다'라고 하였다. 대개 흉년이 든 해에 민간에서 곡식을 사들이는 것은 본디 어질지 못한 일이다. 그런 때는 쌀값이 뛰기 때문에 소민들이 이익을 노리는 기회요, 매점하는 자들도 있기 마련이다. 또한 역시 자기 집 식구가 많음을 생각해서 이듬해까지 양식을 이어가지 못할까 걱정하는 것이다. 이들에게 무슨 죄가 있겠는가. 필히 먼저 이웃을 돕도록 타이르며 복을 쌓도록 깨우쳐서 그때그때의 값을 받도록 허용한다. 힘이 없는 백성에게는 관에서 문서를 발급해서 이자를 받도록 하되, 추수를 기다려 관에서 갚도록 한다. 만약 근근이 살아가는 사람이라면 역시 강권해서는 안 된다. 그러나 또한 한도는 엄하게 정해야 할 것이다. 무릇 쌓아놓고도 내놓으려 하지 않는 자가 있다면 큰 풍년이 들기 전에는 곡식을 팔지 못하게 해야 한다. 그들이 이익을 볼 시기를 놓칠까 두려워하고 스스로 계산해봐서 남는 것이 있으면 내놓지 않을 수 없을 것이다."

우리나라에서 권분하는 법은 백성으로 하여금 곡식을 바치게 하여 그것을 만민에게 나누어주는 방식이다. 비록 옛 법은 아니지만 이미 관례가 되었다.

고려 고종 13년(1226)에 제서制書[13]를 내렸다. "전라도의 기근이 심하니 비축이 있는 주군州郡에서는 마땅히 창고를 열어 진휼하며, 비축이 없는 주군에서는 각기 사처私處[14]에서 여유가 있는 곡식을 취하여 진휼을 실시하고 풍년을 기다려 상환하도록 하라."

본조의 명종 16년(1561)에 중앙과 지방의 관리에게 명하여 황정荒政을

---

13 제서制書: 왕의 명령을 기록한 문서. 법령의 의미를 갖는다.
14 사처私處: 개인의 장원莊園 또는 개인의 창고. 여기서는 후자를 가리키는 듯하다.

수립하여 실시하도록 하였다. 비축한 곡식 개방, 금령 완화, 양곡 이전, 곡물 수납, 기부, 버려진 아이를 거두는 일 등에 이르기까지 마음을 다 쓰지 않는 것이 없었다. 병든 사람은 구제하고 죽은 사람은 묻어주기도 했다.

벼슬로 보상하려면 찰방察訪과 별좌別坐[15]를 주어야 할 것이다. 이는 옛 사적으로 우리 역사책에 실려 있다.

숙종 계해년(1683)에 진휼청은 역관譯官 변이창卞爾昌이 쌀 50석을 바쳤다 하여 가설첨지加設僉知[16]의 직첩을 내려주도록 청하였다. 승정원 및 대간臺諫에서 무릇 가설직加設職은 사족에게만 허용한다는 것이 이미 정탈定奪을 받은 바라고 하여, 왕이 진휼청으로 하여금 다른 포상을 하도록 하였다. 진휼청 당상 민유중閔維重이 아뢰기를 "신축년(1661)의 계하사목啓下事目을 검토해보니 찰방·별좌·판관·첨정僉正·부정副正·통례정通禮正·첨지僉知·동지同知[17] 등 가설의 실직實職은 봉증封贈[18]을 사은함에 있어서 한결같이 정관正官의 예에 따를 것을 허용하였는데, 통례정 같은 직은 사족에게만 허락하고 첨지·동지는 사족과 양민을 막론하고 다 같이 첨지

---

15 별좌別坐: 조선조 각 관아의 낭관郎官. 정·종5품 벼슬.
16 가설첨지加設僉知: 가설은 임시직을 뜻함. 첨지는 첨지중추부사僉知中樞府事의 준말로 당상관 정3품의 품계이다. '가설'이란 이름만 주어지는 것이므로 실직적인 의미는 없었다.
17 동지同知: 동지중추부사同知中樞府事의 준말. 이는 중추부의 종2품이지만 이름에 그치고 실질적인 의미는 없었다. 흉년에 납속을 하면 동지 혹은 첨지의 직첩이 주어졌다. 이것이 남발된 나머지 후세에는 동지와 함께 첨지는 남자의 일반 호칭이 되었다.
18 봉증封贈: 직첩을 주는 것과 사후에 벼슬을 주는 것.

를 받도록 허용하되, 양민은 사족에 비해 10석을 더 납부한다고 하였습니다. 이는 가설직을 구별하여 규정한 것입니다. 둔전별장屯田別將이나 군문軍門의 간사幹事 따위가 관곡·관물官物에서 남는 것을 가지고 스스로 예비한 것이라고 칭한다면 본디부터 가설직으로 첨지나 동지의 직첩을 주어서는 안 되지만 양민이 사재를 진휼미로 바친 것까지도 불허한다면 진휼청에서는 달리 포상할 도리가 없을 것이라, 곡식을 모으고자 하더라도 누가 거기에 응하겠습니까. 변이창은 역관이니 첨지 직을 못 줄 바가 아닙니다. 이덕룡李德龍의 경우 늙어 군역에서 면제된 자이니 동지의 첩지를 상으로 주는 것은 지나칩니다"라고 하였다. 좌의정 민정중閔鼎重은 "이덕룡은 군사임에 틀림없으니 그의 부모 및 처에게 봉증을 허락하는 것은 참으로 외람된 일인데, 동지의 첩만 주고 봉증하지 않으면 차등이 있게 되는 것 같습니다"라고 말했고, 우의정 김석주金錫胄[19]는 "첨지와 동지를 양민에게 허락한 것은 신축년에 처음 시작된 것이 아니고 정축년(1637)과 기사년(1629)에도 이미 그런 사례가 있습니다. 나라를 위해 곡식을 바친 사람은 공로가 이미 같은데 역관이나 군사라 하여 차별이 있어야 합니까? 기병·보병·갑사甲士[20]와 같은 무리는 대대로 양민이고 국가도 그들을 대우해왔거니와, 또한 역관의 무리는 혹 말을 타고 의관을 갖추고 있기는 하지만 그 내력을 상고해보면 노역하는 군사보다 못한 자가

---

19 김석주金錫胄, 1634~1684 : 자는 사백斯百, 호는 식암息庵, 본관은 청풍이다. 이조좌랑·도승지를 지냈고 1680년에 남인 일파가 역모를 꾸민다고 고변한 공으로 청성부원군淸城府院君에 봉해졌다. 기사환국己巳換局 때 공신의 칭호를 박탈당했으나 나중에 복구되어 문충文忠 시호를 받았다.
20 갑사甲士 : 군인을 지칭하는 말. 의흥위義興衛에 소속의 군인이나 서북 지방에 수자리 사는 군인을 갑사라고 일컬었다.

매우 많습니다. 이제 만약 차등을 두어 정례가 되어버리고 나면 장래 곡식을 바치는 양민이 다시는 없을 것입니다. 이덕룡은 사목事目에 의거해서 마땅히 허락할 일을 허락해주는 것이 좋겠습니다"라고 말하였다. 임금은 이 건의에 따랐다. [臣謹案] 중추부中樞府란 옛날의 추밀원樞密院이다. 동지와 첨지는 추밀원의 대부이다. 천지간에 명분이 정해지매 임금이 최상위요, 대부大夫는 그 다음, 사士는 또 그 다음이다. 그렇거늘 대부의 이름을 어찌 가볍게 붙여줄 수 있겠는가. 대부의 처의 직함을 부인夫人이라고 하는데 부인이란 옛날 제후의 비妃가 가졌던 호칭이다. 지금 졸개나 천한 무리에까지 임시로 추밀원 대부에 차임하고 그 처를 정부인·숙부인으로 봉하다니 천하에 이럴 수 있겠는가. 기왕 대부라고 이름을 붙였으면 마땅히 대부의 예를 써서 초헌軺軒을 타고 소뢰少牢로 제사를 지내고 여러 대부들과 자리를 같이하는 것이 마땅하다. 만약 그럴 수 없다면 대부라는 이름을 붙여줄 수 없는 것이다. 잡직雜職에 벼슬하는 자도 마땅히 통덕랑通德郎으로부터 곧바로 승급시켜 절충장군이 되게 하고 1품이나 2품에 해당하는 장군將軍이란 품계를 마련하여 이 무리를 대우해주어야 벼슬의 명칭이 비로소 맞게 될 것이다. 그런데 지금 찰방·별좌는 오직 사족에게만 허용하고 첨지나 동지를 천한 부류에게 주는 것이 어찌 사리에 맞겠는가? 나라의 제도에 종4품 이상은 품계를 대부, 정5품 이하는 품계를 낭관郎官이라고 하며, 더 큰 능급으로 말하면 판서는 상대부上大夫, 참판은 중대부中大夫, 참의는 하대부下大夫이다. 3품과 4품은 상사上士, 5품과 6품은 중사中士, 7품에서 9품까지는 하사下士가 된다. 지금 곡식을 내어 백성을 구제한 사람에게 보상을 하자면 50석 이상은 참봉, 100석 이상은 봉사奉事, 200석 이상은 직장直長, 300석 이상은 주부主簿를 주도록 한다. 위로 올라가 정5품 통덕랑에 한정하며, 그 직은 첨정【종4품】, 판관【종5품】, 주부, 별제別提에 이르러 끝나게 한다. 다만 궐내에 들어와 사은하고 역마를 타고 선산에 소분掃墳[21]하도록 하며, 죽어서는 명정銘旌에 직함을 쓰고 신주神主에 또한 직함을 쓸 수 있도록 하며, 아래로 현손玄孫에 이르기까지 군역을 면할 수 있게 해준다면 응모하는 자가 또한 많아질 것이다. 굳이 꼭 대부와 부인이란 칭호를 붙여줄 일이란 말인가.

영조 7년 신해년(1731)에 우의정 조문명趙文命[22]이 아뢰었다. "권분 이 한 가지 일은 무엇보다도 흉년을 구제하는 큰 정사입니다. 대개 벼슬을 파는 것은 원래 좋은 일이 아니지만 흉년이 들면 또한 그만둘 수 없는 것입니다. 그러므로 주자는 절강 지역에서 진휼할 때에 재상 왕회王淮[23]에게 글을 보내 이를 하지 않을 수 없다고 역설하였고, 명나라 학자 구준 또한 평상시에는 해서는 안 되지만 구황에는 필요한 수단이라고 하였습니다. 효종과 현종 두 임금 때에도 역시 이미 행했던 예가 있습니다. 근년 이래 조정에서는 이 일에서 신의를 잃은 일이 자못 많았으므로 그 때문에 백성들이 기꺼이 따르지 않습니다. 국가는 본래 백성들에게 신의를 잃지 않아야 하는데 하물며 이 같은 흉년을 맞이하여 더욱 격려하고 권장하는 조치가 있어야 할 것입니다." 임금은 "이 일은 일찍이 건의한 사람이 있었고 주자의 일은 나 또한 알고 있다. 근래 국가에서 신의를 잃은

---

21 소분掃墳: 조상의 묘에 성묘하는 것. 보통 벼슬에 높이 오른 사람이 이 영예를 알리기 위해 선산을 찾는 일에 소분이란 말을 썼다.

22 조문명趙文命, 1680~1732: 자는 숙장叔章, 호는 학암鶴巖, 본관은 풍양豊壤, 시호는 문충文忠이다. 진종眞宗의 장인으로 영조 때 풍릉부원군豊陵府院君에 봉해졌다. 벼슬은 좌의정에 이르렀다.

23 왕회王淮, 1126~1189: 중국 송나라 때 사람. 자는 계해季海이다. 감찰어사를 지냈고 우승상에 이르렀다. 한림학사의 칭호를 받았다.

것은 실제로는 해당 관청에서 제대로 거행하지 않았기 때문이다. 작년에 함경도에서 개인적으로 진휼한 사람들 중에 뚜렷한 자 1명에게 따로 은전을 베풀어서 많은 사람들에게 큰 감동을 주었다. 이후로 만약 개별적으로 진휼에 출중한 사람이 있으면 진휼이 끝날 때를 기다리지 말고 감사가 장계로 보고하여 곧 은전을 베풀어 신의를 잃는 결과가 되지 않게 할 것이다. 수령이 혹 공명첩을 억지로 팔아 곡식을 모으는 일이 있으면 이것은 불가불 경계해야 할 것이다"라고 하였다.

가경 14년(1809) 6월 20일에 좌의정 김재찬金載瓚[24]이 아뢰었다. "흉년에 권분하는 일은 오랜 일이니 춘추시대로부터 이미 있었습니다. 권분이라는 것은 곡식을 저장하고 있는 백성에게 권하여 굶주리는 사람들에게 사적으로 나누어주도록 하는 일입니다. 주자가 남강南康에 있을 때 마침 큰 기근을 당하였는데 백성을 타일러서 곡식을 내게 하고 조정에 청하여 각기 낭관의 품계를 내려 관례대로 포상하였으니, 대개 굶주린 사람들을 구제한 공로가 있는 백성에게 조정에서 작위를 내려 권장하는 것은 주자로부터 시작된 것입니다. 선왕(정조) 임자년(1792)과 계축년(1793)의 흉년에 진휼을 보조하는 일에 자원한 사람들을 뽑아 특별히 품계를 내리기도 했고 숙위宿衛의 직을 바로 임명하기도 하였으니, 이는 옛 권분의 뜻이며 주자가 남강에 있을 때의 유제遺制입니다. 그러자 앞을 다투어 곡식을 바치게 되었으니 은진히 실아난 사가 아주 많았습니다. 만약 특별한 상이 아니면 백성에게 권할 길이 없습니다. 이것이 품계와 직함이 넘치게 되

---

24 김재찬金載瓚, 1746~1827 : 자는 국보國寶, 호는 해석海石이다. 순조 때에 영의정을 지냈고 홍경래의 난 때에 서울의 흉흉한 인심을 가라앉히는 데 공헌했다. 저서로 『해석집海石集』 『해석일록海石日錄』이 있다.

더라도 아낄 수 없는 까닭입니다. 지금도 또한 임자년과 계축년의 예를 따라서 재해를 입은 고을로 하여금 먼저 효유하여 각기 분발, 진휼을 도우라는 뜻을 4도道[25]에 지시해야 할 것입니다. 감사가 혹시라도 이것 때문에 자원하지 않는 사람에게 강요한다면 이는 곧 늑분(勒分, 억지로 권분하는 것)입니다. 늑분의 폐단은 그 책임이 수령에게 있으니 이는 엄히 신칙해서 죄과를 범하는 데 이르지 않도록 하라는 뜻으로 아울러 분부하는 것이 어떻겠습니까?" 임금이 "그렇게 하라"라고 하고 "늑분하면 권분하지 않는 것만 못하니 이 뜻으로 각별히 신칙하는 것이 옳다"라고 하였다.

　주자가 절동에 있을 때 「재상에게 올린 글」[26]【6월 8일의 편지이다】에서 말하였다. "지난해에 여러 지역에 기근이 들었는데 절동이 특히 심하였습니다. 제가 부임한 이래 밤낮으로 고민하고 한탄하는데 근래 가뭄이 또 들어 고지대의 천수답天水踏은 벌써 다 거북등처럼 갈라졌습니다. 지난해와 같은 기근이 또 눈앞에 닥친 것입니다. 천하의 일 가운데 황정荒政이 가장 시급한데 그중에도 두 가지 일이 더욱 시급합니다. 하나는 미곡을 널리 사들이는 것이요, 다른 하나는 포상을 서둘러 실시하여 부민들을 격려하는 것입니다. 대개 이 계책은 본래 백성들에게 권유하려는 것이니, 사태가 급박하면 그들에 의지해서 한때 이용하고, 사태가 안정되고 나면 그들에게 보상을 해서 뒷날 다시 권장할 때 도움을 받도록 하는 것입니다. 오늘의 실정을 돌이켜보건대, 국가가 신의를 잃은 일이 많았으니 또다시 위급한 일이 생기면 어떻게 백성들을 이끌겠습니까? 바라건대 재상께서는 이 사정을 살펴 특별히 황제께 아뢰어 원래의 규정

---

25 4도道: 이해에 큰 흉년이 들었던 경기·충청·전라·경상의 4도.
26 「재상에게 올린 글」: 『주자대전·서書』에 실려 있다. 원 제목은 「상재상서上宰相書」이다.

에 비추어서 곧 상전賞典을 내려 이미 곡식을 바친 사람으로 하여금 원한과 불만이 없게 하며, 바치지 않은 자에게는 부러워하여 본받으려는 마음이 저절로 일어나도록 해야 합니다. 미더운 조치가 이미 행해져서 자진해 호응할 자가 많아지면 위급한 때에 백만의 곡식이라도 쉽게 마련할 수 있을 것입니다. 더구나 이 계책은 국가 경비와는 무관한 것이니 시기와 사세를 헤아려보건대 이것이 가장 유익하고 적절한 조처입니다. 그런데도 시일을 미루고 백방으로 저지하여 지난해에 곡식을 바친 자에게 지금까지도 상이 주어지지 않았고 금년에 바칠 자도 바야흐로 망설이고 꺼리게 해서 그 윤곽을 알 수 없습니다. 천하에 신의를 잃어 실로 오늘날 심히 우려할 바이며, 임시방편으로 일을 처리하는 방책을 무너뜨리는 것 또한 애석하게 여겨집니다. 국사를 도모하는 계책이 이같이 어그러져서야 일에 당면해서 후회한들 어떻게 하겠습니까? 이 두 가지 일에 혹자는 말하기를, 우리 조정은 한결같이 재용財用을 절감하고 관작을 중히 여기는 것으로 나라를 다스리는 큰 정사로 삼고 있으니 두 요청 사항이 꼭 이루어지기 어려울 것이라고 합니다. 제가 가만히 생각해보니 그렇지가 않습니다. 대저 재용을 절약하는 길은 속임수를 쓰거나 새어나가는 폐해를 막는 데 있고 나라의 관작을 귀중하게 하는 길은 공로가 없이 요행으로 상 받는 일을 막는 데 있습니다. 지금 곡식을 비축해서 크게 한 부분을 대비하는 것이니만큼 속여 새어나가게 하는 폐단이 아니며, 은상恩賞을 실시하여 국가의 신의를 명백히 보여주는 것이니만큼 이른바 공로 없이 요행으로 상 받는 것은 아닙니다. 국가의 관작이 천하에 가득 차 있어 그것을 내려주는 것은 숫자가 한정되어 있는 것이 아닌데 지금 위로는 집정자로부터 아래로는 말단의 자리에 이르기까지, 안으로는 시종侍從의

화려한 관직으로부터 밖으로는 수령들의 중책에 이르기까지 모두가 서로 짜고 청탁을 해서 얻게 됩니다. 근래 북방에서 귀화한 자들 및 황제의 측근이나 외척들이 크게는 장수로 깃발을 날리고 작게는 정임(正任, 실직實職)으로 횡행하는데 그 수가 얼마나 되는지 알 수 없습니다. 재상께서는 이 관직은 애석히 여기지 않으면서도 적공·문학·승신·교위 따위의 10여 명에게 상 주는 일은 아까워하며 관작을 중히 여겨 아끼는 계책으로 삼고 있으니 저로서는 무슨 이치인지 모르겠습니다."

장차 요호饒戶를 선정하여 3등으로 나누며, 3등 안에서도 각기 세분細分한다.

요호란 그의 집안에 저장한 곡식이 여덟 식구가 먹고도 남는 것이 있는 자이다. 관장은 침기표砧基表를 가지고 백성의 빈부를 살피고 공론을 청취해서 먼저 요호를 선정하고 3등급으로 나눈다. ○ 3등이란 상·중·하의 세 등급이다. 하등을 다시 9등급으로 나누어 최하 2석【15두가 1석이다】으로부터 차례로 1석씩 더하여 최상 10석으로 정한다. ○ 중등도 9등급으로 나누어 최하 20석으로부터 차례로 10석씩 더하여 최상 100석을 정한다. ○ 상등은 9급으로 나누어 최하 200석으로부터 차례로 100석씩 더하여 최상은 곡식 1000석을 배정한다. ○ 1000석은 중국의 1500곡斛이며, 사장私莊[27]의 750석이다【민간에서는 곡식 20두를 1석으로 삼는다】. 반드시 15두로써 1석을 삼는 이유는 권분은 장차 진휼하자는 것이요, 진휼은 공

---

27 사장私莊 : 사가의 장토莊土. 관에서 정한 것이 아니라 민간에서 통용되는 것을 가리키기 위해 취한 말로 추정된다.

사公事이므로 마땅히 공적 장부와 함께 계산해야지 특수한 규례로 해서는 안 되기 때문이다. 항상 보면 권분할 때에는 으레 20두를 1석으로 삼아서 장부 기록의 규례를 어지럽히고 있으니 이를 그대로 따를 수 없다. ○ 만약 1000석 외에 더 내놓아 상전賞典을 희망하는 자가 있으면 반드시 제한할 필요는 없다. ○ 중국의 권분을 보면 쌀을 4000~5000석이나 내는 자도 있는데【『주자차어朱子箚語』에 나와 있다】 이제 곡식 1000석으로 최대한도를 정한 것은 우리나라 백성들이 대개 가난하여 소위 굉장한 부자라 하더라도 쌀 1000석을 바칠 수 있는 자가 거의 없기 때문이다. ○ 백성 중에 형편이 먹고살 만한 자가 몇 말의 남는 곡식이 있다고 해도 그 곡식을 권분하는 것은 안 될 일이다. 그러나 지금 2~3석을 권분 대상에 넣어두는 것은 우리나라 백성들은 상등【200석 이상】에 들 수 있는 자가 한 도에 불과 몇 사람뿐이요, 중등【20석 이상】에 들 수 있는 자도 한 고을에 불과 몇 사람 정도이기 때문이다. 오직 하등【2석부터 10석까지】의 호는 한 고을에 혹 수백이 있을 수 있을 터이니 만약 이들을 제쳐두고 권분하지 않는다면 권할 곳이 없을 것이다. ○ 무릇 권분하는 법은 그 집의 재력에 따라 혹 많기도 하고 혹 적기도 한데 어찌 꼭 등급을 고정시켜 일정한 수량을 정해둘 것인가? 이 물음에 답은 이렇다. "법은 규례가 있는 것이 소중하니 그래야 장부가 어지러워지지 않는다. 20석, 30석이라 하여 그 사이가 떠어 있더라도 위로 붙이고 아래로 붙여 고르게 할 수 있으니, 일정한 수량을 정하는 외에 수량을 잡다하게 늘어놓아서는 안 될 것이다."

무릇 상등의 요호에는 마땅히 진희賑饎【값을 받지 않고 기부하는 것】로 권하고, 중등의 요호에는 마땅히 진대賑貸【가을의 수확을 기다려 상환을 받는다】로 권하며, 하등의 요호에는 마땅히 진조賑糶【헐한 값으로 판다】로 권해야 한다.

왜 그런가? 나라의 법전[28]에 50석 이상은 중앙에 보고하여 상을 준다고 되어 있는데 하물며 200석 이상의 경우에 있어서랴. 숙종 계해년에 민유중이 아뢴 신축사목辛丑事目【앞에 자세히 나왔다】은 실로 잘 닦아 시행하면 200석 이상을 낸 사람은 주부와 판관이 될 수 있음이 확실하다. 그런데 이미 직관을 얻고 곡식값까지 받아서야 되겠는가. 또 이들 여러 호가 이미 상등이라고 칭했으면 반드시 곡식값을 바랄 것이 없으니 이것이 "부자는 괜찮다"[29]라는 의미이다. 그러므로 곧 진희로 권하더라도 안 될 것이 없다. 만약 조정의 정령政令이 분명치 않아 포상을 받기가 불분명하면 그의 소원을 물어서 향승【좌수·별감 등】이나 장관【천총·파총 등】 등의 차첩을 그의 소원에 따라 지급하며, 영구히 군첨軍簽[30]으로 침해받는 일이 없도록 완의完議[31]를 만들어줄 것이다. 만약 이들 여러 직위 중에 바라는 것이 없으면 비록 상등에 든 사람이라도 역시 진대를 허용할 것이다.

○ 진대란 어떻게 하는 것인가. 가령 권분하는 곡식 1000석을 요호에서 받아 굶주리는 사람들에게 나누어주었다가 추수 때에 이르면 굶주리는 사람에게서 환수하여 요호에 갚는 것이다【법은 다음에 나온다】. 이 경우에 색락色落과 모타耗打는 따지지 않는다. 중등의 호들은 비록 여유 곡식이 있더라도 본래 아주 넉넉한 것은 아니며 100석 이하로는 상전을 바라기는 부족하니【나라 법전에 비록 50석 이상의 곡식을 낸 자에게 상을 준다고 했지만

---

28 『대전통편·호전·비황』.

29 원문은 "가의부민嘉矣富民"이다. 이는 『시경·소아小雅·절남산節南山』에 나오는 "가의부인嘉矣富人"을 따온 것이다.

30 군첨軍簽: 군역을 지는 명단에 올리는 것. 군역은 양민(즉 일반 평민)이 하게 되는데 여기에 이름이 오르면 여러 가지 침탈을 받게 된다.

31 완의完議: 여러 단체가 일을 협의해 합의에 도달하는 것. 이 경우에는 관에서 결정사항을 문서화해주는 것을 뜻함.

근래의 관례로는 거론하지 않았다】 추수를 기다려 낸 만큼의 곡식을 받는 것이 마땅하다.

○ 진조란 어떻게 하는 것인가. 하등의 민호들은 이름은 비록 요호라 고 하지만 근근이 살아가기 때문에 몇 석의 곡식이라도 거저 바칠 수가 없으므로 곡식을 팔게 하는 것이다. 그 값은 어떻게 정할 것인가. 통상의 비율은 쌀 1석【15두】이면 3냥, 벼 1석이면 1냥 2전으로 한다【상편에 나와 있 다】. 이제 특별히 30푼을 더하여 벼 1석마다 돈 1냥 5전을 치르는 것이 마 땅할 듯하다. 혹자는 말하기를 큰 기근이 든 해에는 1두에 쌀값이 100푼 【혹 100푼을 넘는 해도 있다】이고 1석의 벼가 쌀로는 6두이니【매양 5두를 찧으면 2두가 나온다】 지금 받는 값은 4분의 1이다【6냥 받을 것은 지금 1냥 반을 받는다】. 중등의 요호는 가을에 본래 낸 만큼 곡식을 받는데 하등의 요호는 앉아 서 4분의 3을 잃으니 어찌 사리에 어긋나지 않는가. 대답은 이렇다. 중등 의 호는 20석을 내는데 낼 당시의 시가를 따지면 120냥이지만 가을에 환 수할 때의 시가로 따지면 필시 30냥에 불과하니【가을 곡식이 익으면 벼 15두 에 돈 1냥 반을 받기 어렵다】 역시 4분의 1이다. 마찬가지로 4분의 1인데 전자 는 추수를 기다렸다가 받고 후자는 지금 당장 받으니 어찌 등급의 차이 가 분명하지 않은가【흉년의 곡가도 각기 같지 않으므로 마땅히 시가를 참작하여 하호 와 중호의 손실에 차등이 있게 해야 한다】.

이에 면내의 신망 있는 사람을 뽑고 날짜를 잡아
불러모아 그들의 공론을 들어 요호를 선정한다.

주자는 「성자현星子縣[32] 등 여러 고을에 공시한 글〔示星子諸縣書〕」[33]에서 말하였다. "상호에 권유하여 본 군의 출생·사망 장부를 살펴 고을 사람들로 하여금 공정하게 추천하여 거느리고 있는 객호客戶[34]의 수와 판매할 미곡의 숫자를 약정케 한다. 현사縣司에서는 간략히 술과 과일을 준비, 초청해서 권하고 타이르되, 그 예우를 갖추어서 이해로 설득할 일이요, 서리胥吏가 마구 무리하게 소요를 일으키게 해서는 안 된다. 상호는 기왕에 풍족한 집안이므로 필시 이 뜻을 잘 이해할 수 있을 것이다. 그중에 혹시 잘 납득하지 못하는 사람이 있더라도 마땅히 두 번 세 번 권유하고 그 허실을 살펴서 적절히 증감할 것이다. 그래도 다시 속이거나 거부하는 일이 있으면 곧 그의 성명을 기록해서 남강군에 보고하여 별도의 시행이 있을 때까지 기다린다." 案 성명을 갖추어 군에 보고한다는 것은 본 현에서 거부한 죄를 열거하여 상사에 보고하는 것을 말한다【성자현 등 세 고을은 남강군에 속한 현이다】. 권분하는 데도 명령을 따르지 않는다면 주자는 역시 위엄을 세워서 독려했던 것이다. 그러나 권하는 바는 곡식을 팔라는 것이지 거저 내놓으라는 것이 아니었다.

대저 요호를 뽑는 것은 기호(飢戶, 굶주린 호구)를 뽑는 것보다 더 어렵다. '기호'는 본디 가난하여 혹시 잘못 뽑힌 자가 있더라도 그것은 모두 개인적인 친분에 의한 것이지 뇌물 때문은 아니다. 요호는 재물이 있어 면해 보려고 널리 찾아다니며 청탁을 하는데 이는 모두 뇌물로 거래하는 짓

---

32 성자현星子縣: 지금의 중국 강서성 여산시에 속한 지명. 남송시대에는 남강군에 속했는데 주자가 1179년 남강군 권농사로 부임해서 여러 가지 치적을 남겼다. 그때 큰 흉년을 만나서 구휼정책을 편 것은 중요한 사적이다.

33 「시성자제현서示星子諸縣書」:『주자대전·서書』에 실려 있다. 원 제목은 「여성자제현의황정서與星子諸縣議荒政書」이다.

34 객호客戶: 다른 고을에서 일시 들어온 호구나 주인집에 붙어사는 호구라는 두 가지 뜻이 있다. 여기서는 지주에게 붙어사는 전호를 의미하는 것이다.

이다. 설혹 지극히 공정하고 사사로움이 없는 논의로 정해졌더라도 듣는 사람들의 의심을 면치 못한다. 향승이 "이 아무개는 실제로 가난해서 10석에 합당하지 않고 장 아무개는 자못 부유하여 100석에 넉넉히 들 것입니다"라고 진언을 한다. 관장이 이 말을 듣고 "저 향승이 이 아무가 가난하다고 주장하니 아무개에게서 뇌물을 받아먹지나 않았는가? 장 아무가 부자라고 내세우는 것은 그가 뇌물을 주겠다는 약속을 어긴 것이 아닌가"라고 할 터이니 혐의가 있는 경우에는 사람들이 말하기가 어렵다. 그러므로 사심이 없는 사람은 묻더라도 말하지 않고 사정을 가진 자는 말하더라도 믿기가 어렵다. 관장이 몰래 사람을 보내어 염탐한다 하더라도 그 사람이 한쪽 말만 듣고 농간을 부리지 않으리라고 어찌 보장하겠는가. 관장이 공회公會에 묻고 싶더라도 친한 사람끼리 짜고 뇌동하지 않으리라고 어찌 보장하겠는가. 그렇기는 하나 공회에서 듣는 것이 한쪽 말만 듣는 것보다는 낫다.

○ 근래에 보면 수령이 술자리를 마련해서 넉넉한 백성들을 널리 초청하여 혹 본인으로 하여금 스스로 몇 석 낼 것인가를 쓰게 하고 혹 수령의 입으로 몇 석을 강제로 요구하기도 한다. 그들이 하는 대로 맡겨두면 의돈猗頓 같은 부자도 양식이 떨어졌다고 거짓말을 할 것이요, 수령이 위엄으로 임하면 검루黔婁[35] 같은 가난뱅이가 혹 곤경을 당하게 될 것이다. 천하에 어려운 일은 권문보다 더한 것이 없다. ○ 무릇 향청이나 향교에 뻔질나게 출입하는 자는 대체로 간사한 자라서 믿을 수가 없다. 사족士族은 물론이고 토족土族이나 중·하족中下族이라도 오로지 조용히 살면서 글

---

35 검루黔婁: 『맹자』에 나오는 가난한 사람의 이름.

을 읽으며 집안을 다스리고 농사에 힘쓰고 관부에 드나들지 않으며 송사 마당에 기웃거리지 않는 사람은 순박하고 자기 양심을 지켜 그의 논의가 공정한 데서 나올 수 있다. 수령은 남몰래 이런 사람을 구하기를 마치 현인을 찾듯이 해서 매 1항【즉 한 면面】에서 상족上族【사족과 토족을 말한다】 2명과 중족中族 2명을 얻어 편지를 보내어 정중히 맞이하거나 공문으로 불러들이되 날짜를 정하고 술자리를 마련하여 모이게 한다. 한 번의 술자리에 다섯 면을 부르면 모이는 사람의 수는 20명이다【한 면에 4명씩】. 이에 종이 한 장을 가져다가 다섯 면에 속한 요호의 이름을 나열해 쓰고는 그들로 하여금 권점圈點을 치도록 한다【반드시 이웃하고 있는 다섯 향을 모아야만 갑 면의 사람이 을 면의 사정을 알게 된다】. ○ 수령은 말한다. "나의 방식은 2석부터 10석까지는 하등으로, 20석부터 100석까지는 중등으로, 200석부터 1000석까지는 상등으로 한다. 여러분들은 모름지기 여러 각호의 이름 밑에다가 각각 한 글자를 써서【상·중·하 석 자 가운데 한 자를 쓴다】 상·중·하의 3등급을 정해주기 바란다." 이에 '상' 자가 많은 호를 상등으로 정하고 '중' 자가 많은 호를 중등으로 정하고 '하' 자가 많은 호를 하등으로 정한다. 만약 두 등급의 글자 수 같게 나오는 경우【'중' 자가 8개, '하' 자 역시 8개】 그중에서 높은 쪽을 따른다【'중'으로 정한다】. ○ 권점의 일이 끝나면 곧 종이 석 장에 3등급의 호戶를 각각 한 종이에 쓰게 한다. 또 20명에게 각 호의 이름 밑에다가 각기 석수를 쓰게 하여【하등이면 2석부터 10석까지, 중등이면 20석부터 100석까지】 매호마다 납부해야 할 석수를 정한다. 이에 2석이라고 적힌 것이 많은 호는 2석으로 정해지며, 10석이라고 적힌 것이 많은 호는 10석으로 정해진다. 중등의 경우도 마찬가지이다【20석이라고 적힌 것이 많은 호는 20석으로 정해지고 50석이라고 적힌 것이 많은 호는 50석으로 정해진다】.

만약 두 가지 석수를 쓴 사람의 수가 같을 때[3석이라고 쓴 사람이 7명이고 4석이라고 쓴 사람 역시 7명인 경우]에는 그중 높은 석수를 따른다[4석으로 정한다]. 면마다 각각 4명을 불렀으니 이 네 사람으로 하여금 본 면의 호만을 의논하게 해야 할 것이지만 지금 필경 다섯 면의 사람들을 통틀어 권점하게 한 것은 본 면의 의논도 채택해야 하고 다른 면의 의논도 채택해야 할 것이기 때문이다. ○ 그 이튿날에 또 다섯 면을 불러 같은 방법으로 권점한다. ○ 권점이 다 끝나면 어제 권점한 문서를 내보이고 묻는다. "이 문서에 억울한 자가 없겠는가? 자기가 아는 바에 지나치다고 생각되거나 운이 좋다고 생각되는 자가 있으면 각자 분명히 말해야 할 것이다." 이에 각기 말대로 각호의 이름 밑에 그 내용을 주註로 적어두고 딴 길로 염탐해 서서히 실정을 파악하여 올리거나 내릴 것이다.

그중에 상호로서 '진희'를 권할 사람과 중호로서 '진대'를 권할 사람에 대해서는 수령이 마땅히 날짜를 잡아 초청해서 술자리를 마련하고 부드러운 말로 다음과 같이 이른다. "복을 구하는 방법으로는 덕을 쌓는 일만한 것이 없고 덕을 쌓는 법으로는 덕을 내세우지 않는 것만한 것이 없다. 덕을 내세우지 않는다 함은 무엇인가? 베푼 사람의 이름을 밝히지 않고 받은 사람이 감사를 표하지 않아도 좋도록 하면 그것이 덕을 내세우지 않는 것이다. 무릇 사람의 본성은 자진해서 베풀 때에는 만전을 아끼지 않지만 남이 권해서 하게 되면 술 한 잔에도 인색하다. 남이 권해서 하는 것은 그래도 힘쓸 만하지만, 관에서 권해서 하게 되는 것은 즐겁지 않은 것이 인지상정이다. 그러나 마음에 즐겁지 않은 것을 힘써서 행하는 것도 극기克己가 아니겠는가? 내가 베풀었는데도 남이 내게 감사하도록 하지 않는다면 음덕陰德이 아니겠는가. 음덕은 인仁이요 극기는 의義이다.

어질고 의로운 일이거늘 복이 어찌 없겠는가. 또 지금 조정의 명이 참으로 진실하고 상전賞典이 뚜렷하니 정령을 보고서 행하는 것은 백성의 의리이다. 관의 권한은 나라에 있어 나라가 주는 것이요, 고을의 권한은 나에게 있어 내가 주는 것이다〔이 고을의 시상을 말한다〕. 나는 식언을 하지 않을 것이니 그대들은 믿어 달라. 조정의 정령에 신의가 없으면 내가 장차 아뢸 것이다〔조정에 청하는 것을 말한다〕. 아뢰어도 받아들여지지 않으면 그대들에 있어서는 덕을 내세우지 않음이 되니 내세우지 않는 덕은 하늘이 살펴보는 바이다. '진대'는 가을에 갚도록 할 것인데 진대를 받은 자 중에 혹 사망한 자가 있으면 내가 보충해줄 것이다." ○ 그런 가운데 하호로 곡식을 팔도록 권유하는 일에 대해서는 향승 중에 언변이 좋은 사람을 시켜서 마을을 순행하면서 따뜻한 말로 타일러 권분하게 할 것이다. ○ '진조'하는 호에서 이미 그 값의 4분의 1을 받았으니 4석을 바치는 경우 실제로는 3석을 바치는 것에 불과하다. 8석을 바치는 자는 실제로는 6석을 바치는 것이다. 15두로 1석을 삼으면 10석을 바치는 경우 민간의 관행에 따르면 6석이 채 못 된다〔112두 5승에 불과하다〕. 이러한 수량의 차이도 모름지기 명백히 말해주어야 한다.

주자는 「성자현 등 여러 고을에 공시한 글」에서 말하였다. "장차 쌀을 판매하려고 할 때에는 먼저 상호 및 쌀을 사들일 인호人戶와 더불어 한 번 만날 것을 청하고 함께 상의하여 마당을 설치, 거기서 처분하게 하는데 공사公私와 빈부와 원근에 따라 사람들이 저마다 편리하도록 힘쓸 것이다. 대저 관미官米는 고을의 시장에만 내다 팔고 상호의 미곡은 가깝고 편리한 향촌에 시장을 설치하여 내다 팔게 하여 실어 나르느라 쓸데없는 노력과 비용이 들지 않도록 할 것이다. 만약 너무 많이 남아 처분할 수

없는 곡식과 장차 내다 팔 상평곡은 즉시 관례에 따라 보고하고 별도의
조치를 기다리게 한다."

권분이란 스스로 나누어주도록 권하는 것이다.
스스로 나누어주면 관의 힘이 크게 덜어질 것이다.

요호에는 저마다 형제가 있고 인척이 있으며, 저마다 이웃도 있고 총
호塚戶[36]도 있다. 그의 성질이 인색하여 구휼하려고 하지 않기 때문에 수
령이 이들에게 의연義捐하도록 권하는 것이요, 이를 권분이라고 한다. 남
의 재물을 강제로 빼앗아 아무 상관도 없는 사람에게 준다면 어찌 좋아
서 하는 일이 되겠는가. 옛날의 권분은 결코 이렇지 않았으니 그 명분
과 의리를 생각해보면 필시 옛날에 합치되는 방도가 있을 것이다. ○ 먼
저 기구飢口를 뽑아서 한 책을 만들고【다음 조목에 나와 있다】또 요호를 선정
하여 한 책을 만든다【앞 글에 나와 있다】. 이에 기구의 명단에서 그의 형제·
인척·이웃 및 그 밖의 관련된 집으로 요호에다 붙일 만한 자가 있는지를
조사해서 각기 주를 달아 명시한다【요호 이름 밑에 기록한다】. 이에 요호에 본
래 배당된 석수【곡식 몇 석】를 조사하여 거기에 기구를 붙이되 대략 곡식
1석으로는 노약자 한 명을 구제할 수 있으니 본래 100석이 배당된 요호
에는 100명을 붙여주고 본래 10석이 배당된 요호에는 10명을 붙여서 진
휼장부에 기재하여 사장私場[37]에서 나누어주도록 한다. 이에 기구를 붙

---

36 총호塚戶: 원주에 "묘를 지키는 자"라고 나와 있다. 우리말로 '묘지기' 혹은 '산지기'라
고 칭하는 것이다.
37 사장私場: 공장公場에 상대되는 말. 공장이 관에서 설치한 진휼장임에 대해 사장은 요호

러 타이른다. "이제 너희는 아무개 요호에 붙이니 순배巡排에 따라 '진희' 를 받도록 하되, 현장에 나아가서 죽을 먹는 것은 공장公場의 예와 같이 할 것이다. 너희들은 물러가서 구제받도록 하라. 만일 아무개 요호가 인색한 마음으로 진휼하는 데 성의를 다하지 않으면 너희들이 와서 보고하라. 내가 마땅히 너희들을 위하여 그 사장을 폐지하고 곡식을 두 배로 징수하여 공장에 배분할 것이다. 너희들은 그렇게 알라." 매양 진휼하는 날에는 영리한 사람을 따로 파견하여 근면한지 태만한지를 살피고, 성실한지 거짓된지를 점검한다. 이렇게 하면 권분의 본뜻을 잃지 않으면서도 백성들이 진휼을 받는 것이 오히려 공장보다 나을 것이다. ○ 동성同姓 지친至親[38]과 이성異姓으로서 척분이 가까운 자는 그들 각자 구제하도록 하고 관의 진휼장부에는 올리지 않는다. 다만 그들 중에서 촌수가 먼 자는 장부에 올린다. 동성의 근친으로서 상부上富의 경우는 8촌까지, 중부中富는 6촌까지, 하부下富는 4촌까지 장부에 올리지 않는다. 이성의 가까운 자 또한 이에 준하여 차등을 둔다【노속은 장부에 올리지 않는다】. 이제 시험 삼아 사장권분력私場勸分曆[39]을 만들면 다음과 같다.

상호上戶 안득추安得秋의 사장력私場曆【상호라는 것은 상부上富이다】

흑석리黑石里	유학幼學 안득우安得雨 【상호의 10촌 동생】	받을 쌀 1두 8승 【남정男丁 2구, 여장女壯[40] 2구】

가 사적으로 설치한 진휼장을 가리킨다.

38 동성同姓 지친至親: 부계의 8촌 이내 친족.

39 사장권분력私場勸分曆: 사설 진장賑場에서 급식한 실태를 날마다 기록하는 장부. '력'은 일지의 의미이다.

40 여장女壯: 16세부터 60세까지의 여자.

흑석리	유학 이상은 李尙殷 【상호의 이성 6촌】	받을 쌀 1두 4승 【남정 2구, 여장 1구】
흑석리	양인 良人 이덕봉 李德奉 【상호의 가까운 이웃】	받을 쌀 1두 3승 【남정 1구, 여장 2구】

이와 같은 자가 수십 명이지만 여기서는 다 기록하지 않는다.

중호 中戶 함봉래 咸鳳來의 사장력

감수리 甘水里	양인 함광운 咸光雲 【주호 主戶[41]의 8촌 동생】	받을 쌀 1두 1승 【노인 2구, 소아 1구】
감수리	사노 私奴 김개남 金介男 【주호의 이성 5촌】	받을 쌀 1두 6승 【남정 1구, 여장 3구】
감수리	유학 최계운 崔啓雲 【주호의 가까운 이웃】	받을 쌀 1두 4승 【노인 2구, 소아 2구】

이와 같은 사람이 10여 명이지만 여기서는 다 기록하지 않는다.

하호 下戶 박상문 朴尙文의 사장력

작산리 雀山里	유학 박재흥 朴再興 【주호의 5촌 아저씨】	받을 쌀 1두 3승 【남정 2구, 소아 1구】
작산리	유학 정기인 鄭基仁 【주호의 이성 4촌】	받을 쌀 1두 4승 【노인 1구, 남정 2구】
송곡리 松谷里	양인 백시복 白時卜 【주호의 묘촌 墓村】	받을 쌀 1두 4승 【여장 1구, 소아 3구】

이와 같은 사람이 7~8명이지만 여기서는 다 기록하지는 않는다.

---

41 주호 主戶: 이 경우는 진장주인 賑場主人. 진장 賑場을 베푸는 주체.

권분의 영이 나오면 부민富民은 크게 놀라고 가난한 사람들은 탐욕스러워진다. 중요한 정사에 신중을 기하지 않으면 탐천지공貪天之功[42]을 하려는 자들이 속출할 것이다.

권분은 천하를 놀라게 하는 일이다. 한 부자가 있어 그의 재산 중에서 권분으로 200석을 낼 만하다고 치자. 이에 바람을 잡고 그림자를 맞추는 무리들이 어지럽게 몰려든다. 좌수가 그에게 은근히 말하기를 "사또가 나에게 물을 것이니 내가 응당 억울하다고 말해줄 것이다. 그대는 얼마를 주겠는가?"[이는 뇌물을 요구하는 말이다]라고 한다. 향교 유생[관에 출입하며 수령과 가까이 지내는 자이다]이 은근히 말하기를 "사또가 나에게 물을 것이니 내가 응당 숨겨줄 것이다. 그대는 얼마를 주겠는가?"라고 한다. 수리首吏도 "얼마 주겠는가?" 수교首校도 "얼마 주겠는가?" 왕래하는 친척도 "얼마나 주겠는가?"라고들 하니 부민은 거기에 현혹되어 어찌 할 바를 모른다. 아주 간교한 아전 하나가 밤을 틈타 들려서 "다른 사람들은 모두 허풍을 떠는 것이고 나에게 아주 긴밀한 길이 있으니 100석은 틀림없이 감할 수 있다. 100석의 값은 800냥이니 네가 그 반을 먹고 관에서 그 반을 차지하면 이 또한 좋지 않겠는가. 400냥의 돈을 네가 바치고 그 이튿날 소지(所志, 소장)를 올리면 틀림없이 판결을 받을 것이다"라고 말한다. 분명한 증험이 있는데 어찌 믿지 않을 수 있겠는가. 그 아전을 따라 어떤 집에 가

---

42 탐천지공貪天之功: 하늘의 공을 탐한다는 뜻으로 자연스럽게 이루어진 일을 제 공으로 삼거나, 남의 공적을 훔치는 행위를 말한다.

보면 등불이 반짝이는데 어떤 기생이 얌전히 앉아서 이 사람을 기다리고 있다. ○ 또 일등의 부랑배 사기꾼이 관장의 심사가 그렇게 가혹하지 않은 줄을 탐지해 알고서는 한 요호를 잡아서 꾀어 "너는 100석을 내야 하는데 나에게 특별한 지름길이 있으니 응당 반은 감할 수 있다. 반값이면 400냥이니 나와 나누면 각자 200냥씩 차지하게 된다. 이 또한 좋지 않겠는가?"라고 한다. 일부러 동헌에 들어가서 관장과 환담하게 되면, 관장은 그 사람이 굶주린 것을 불쌍히 여겨 술과 고기를 대접한다. 권분에 관해서는 한마디도 입에 올리지 않고 나와서는 승낙을 받았다고 거짓 자랑을 한다. 다음 날 요호가 애달프게 호소하여 너그러운 판결을 받으면 탐천지공을 자기의 힘으로 된 일인 양한다. 뇌물로 주는 돈은 밤중에 오가는 일이라 아는 사람이 없다. 그러므로 흉년이 들어 권분할 때에는 수령이 일체 손을 물리치고 호랑이 같은 문지기를 세워 지키도록 해야 할 것이다.

『다산일초茶山日鈔』[43]에서 말하였다. "가경 갑술년(1814) 겨울의 일이다. 한 유생이 군아에 들어가서 주고받은 말이 권분에 미쳐서, 그 유생이 '사또의 명이 아무리 엄하다 해도 백성이 버티면 어찌 하겠습니까?'라고 물었다. 수령은 '고을에서 제일가는 부자가 끝까지 버티면 불가불 곤장을 칠 것이다'라고 대답했다. '정말 그렇지요. 곤장이 아니면 바치지 않으리다' 하며 유생은 맞장구를 쳤다. 유생은 관문을 나오자 즉시 그 부잣집으로 가서 '당신에게 1000냥이 배당되었는데, 나에게 100냥을 주면 힘을 써서 300냥을 줄여줄 것이오. 그러면 200냥은 당신의 이득이오'라고 말

---

43 『다산일초茶山日鈔』: 다산의 유배 시절 강진의 다산초당에 있을 때 쓴 일기 형식의 저술로 추정된다.

했다. 부자는 '어허, 내가 바치지 않는 걸 누가 내 목을 뽑을 것이오?'라고 했다. '나의 말은 사또의 뜻을 알아서 하는 것이라오. 사또가 나의 굶주리는 처지를 생각해서 당신에게 베풀도록 한 뜻인데, 듣지 않다가는 반드시 후환이 있을 것이오'라고 했다. 부자는 그래도 믿지 않고 비웃어 넘겼다. 유생은 수령이 내일 창고로 나가서 그 부자를 부를 것임을 미리 알고, 밤중에 다시 가서 그 기밀을 알려주면서 '내일 수령이 당신을 부를 터이고 그러면 곤장을 칠 것이오. 내 말을 믿지 못하겠거든 두고 보시오'라고 했다. 부자는 그래도 믿지 않고 '나를 어찌 하겠소'라고 버텼다. 그 이튿날 수령이 또 불러서 1000냥을 바치라고 강요하자, 부자는 '힘이 모자라 그렇게 할 수 없습니다'라고 대답했다. 수령은 곤장을 쳐서 부자의 승낙을 받아냈다. 부자는 관가에서 나오자 유생에게 달려가 100냥을 주고, 300냥을 감해달라고 사정했다. 유생은 '쉬운 일이오. 2차, 3차에 걸쳐서 500냥만 바치시오. 내 장차 도모하리다' 하고는 일부러 관아에 들어가 한담을 하다가 나왔다. 500냥을 바친 뒤 부자로 하여금 소지를 올리게 하였는데, 그 사연이 심히 슬프고 절실했다. 수령은 마음이 풀어져 300냥을 감해주었다. 유생이 탐천지공을 했지만 그 내막을 알 사람이 누구이겠는가. 그 덕을 칭송할 따름이다. 수령의 말 한마디가 입 밖을 나가면 바람과 구름 같은 변화가 이 지경에 이르지만 군자가 능히 헤아릴 수 있는 일이 아니다. 객을 물리치고 사사로움을 끊는 일을 그만두지 않아서 되겠는가?"

흉년에 기민에게 돌아갈 데서 훔치면 소문이 멀리
변방에까지 나가고 재앙이 후손에까지 끼치니 이런

마음은 결단코 먹어서도 안 된다.

『한암쇄화寒巖瑣話』에서 이렇게 말하였다. "하늘이 부여한 성품은 원래 선량하지 않은 사람이 없거늘 막히고 잃어버려서 금수만도 못하게 되어, 군자가 헤아릴 수 있는 것이 아니게 되었다. 어사가 탐욕한 관장의 죄를 논하면서 '기민의 수를 거짓으로 4800명으로 늘려서 진휼미를 훔쳤다'라고 하여, 나는 처음에는 믿지 않았다. 탐문해서 알아보니 과연 무고가 아니었다. 또 '권분미勸分米 150석을 돈으로 거두는데 매 석에 15냥으로 계산하면 합계 2250냥인데 자기 주머니로 들어갔다'라고 하여, 나는 처음에 역시 믿지 않았는데 탐문해서 알아보니 과연 무고가 아니었다. 그 훔친 돈으로 진기한 물건을 사들이되 옥천玉泉[44]의 가는 베〔細布〕, 탐라의 큰 전복〔大鰒〕, 은쟁반, 은합銀盒, 5척의 달비〔髮〕, 오색 자리 등속을 싣고 지고 하여 권문세가에 갖다 바친다. 민망하게도 권문세가에서는 수령의 녹봉이 본디 많아서 이런 것들을 능히 마련할 수 있는 것으로 안다. 누가 권분을 위한 재물이 이런 물건들로 바뀐 것이라고 상상이나 하겠는가. 귀한 물건을 받아서 온 집안에 기쁨이 넘치는데, 천지간에 귀신들이 가득히 늘어서 내려다보아 그로 인해 재앙이 일어나면 재난과 패망을 다 함께 당할 것이다. 이 어찌 안타깝지 않으랴. 그래서 옛날 재상들은 싸다 바치는 꾸러미를 질대 받지 않았는데, 그 안에 큰 독이 있어 먹을 것이 못 되는 줄 알기 때문이었다."

---

44 옥천玉泉: 당시는 영암에 속한 지명이었는데 지금은 전라남도 해남군의 옥천면이다.

남쪽 지방의 여러 절에는 더러 부유한 중이 있다.
이들의 곡식을 권유하여 절 주변의 사람들을 돕고
세속인들에게 은혜를 베풀도록 하는 것이 또한
마땅하다.

    남쪽 고을의 사찰들이 옛날에는 넉넉했으나 지금은 모두 쇠잔해졌다.
그래도 그중에 매년 곡식 몇 백 섬을 추수하는 중이 한두 명 있을 것이
니, 규례에 따라 등급을 나누어 진휼 물자에 보태게 해도 큰 잘못은 아닐
것이다. 다만 절 주변의 여러 촌락 및 중의 친족 되는 이들은 중으로부터
직접 구제받도록 할 것이다. 기사년과 갑술년에 수령이 아전과 군교를
보내 절의 재산을 걷어갔는데 그들이 공용으로 쓰는 쌀과 불공 드릴 양
식을 빼앗았으며, 심지어는 종鐘이나 징[鉦], 가마솥 등속을 가져다 파는
데에 이르렀다. 중들의 울부짖음이 참혹하여 차마 들을 수 없었다. 이 또
한 수령으로서 마땅히 단속해야 할 문제이다.

    진양기陳良器가 강주江州를 맡아 다스릴 때의 일이다. 큰 흉년이 든 데
다 전염병까지 번지자 그는 백성들을 위해 죽과 의약품을 마련하였다.
그래도 부족하면 여산廬山의 여러 불사佛寺에 남는 재물을 취하여 진휼하
는 데 보탬으로써 살린 자가 1만 명이나 되었다. 案 조변이 월주에 있을
때 그의 권분이 중들에게 미쳤는데 진양기도 또한 그러했던 것이다.

規模

진휼에는 두 가지 관점이 있으니 첫째는 시기를 맞추는 것이요, 둘째는 규모가 있어야 하는 것이다. 화재에서 구하는 일과 물에 빠진 사람을 건지는 일에 어찌 시간을 한가히 할 수 있겠으며, 많은 사람들을 다루고 물자를 고루 나눠주는데 어찌 틀이 없을 수 있겠는가

수재는 아무리 혹심해도 그 화는 물에 잠긴 지역에 그치고, 바람·서리·병충·우박 등 또한 반드시 온 천하의 재해가 되는 것은 아니다. 오직 큰 가뭄이 들어 산이 탈 지경이면 나라의 백성들이 온통 굶주려서 손을 쓸 방도가 없게 만든다. 마땅히 입추 무렵부터 재빨리 대책을 세워 시각을 다투어 기회를 포착하고, 유리한 방향으로 나아가기를 날쌘 새와 사나운 짐승이 출동하듯 해야 한다. 이렇게 한 후에라야 실시하고 조치하는 일이 바야흐로 두서가 있게 된다. 소홀히 할 수 없다.

조변趙抃이 월주를 맡아 다스릴 때의 일이다. 희령 8년(1075) 여름에 오월吳越[1] 지방에 큰 가뭄이 들었다. 그가 백성들이 굶주리기 전에 서면으로 묻되, 속현 중에서 가뭄의 피해를 입은 향이 몇이나 되며, 백성들 중

에 자기 힘으로 양식을 해결할 수 있는 자는 몇이나 되며, 관에서 양식을 배급해야 할 사람은 몇이나 되며【기민에게 무상으로 구제하려는 것】, 백성들에게 도랑과 제방을 쌓는 취로사업을 할 곳은 몇 개소나 되며【역사役事를 일으키려는 것】, 창고에 있는 돈과 곡식을 진휼용으로 내놓을 수 있는 곳이 얼마나 되며【기민에게 곡식을 팔기 위한 것】, 곡식을 기부할 수 있는 부자가 몇 집이나 되며【권분하려는 것】, 장부상에 오른 승려와 도사道士에게는 여유 곡식 중에 실제로 남아 있는 양이 얼마나 되는가 등등에 대해 파악해서 회답하게 했다. 이처럼 대비에 신중을 기하였다.

○ 주현州縣의 관리가 백성들 중에서 고아·노인·병약자로서 자기 힘으로 먹고살 수 없는 자 2만 1900여 명을 기록하여 보고하였다. 옛 관례에 해마다 궁핍한 백성들에게 지급하는 진휼미가 3000석에 그쳤는데, 조변은 부유한 자들이 내놓은 것과 승려 및 도사들의 여유 곡식을 거두어 4만 8000여 석을 얻어 그 비용에 보태게 하였다. ○ 10월 초하루부터 1인당 하루에 한 되씩 지급하되, 어린아이들은 절반으로 하고 여러 사람이 모여 시끄러워지는 것을 염려하여 남자와 여자를 구분해 각기 다른 날에 들어와 2일분의 곡식을 받게 했다. 유망流亡이 발생할까 염려하여 성내와 교외에 곡식을 배급하는 장소 57개소를 설치하고 각기 편의대로 곡식을 받아가게 하되 자기 집을 버리고 떠난 자에게는 곡식을 주지 않는다고 고시하였다. ○ 현직에 있지 않으면서 경내에 사는 이전을 찾아 양식을 지급하고 그 사무를 맡겼다【제 힘으로 먹고살기 어려운 자】. ○ 부자에게 알려 양곡 판매를 중지하지 못하게 하고, 또 관곡을 내어 5만 2000여 석

---

1 오월吳越: 지금의 중국 강소성江蘇省과 절강성 일대를 가리킴.

을 마련, 곡가를 낮추어서 백성들에게 팔도록 하였다. ○ 양곡 판매 장소는 모두 18개소로 하여 판매자로 하여금 편리한 곳을 택하기를 앞서 양곡 배급 때와 같이 하였다. ○ 또한 취로사업으로 성벽 4100장丈을 쌓아 완성하게 하였는데 연 동원 인원이 3만 8000명이었다. 그 품삯을 계산하여 돈으로 주었고 또 곡식을 두 배나 주었다. ○ 백성이 이자 돈을 쓰려는 경우 부자에게 고해 요구한 대로 빌려주도록 하되 곡식이 익기를 기다려 그것을 상환하도록 관에서 독책하였다. ○ 버려진 남녀 아이는 거두어 기를 수 있도록 하였다. ○ 그 이듬해 봄에 전염병이 크게 유행했다. 이에 병방病坊을 설치, 의탁할 곳이 없는 환자들을 수용하고 승려 두 사람을 두어 의약과 음식 등을 보살피는 일을 맡겨 때를 놓치지 않게 하였다. 무릇 사망자가 있으면 그곳에서 바로 거두어 묻게 하였다. ○ 법제에 궁핍한 백성에게 양식을 지급하는 것은 3월 말이면 그치게 되어 있는데 그해에는 5월 말이 되어서 그쳤다. ○ 조정에 보고해야 할 일이 있으면 편의대로 즉시 시행한 적이 많았다. 그는 밤낮으로 마음과 힘을 다하면서 조금도 해이함이 없었고, 크고 작은 일을 반드시 몸소 행하였으며, 병자들에게 주는 약과 음식도 자기 개인의 돈으로 낸 것이 많았다【증남풍曾南豐의 『월주구재기越州救災記』에 실려 있다】. 案 조변이 구재한 법은 첫째 토목공사를 일으킨 것, 둘째 창고를 열어 곡식을 나누어준 것【양곡을 흩어 나누어주는 것】, 셋째 곡식을 모은 것【곧 권분이다】, 넷째 승려에게서 곡식을 거둔 것【역시 권분이다】, 다섯째 남녀를 구분한 것, 여섯째 버려진 아이를 거두어 기른 것, 일곱째 병자를 요양한 것, 여덟째 죽은 사람을 매장해준 것이었다. 그런데 중국의 진휼하는 법은 원래 두 가지 요점이 있는데 그 하나는 진희賑饎【또한 진름賑廩이라고도 한다】요, 또 하나는 진조賑糶【돈을 받고 곡식을 주는 것】

이다. 그래서 곡식을 배급하는 장소를 57개소, 곡식을 판매하는 장소를 18개소로 한 것이다. 주자의 진휼조건賑恤條件에도 역시 두 가지 요점으로 나누어놓았는데, 우리나라의 법에는 진희만 있을 뿐 진조는 본래부터 없다. 또 진장賑場으로 말하면 한 고을에 한 곳이 있을 뿐이니 모든 것이 중국의 법과는 같지 않다. 오직 서울 성중에는 두 가지 사항이 갖추어져 있으나, 진장은 1~2개소에 불과하다. ○ 무릇 진휼은 마땅히 망종芒種이 되어 보리를 거둘 때까지 계속해야 할 일이다. 중국의 법은 모두 3월까지로 하고 있으며, 우리나라 또한 4월부터는 차차 폐지하여, 백성들이 풋나물만 먹게 되니 더 병들어 죽게 되는 것이다. 이것은 은혜를 끝까지 베푸는 것이라고 할 수 없다. 案 월주의 굶주린 백성의 숫자는 필시 2만 명에 그치지 않았을 것인데 아마도 기록하는 과정의 착오일 것이다.

홍호洪皓가 수주녹사로 있을 때의 일이다. 큰물이 넘쳐 도로가 막힐 지경이 되었는데 그는 수주 경내의 곡식을 모두 파악하여 1년 먹을 곡식만 남겨두고 그 나머지는 내어서 사방 변두리에 팔게 하되 한 되에 시장 가격보다 5푼씩 싸게 하였다【한 되에 5푼씩 감한 것이다】. 미곡상들에 지시하여 쌀값을 청백기靑白旗에 게시하게 하고 무시로 순행하면서 그 깃발이 넘어져 있으면 처벌하니 누구도 감히 쌀을 비싼 값에 팔지 못하였다. ○ 자기 힘으로 능히 먹고살기 어려운 자들은 동남쪽의 두 폐사廢寺에 집을 세우고 한 방에 10명씩 수용하되 남녀를 각각 다른 방에 들어가게 하였다. 혼잡과 허위를 방지하기 위해 손에 검은 점을 찍어 표시하고 동쪽 처소에 든 자는 5개, 남쪽 처소에 든 자는 3개로 구분했다. 제각기 짐 지고, 불때고, 밥 짓고, 나무하고, 물 긷고 하는 등의 일거리를 주었다. 백성들이 허약해서 곤장을 칠 수 없어 남의 것을 빼앗거나 싸움질하여 소란을 피운 자가 있으면 그 손에 표시한 점을 지우고 추방했다. 모두 한결같이 두려워 복종하였다. 염방사자 왕효갈王孝竭이 와서 "평강平江에서는 울부짖고 굶주림을 호소하는 자가 몰려들었는데 이곳은 전혀 그런 일이 없으니 어찌 된 일이오"라고 하였다. 그는 곧 염방사자를 안내하여 두 절에 가서 살펴보게 하니 양쪽 다 조용하여 아무 소리도 나지 않았다. 왕효갈은 감탄해 마지않았다. 전후로 살려낸 자가 9만 5000여 명이나 되었다. 홍호가 외출하면 사람들이 모두 다 손을 이마에 올려 그에게 경의를 표하였으며, 그를 일컬어 '홍부처[洪佛子]'라고 불렀다. 案 여기서 앞 대목은 진조에 해당하고 뒷 대목은 진희에 해당한다. 대개 홍호가 쓴 방법이 남다른 점은 첫째 깃발에 쌀값을 제시한 것이요, 둘째 구휼 대상자의 손에 검은 점으로 표시한 것이요, 셋째 남녀를 구분하여 수용한 것이다. 이 일을 담당한 사람은 취할 점이 있을 것이다.

임희원林希元[2]이 가정 8년(1529)에 『황정총서荒政叢書』를 올렸는데, 이런 내용이 있다. "구황의 일에는 두 가지 어려움[二難]이 있으니, 적임자를 얻는 일과 기호饑戶의 조사가 그것이다. 또 세 가지 우선시할 일[三便]이 있으니, 최저 빈민에게는 쌀을 주는 일이 우선이요, 다음 빈민에게는 진전(賑錢, 돈을 꿔주는 것)이 우선이요, 좀 나은 빈민에게는 진대(賑貸, 곡식을 빌려주는 방식)가 우선이다. 또 여섯 가지 급무[六急]가 있으니, 다 죽게 된 빈민에게 급히 죽을 먹이는 일, 병든 빈민에게 의약을 쓰는 일, 죽다가 살아난 빈민에게 급히 끓인 물을 주는 일, 이미 죽은 자를 급히 묻어주는 일,

---

2 임희원林希元, 1482~1567: 중국 명나라 사람. 자는 무정茂貞·사헌思獻, 호는 차애次崖이다. 벼슬이 남경대리시승南京大理寺丞에 이르렀다. 저술로 『역경존의易經存疑』 『사서존의四書存疑』 등이 있다.

버려진 어린아이를 급히 거두어 기르는 일, 옥에 갇힌 죄수 죄수를 너그럽게 보살피는 일이 그것이다. 또 세 가지 변통수를 써야 할 일[三權]이 있으니, 관의 돈을 빌려 곡식을 구입하는 일, 공사를 일으켜 진휼을 돕는 일, 소와 곡식 종자를 빌려주는 일이 그것이다. 또 여섯 가지 금해야 할 일[六禁]이 있으니, 침탈 금지, 훔치는 행위 금지, 곡식 매점[遏糴] 금지, 고리채 금지, 소 도살 금지, 중이 되는 것[度僧] 금지가 그것이다. 또 세 가지 경계할 일[三戒]이 있으니 지체하는 것, 형식적 문구에 구애되는 것, 사자使者의 파견이 그것이다."〔案〕이 여러 조목들은 요긴하고 절실하여 사정에 꼭 들어맞는다. 무릇 진휼할 일을 당하면 수령은 마땅히 이것을 벽에 써두고 아침저녁으로 보고 살필 것이다. 다만 사자를 파견하는 것을 경계하라는 한 조목은 우리나라에서는 타당하지 않다. 우리나라 법제에 큰 흉년이 들었을 때는 반드시 감진어사를 보내게 되어 있고, 백성들은 그에 힘을 입었다. 순조 9년(1809년)과 14년(1814년)에 어사가 오지 않았기 때문에 수령들이 꺼리고 조심함이 없어서 진휼이 법대로 이행되지 못하였고, 해가 바뀐 후에 비로소 어사가 와 아전들을 조금 징계했으나 이미 죽은 백성들을 되살릴 도리가 없었다.

도륭屠隆[3]의 『홍포鴻包』에 황정荒政 30조가 있는데 대략은 다음과 같다. "한곳에 모아서 구제하는 것은 여러 곳에 나누어서 구제하는 것만 못하고, 조금씩 주어 구제하는 것은 단번에 많이 주어 구제하는 것만 같지 못하다. 무덥고 찌면 질병이 생겨나기 쉽고 여러 사람이 한곳에서 노숙하게 되면 숙박할 곳이 없으니 그 폐해가 적지 않기 때문이다. 반드시 현명

---

3 도륭屠隆, 1544~1605: 중국 명나라 사람. 자는 위진緯眞·장경長卿, 호는 적수赤水·홍포거사鴻苞居士이다. 청포령靑浦令, 예부주사禮部主事를 지냈다. 『홍포鴻包』는 그가 저술한 책.

하고 유능한 요속 및 선량한 향관들과 부민들 중에 덕행이 있는 자에게 위임하여 여러 곳으로 나누어 진휼하도록 하고, 정규 관원들이 이를 총괄하여 보살피는 것이 좋다." ○ 우리나라의 권분법은 먼 곳에 사는 부민들로 하여금 돈꿰미를 바치게 하니 부민들은 자기 집 곡식을 팔아 돈으로 바꾸어 고을에 가져가고, 관에서는 그 돈을 받아 곡식을 사들여 기민饑民을 기다리고, 부민의 이웃에 사는 기민도 고을에 가서 진휼미를 받아와야 하니 필요 없이 돌고 복잡하게 되는 것이 이와 같다. 여러 면과 마을에다 진장을 설치하여 부민으로 하여금 직접 그곳에 곡식을 운반케 하고 기민으로 하여금 각기 가까운 진장에 가도록 하는 것과 어찌 같겠는가. 도륭이 "모아서 구제하는 것은 나누어 구제하는 것만 못하다"라고 한 말은 바로 이를 이른 것이다.

진조의 법과 같은 것은 우리나라 법전에 없는
것이지만 수령이 사적으로 매입한 쌀이 있으면
진조를 시행하는 것도 좋다.

문로공文潞公이 성도成都에 있을 때의 일이다. 쌀값이 뛰어오르자 그는 원院 가까운 곳에 18개소를 지정하여 값을 내려 곡식을 내다 팔되 그 양도 제한하지 않았다. 그리고 네거리에 방문을 써 붙였더니 이튿날에 바로 쌀값이 떨어졌다. 종전에는 혹 승두勝䭷를 제한하여 판매하기도 하고 혹 시가를 억제하려고 하였으나 이런 조치는 쌀값이 오르는 기세를 더해주었을 뿐이고 끝내 쌀값을 잡지 못했다. 대저 무슨 일에 당했을 때에는 모름지기 방도가 있어야 할 것이다. ⑧ 승두勝䭷란 곧 승두升斗이다. 중국의 이문吏文에 승升·두斗·석石이란 글자를 바꿔서 승勝·두㪷·석碩으로 쓴다. 이는 일이삼一二三을 일이삼壹貳參으로 바꿔 쓰는 것과 마찬가지니 농간을 방지하려는 것이다.

장영이 촉(蜀, 사천성) 지방을 다스릴 때 일이다. 늦은 봄에 창고의 쌀을 매출함에 그 가격을 시세의 3분의 1로 하여 빈민을 구제하였다. 무릇 10호 戶로 1보保를 만들어서 한 가호가 죄를 범하면 1보가 모두 연좌되어 쌀을 사들일 수 없게 하니 백성들이 이 때문에 감히 법을 범하지 못하였다.

이중방李仲芳[4]이 기주통판冀州通判으로 있을 때의 일이다. 흉년을 만나서 창고의 곡식을 모두 내어서 백성들에게 빌려주고 풍년이 들면 창고로 실어오라고 하였다. 이는 창고의 묵은 곡식을 새 곡식으로 바꾸는 일이기도 하니 양쪽이 다 이롭다고 말하였다. 다음 해에 과연 풍년이 들어 백성들이 새 곡식을 창고에 가져다 상환하는데 늦는 자가 없었다. 빌린 곡식에 힘입어 살아난 자가 수십만 집이 되었다고 한다.

왕회王薈가 오군내사吳郡內史로 있을 때 그해 큰 흉년이 들었다. 그는 사재私財를 내어서 백성들을 위해 죽을 쑤어 먹여 온전히 살린 자가 아주 많았다. ○ 우담虞潭이 남강내사南康內史로 있을 때 흉년이 들었다. 그는 자기의 쌀 2700곡斛을 내놓았고 다른 폐단도 떨쳐버렸다.

우리나라의 창고제도에 대해서 내가 일찍이 조사해보았는데, 무릇 환곡은 제도를 처음 만들 때에는 진제賑濟를 명목으로 삼지 않은 것이 없었다. 그런데 평상시에 이를 방치해두어서 모두 아전들의 포흠으로 돌아가고 말았다. 졸지에 흉년을 만나고 보면 창고가 텅 빈 상태이다. 죄를 저

---

4 이중방李仲芳, 960~1012 : 중국 송나라 인물. 진정주부眞定主簿, 기주통판冀州通判을 거쳐 상서둔전원외랑尙書屯田員外郎을 지냈다.

지른 자들을 전부 잡아 죽이자니 다 죽일 수도 없이 되고 말았다. 드디어 수백 포의 이미 사라져버린 명목상의 곡식을 수령에게 주고 수만 입의 굶주려 신음하는 백성을 살리라고 하니 수령인들 무슨 수로 구제할 것인가. 만약 평소 사적으로 사들여 비축한 곡식이 없으면 속수무책으로 바라보고 있을 수밖에 없다. 어찌 한심한 노릇이 아닌가. 그러므로 풍년이 든 해에 사적으로 곡식을 사두는 일은 그만둘 수 없다.

진장賑場은 작은 고을에서는 한두 곳이면 되고
큰 고을에서는 모름지기 10여 곳에 설치해야 한다.
이것이 옛 법이다.

진장을 10여 곳에 설치하는 경우 혹 외창外倉에, 혹 절간에, 혹 부잣집에, 조장糶場【돈을 받고 곡식을 파는 장소】이나 희장餼場【돈을 받지 않고 쌀을 주는 장소】에 설치한다. 이것이 곧 옛 관행이다. 우리나라에서는 분환分還【즉 환자】으로 진조賑糶를 대신하는데 이는 수령이 임의로 하지 못하게 되어 있다. 그러나 수령이 사적으로 돈을 내어 쌀 수천 석을 마련하여 조장을 설치하고 그 이익을 가지고 진희의 밑천으로 삼는다면 그 누가 불가하다고 말하겠는가.

주자는 「세 고을에 진장을 설치하는 것에 관한 문건〔三縣置場帖〕」[5]에서 "성자현에는 진장 7개소, 도창현에는 11개소, 건창현에는 17개소를 설치하라"라고 하였다. 〔鏞案〕 우리나라 진휼의 관행은 큰 고을이라도 읍내에

5 「삼현치장첩三縣置場帖」: 『주자대전·별집·공이』에 나와 있다. 원 제목은 「행하삼현치장行下三縣置場」이다.

한 곳에만 진장을 설치하며, 더러 외창이 있으면 거기에다 외장外場을 설치하니 크게 불편하다. 따오기처럼 목을 길게 늘여 빼고 부황이 들어 비틀거리며 넘어질 것 같은 백성들이 어떻게 멀리 읍내의 진장까지 가서 거친 곡식 한 되, 한 말 정도를 받아 오겠는가. 무릇 고을이 크고 지역이 넓은 데서는 상사에 요청해서 8~9개소에 진장을 개설하도록 하고, 수령이 순행하며 감독하면 일이 제대로 될 것이다.

등원발滕元發[6]이 운주鄆州를 맡았을 때의 일이다. 흉년이 들어서 회남淮南 쌀 20만 석을 빌려 대비하고 있었다. 이때 회남과 경동京東 지방에 큰 기근이 들었다. 그가 운주성 내의 부민들을 불러놓고 "유민들이 우리 고을로 들어오게 될 텐데 그들을 수용할 장소가 없으면 질병이 발생할 것이고, 그대들에게도 화가 미칠 것이다. 나는 성내의 옛 병영 터를 헐어서 넓은 집을 지어 대비하려고 한다"라고 말하였더니, 부민들도 이에 응낙하여 2500칸을 하루 사이에 지었다. 유민들이 들어오자 차례로 거처할 곳을 지정해주었고, 우물·주방·그릇 등을 모두 갖추었다. 그들을 병법에서처럼 부대를 나누고 젊은이는 밥을 짓고 장정은 나무를 해오고 부녀자는 물을 긷고 늙은이는 쉬게 하는 식으로 하였다. 그네들 모두 제 집에 돌아온 듯하였다. 당시 위에서 공부낭중工部郞中 왕우王右를 보내 살펴보게 하였는데 막사와 골목이 줄을 친 듯 바둑판 같고 정연하여 병영을 방불게 했다. 왕우가 크게 놀라 이 사실을 그림으로 그려 위에 보고함에 소정에서 등원발을 포상하는 조서가 내려왔다. 대개 5만 명을 살려냈다고 한다. ○ 진장 2500칸은 대규모이니, 병법에서처럼 부대로 배치하여 인원

---

6 등원발滕元發, 1020~1090 : 중국 송나라 때 사람. 처음 이름은 보甫, 자는 달도達道, 호는 명수名帥, 시호는 장민章敏이다. 벼슬은 용도각직학사龍圖閣直學士에 이르렀다.

수를 분명히 나눈 것이다.

오준로가 통주를 맡아 다스릴 때 일이다. 흉년이 들자 그는 초가집 100칸을 지어 떠돌아다니는 백성들을 거처하게 하고, 자기 봉급에서 돈을 떼어 거적자리와 소금과 채소를 마련해두고 하루에 세 번씩 밥을 나누어주었다. 병든 자는 급히 약물로 치료하고, 돌아가기를 원하는 자에게는 술을 준비하고 양식을 주어서 본고장에 돌아가게 하였다. 이해에 여러 고을에서는 대체로 떠돌다가 죽은 자가 속출했는데 오직 통주 백성들은 자기 집에서 편안히 흉년을 모르고 지냈다. ○ 초가집 100칸은 역시 작은 고을에서 마련해낼 수 있는 것이 아니다. 감사 된 자가 진실로 다른 도의 백성을 받아서 구제하려는 마음을 가진다면 힘이 미치지 못할 바 아니니 이 일을 할 수 있을 것이다.

왕치원王致遠[7]이 자계현慈谿縣을 맡아 다스릴 때의 일이다. 가희嘉熙 경자년(1240)에 제동(浙東, 절동浙東과 같음)에 큰 기근이 들어서 굶어 죽은 시체가 산처럼 쌓였다. 그는 고을의 사대부들에게 청하여 절의 일부를 나누어 관리국을 두고 죽을 쑤어 굶주린 백성들을 먹였다. 처음에는 하루에 1000명 정도였는데 얼마 후에는 이웃 고을의 백성들까지 모여들어 하루에 8000명이 되었다. 자기 봉급을 털어도 부족하여 다시 대臺[8]에 나가서 도움을 요청하고 큰 부잣집에 쌀을 내도록 권장하여 이 일을 계속하다가 보리가 익을 무렵에 이르러서 파했다. 그 이후에 거양원居養院을

---

7 왕치원王致遠, 1193-1257: 중국 남송 때 지방관. 자는 임도任道, 호는 구산九山이다. 자계 지현을 거쳐 대리시승大理寺丞, 태부시승太府寺丞을 지냈다. 교육자로서 명성이 있었다.

8 대臺: 여기서는 총독總督·순무巡撫·안찰按察·포정布政 등 중국의 지방 군현의 행정을 관장하는 상위 기관.

설치하여 땔감과 쌀을 공급해 갈 데 없는 노약자들을 거처하게 하였고 또 자유원慈幼院을 두어 버려진 어린아이들을 살렸다. 병자에게는 의약을 주고 사망하면 염을 하여 묻어주었다. 산골의 궁한 백성들이 그의 은혜에 감동하여 눈물을 흘리면서 '왕부처'라고 칭송하였다. ○ 절에 관리국을 둔 것은 옛날에도 그런 사례가 있었는데 보리가 익은 후에 따로 양로원과 자유원을 둔 것은 특히 어려운 일이라 할 것이다.

고려 때 진휼하는 법에 동서대비원東西大悲院[9]과 제위포濟危舖[10]를 설치하여 질병이 있는 자들을 요양하게 하였다. ○『국조보감』에 세조 2년(1457)에 큰 기근이 들어 여러 고을에 명을 내려 진제장賑濟場을 여러 군데 설치하게 하였고, 서울 안에서는 마땅히 동서활인원東西活人院[11]에 나누어 보내야 하는데 다만 빈민들이 병자들과 함께 섞여 있기를 싫어할 것을 고려하여 보제원普濟院[12]·홍제원弘濟院[13]·이태원梨泰院[14] 세 곳에 따로 진제장을 두고 사람을 보내어 감독하게 하였으며, 5부의 관리들로 하여금 날마다 교대로 왕래하면서 검열, 조사하여 명을 어기는 자는 죄를

---

9 동서대비원東西大悲院: 고려시대에 환자를 치료하기 위해 설치한 구제 기관. 도성의 동서 두 곳에 있어 동쪽을 동대비원東大悲院, 서쪽을 서대비원西大悲院이라 하였다. 춥고 굶주린 사람들과 의탁할 곳이 없는 사람들을 수용하기도 하였다.

10 제위포濟危舖: 고려시대 나라에서 돈이나 곡식을 모아두었다가 백성에게 빌려주고 그 이자를 받아 빈민 구제와 질병 치료에 쓴 기구. 제위보濟危寶라고도 한다.

11 동서활인원東西活人院: 동활인원東活人院과 서활인원西活人院을 아울러 일컫는 말. 활인원은 병든 사람의 치료를 관장하는 관아로 조선 태종 14년(1414)에 설치되었다가 세조 12년(1466)에 활인서活人署로 개칭하였다.

12 보제원普濟院: 서울 동대문 밖에 있었던 원. 지금의 동대문구 제기동 지역.

13 홍제원弘濟院: 서울 서대문 밖으로 무악재 너머에 있던 원. 칙사를 영접하는 곳으로 유명했다. 지금도 지명으로 남아 있다.

14 이태원梨泰院: 서울에서 남쪽으로 동작나루를 건너기 전, 목멱산(木覓山, 남산)의 남쪽 기슭에 있던 원. 지금도 지명으로 남아 있다.

주게 하였다. ○ 현종 8년(1668)에 관동·관서의 유민들이 서울로 들어왔는데 굶주리고 병든 자가 수천 명이었다. 한성부에 명하여 동서의 활인서에 수용하게 하고 양식을 지급해 구제하고 치료해주었다. ○ 현종 12년 (1672)에 큰 기근이 들었다. 왕이 교서를 내려 "여러 도에서는 읍내와 촌락의 원근을 헤아려서 진장을 여러 군데 설치하고 미음과 죽을 쑤어 굶주리고 부황 든 사람에게 먹이고 건량乾糧을 주어 농사일을 힘쓰게 하라"라고 하였다. 臣謹案 서울에는 비록 호구가 많으나 동서진원東西賑院[15]이 모두 5리를 넘지 않는 거리에 있으므로 다만 몇 곳의 원만 두어도 굶주린 백성들이 족히 나아가 먹을 수 있다. 군현에는 호구가 적지만 외촌과 읍내의 거리가 100리 가까운 곳도 있으니 불가불 여러 곳에 진장을 두어 굶주린 백성들로 하여금 멀리 찾아가는 고통이 없게 해야 할 것이다. 현종의 교서는 마땅히 전례로 삼아야 할 것이다.

어진 사람이 진휼을 하게 되면 애처롭게 여길
따름이다. 다른 지역에서 유랑해온 자는 받아들이고
이 지역에서 떠돌이가 된 자는 머물도록 하여 내 땅,
네 땅의 경계를 두지 말아야 할 것이다.

『주례·지관사도·대사도』에 "큰 흉년이나 큰 전염병이 발생하면 여러 후국侯國이 서로 백성을 이동하게 하고 재화를 유통시키며【정현鄭玄은 "백성을 이동하게 한다는 것은 재난을 피해 곡식이 흔한 데로 가게 하는 것인데, 옮길 수 없는

---

15 동서진원東西賑院: 동서활인원을 말한다.

경우에는 곡식을 수송해준다"라고 하였다】 금법禁法을 풀어주고 민력을 쉬게 하며 각종 부역과 부세를 가볍게 하고 형벌을 완화시킨다"라고 하였다. ○ 『주례·지관사도·늠인廩人』에 "그해 농사의 흉풍凶豐을 보아 국가의 재용을 책정하되 만일 곡식이 1인당 2부釜[16]가 되지 못하면 여러 후국으로 하여금 백성들을 옮겨 곡식이 많은 곳으로 가게 한다"라고 하였다. 鏞案 백성을 옮기는 것은 본시 선왕의 법인데 지금 사람들이 다만 『맹자』만 읽고 이미 어렸을 때부터 백성을 옮기고 곡식을 옮기는 것을 양혜왕梁惠王의 얕은 방책으로만 알아[17] 백성을 옮기는 방법은 강구하지 않게 되었다. 지금 감사 된 자들은 매양 다른 도에서 큰 흉년이 들면 그쪽 변경에 지시하여 유민들을 들어오지 못하게 한다. 경전에 어두운 폐단이 하나같이 이 지경에 이른 것이다. 무릇 진휼의 정사를 논하는 자들은 마땅히 부필富弼이 청주에서 한 일로 법과 규례를 삼아야 옳을 것이다.

부필이 비방을 받아서 지방으로 나가 청주를 맡았을 때의 일이다. 당시 하북河北 지방에 큰물이 져서 굶주린 백성들이 유랑을 하여 동경東京[18]으로 흘러들어왔다. 그는 자기 관하에 풍년이 든 곳을 골라 그곳 백성들에게 곡식을 내도록 권장하여 10만 곡을 얻고 여기에 관의 곡식을 더 보태서 각처에 저장해두었다. 또 공사公私의 집 10만 채를 얻어 유민들을 나누어 들게 함으로써 땔감과 물을 얻는 데 편리하게 하였다. 전직 관리

---

16 부釜: 곡식을 담는 용기의 일종. 6두 4승의 곡식이 들어가는 그릇이라 함.
17 『맹자·양혜왕 상梁惠王上』에 나오는 말. 양혜왕이 맹자에게 자신은 흉년에 백성을 옮기고 곡식을 수송하는 정사를 편다고 자랑하자 맹자는 그것이 전부가 아니고 인의의 정치가 우선시되어야 한다고 말하였다.
18 동경東京: 역사상에서 동경은 중국 하남성의 낙양洛陽을 가리킨다. 여기서는 동경을 낙양으로 보면 지리적으로 맞지 않는데 고찰을 요한다.

로 결원이 나기를 기다리며 기식寄食하는 자들에게는 모두 그 녹봉을 주는 한편 그들로 하여금 유민들이 있는 현장에 나가 노약자와 병들고 수척한 자를 골라서 구제해주도록 했다. 또한 그들의 수고를 기록하여 후일 조정에 보고해 상을 받게 할 것을 약속하였다. 그리고 5일마다 사람을 보내 술과 고기 등으로 위로함에 지성에서 우러나니 사람마다 구제에 힘을 다하였다. 산림과 천택川澤에서 나오는 것으로 생계에 보탤 수 있는 것이 있으면 백성들이 각자 마음대로 이용하도록 하였다. 한편 유민들 중에 사망자가 나오면 큰 무덤을 만들어 함께 묻어주고 이를 총총叢塚【다른 책에서는 황총荒塚이라 했다】이라고 불렀다. 보리가 풍작이 되매 백성들이 그 고향의 멀고 가까움에 따라 길양식을 주어 돌아가게 하였다. 대략 사람을 살린 숫자가 50여 만 명에 이르렀으며, 모집해서 병사로 삼은 인원이 1만 명에 달하였다. 어떤 사람이 부필에게 "이렇게 하는 것은 의심을 잠재우고 비방을 면하는 일이 아니거늘, 장차 예측할 수 없는 화가 미칠까 두렵습니다"라고 충고하였다. 그는 "내 어찌 이 한 몸 때문에 60~70만 명의 생명을 버릴 수 있겠소"라 하고, 끝까지 그 일을 진행하였다. 종래 재난을 구제하던 관인들은 대개 백성들을 모두 도성 안에 모아놓고 죽을 쑤어 먹이니 수많은 사람들이 들끓어 찌는 기운에 전염병이 돌며 서로 밟히고 넘어져서 혹 죽을 얻어먹으려고 며칠이나 기다리다가 죽은 먹어보지도 못하고 쓰러진다. 말이 구제이지 실상은 죽이는 짓이다. 부필이 이 법을 세운 뒤로부터 그 법이 간편하고도 빈틈 없이 주도하기에 드디어 온 천하에 전해져서 하나의 법식이 되었다. ○ 소백온邵伯溫이 말했다. "부정공은 거란에 사신으로 가서 세운 공이 매우 컸으나 스스로 공이 있다고 말하지 않았다. 그런데 청주를 맡았을 때 기민 50여 만 명을 살린 일에 이르러서는 매양 '중서령으로 24차례 고과[中書二十四考][19]를 치른 것보다 낫다'라고 말하였다." [案] 당시 청주는 풍년이 들었고 하삭은 기근이 들었는데 부필이 진휼한 것은 모두 하삭의 유민들이었다. 사마광이 "경사[京師]의 미곡은 한도가 있는데 하북의 유민은 한정이 없다. 공정한 사람을 택하여 감사로 삼아 재해를 보살피게 하고 주현의 수령으로 자기 소임을 감당하지 못하는 자는 바꿔야 한다. 그렇게 하여 각기 자기 주현의 백성들을 진제하도록 하면 기민들이 살아날 길을 얻게 될 것이다. 어찌 다시 떠돌아다니는 백성들이 있게 해서 되겠는가"라고 하였다. ○ 구준이 말하였다. "사람은 누구나 다 자기 고장을 사랑하지 않는 자가 없다. 아주 부득이한 일이 아니면 자기 고장을 버리고 다른 데로 떠나지 않는다. 실로 목숨을 연장하고 조석을 이어갈 수만 있다면 누가 가산과 조상의 산소를 버리고 노인을 부축하고 어린아이를 데리고 유랑하는 사람이 되기를 좋아하랴! 불행히도 평소에 모아둔 것이 없고 몇 해 계속 흉년이 들면 관에 청해도 내놓을 곡식이 없으며 백성들에게 권고해도 꾸어줄 곡식이 없고 이웃에 빌리려 해도 애당초 응해줄 것이 없다. 그러면 백성들이 주린 배를 안고 쓰러져 죽기를 기다리는 정경을 보고만 있을 것인가. 또한 그들이 적당한 곳으로 먹을 것을 좇아 살길 찾는 것을 들어줄 수밖에 없는 것이다. 그러나 황무지로 변한 천 리 안에 푸른 풀포기도 구경하기 어려운데 장터에는 사들일 만한 곡식이 없고 여점[旅店]에는 요기할 음식이 없으니 떠도는 백성들이 정처 없이 헤매어 어디 도착하지도 못하고 도중에 시체가 되는 자가 무수하다. 마땅히 거리의 멀고 가까움과 인원

---

19 중서 24고[中書二十四考]: 중국 당나라 곽자의[郭子儀]가 24년 동안 중서령에 있으면서 관리들의 고과를 24회나 하였다는 고사에서 나온 말.

수의 많고 적음을 헤아려서 혹은 곡식 있는 데로 백성을 이동시키고, 혹은 곡식을 운반하여 백성들에게 나누어주도록 해야 할 것이다." 案 앞에 사마광이 말한 진제법은 우리나라에서 하는 그대로이다. 그러나 유랑하는 백성들을 거부하고 받아들이지 않거나 조그만 장소에 수백 명을 억지로 수용해서 열흘이 못 가 다들 굶어 죽는다. 그래서 죽어 구렁에 버리게 만든다면 이는 큰 잘못이다.

진군빈陳君賓[20]이 등주鄧州[21]를 맡았을 때의 일이다. 기근이 들어 진장을 설치하였는데 포蒲·우虞 두 고을의 백성들에게도 경내에 와서 음식을 먹게 하였다. 태종太宗이 조서를 내려 그의 노고를 치하했다[『당서唐書』에서 나온다].

섭몽득葉夢得이 허창許昌[22]에 있을 때 큰 수재를 만났는데 경서京西 쪽의 부황이 든 백성들이 당唐·등鄧으로부터 허창으로 셀 수 없이 많이 밀려들었다. 그는 상평창에 저장되어 있던 곡식을 모두 내어 진제하여 온전히 먹여 살린 자가 10여만 명이나 되었다. 案 이 역시 유민이요, 본고장의 백성이 아니다.

왕횡王竑[23]이 양회兩淮[24]의 여러 고을을 순무할 때의 일이다. 서徐·회淮

---

20 진군빈陳君賓: 중국 당나라 사람. 형주와 등주의 자사를 역임하고, 태부소경太府少卿을 거쳐 처주자사處州刺史를 지냈다.
21 등주鄧州: 중국 하남성에 있는 지명. 포현蒲縣은 산서성山西省 서남 지역에 있고 우현虞縣은 하남성 상구시商丘市에 속한 지명.
22 허창許昌: 중국의 하남성 서부에 있는 지명. 조조曹操의 위나라 때는 수도였다. 여기서 경서京西는 북송시대 수도였던 개봉開封의 서쪽 지역을 가리킨다. 이 지역에서 더 서편인 당(唐, 지금의 하남성 비양현)과 등(鄧, 지금의 하남성 등주시) 지역에서 개봉으로 가는 길에 허창을 지나게 된다.
23 왕횡王竑, 1413~1488: 중국 명나라 사람. 자는 공도公度, 호는 휴암休庵·당암戇庵이다. 벼슬이 병부상서兵部尙書에 이르렀다.

지방에 큰 기근이 들어 그는 이 지방에 도착하자 흉년을 구제하는 모든 방법을 모두 다 동원하였다. 얼마 안 되어 산동·하남 지방의 유민들이 갑자기 몰려오자, 그는 조정에 요청하여 승낙을 받지도 않고 광운창廣運倉[25]의 관곡을 내어 진휼하였다. 가까운 지역에 사는 자에게는 날마다 죽을 쑤어 먹이고 먼 곳에 있는 자에게는 헤아려서 쌀을 분배해주고, 유민으로 딴 데로 옮겨가는 자에게는 쌀을 주어 길양식을 삼게 하고, 생활난으로 팔려간 자는 몸값을 지불하여 제 집으로 돌아가게 하였다. 이리하여 도합 160여 만 석의 쌀을 사용하여 수백만의 인명을 살렸다. 또 의원 40명을 뽑아서 빈 집 60채를 내어 유민 중에 병든 자를 수용하였으며 죽은 사람은 관을 주어 한곳에 묻어주었다. 그는 밤낮을 가리지 않고 정성과 심려를 다하여 온갖 일을 몸소 처리하고 남에게 위임하는 일이 있을 때에는 반드시 지성에서 우러나오는 대로 자세히 타일렀더니 사람마다 힘을 다했다. 그의 행적을 기술하여 구황록救荒錄을 만들기도 했는데 세상에 전하고 있다. 案 왕횡이 다스린 곳이 양회 지방인데 산동·하남의 백성들이 이곳에 와서 진휼을 받았으니 중국의 법은 예로부터 그러한 것이다. 이웃 고을 백성들을 다른 나라 사람처럼 보는 것은 우리나라의 잘못이다.

『동국문헌비고』에 인조 16년(1638)에 비변사에서 장계를 올려 "함경도에 혹심한 기근이 들어 굶어 쓰러진 자가 잇따르고 노인과 아이들을 이끌고 평안도·황해도·강원도로 유입하는 백성들이 끊임이 없습니다. 또 듣건대 강원도 역시 기근을 겪고 있어 그곳 백성도 많이 떠돌아다닌다

---

24 양회兩淮: 중국의 안휘성安徽省 일대를 지칭하는 말. 회수淮水를 기준으로 회북淮北과 회남淮南으로 구분했다.

25 광운창廣運倉: 중국 명나라 때 곡식을 저장하던 관창.

하니 함경도 백성으로 강원도 쪽으로 길을 잡고 간 자들은 얻어먹을 곳이 없어서 필시 삼남 지방으로 방향을 돌리게 될 것입니다. 부황 든 백성들이 천 리 길을 걸식하며 가자면 중도에 쓰러져 죽는 것을 면하기 어렵게 될 것입니다. 해당 관서에서 보낸 5000석의 쌀은 한 수레의 불타는 장작더미에 물 한 방울 떨어뜨리는 격입니다. 다른 도로 유랑하여 들어가는 백성은 더욱 얻어먹을 곳이 없는 데다가 다른 도의 사람들은 쇄환刷還하도록 하는 법령을 경계해서 받아들이려고 하지 않습니다.[26] 안타깝게도 장차 우리 백성들이 길바닥에 쓰러져 죽어갈 것입니다. 해당 도의 감사에게 명을 내려서 각기 관하의 고을에 조사해 알아보아, 무릇 함경도의 백성으로 경내에 흘러들어온 자들에게 정성을 다해 진휼하되 힘이 모자라면 수령은 감사에게 보고하고 감사는 적당한 명목의 곡식을 보내 저들의 생명을 살리는 것이 마땅합니다"라고 하였다. 임금이 "올린 말이 지극히 옳으니 그대로 시행하라. 다만 백성들이 이 소식을 듣고 제 고장에서 참고 견디던 자들까지 떠나게 되면 변경 지방이 텅 비게 될 터이니, 지금은 그들이 걸식하고 있는 그대로 놓아두어야 할 것이다"라고 하였다.

숙종 계미년(1703)【29년이다】에 이인엽 李寅燁[27]이 왕에게 아뢰었다. "서울 도성 안에서 돌아다니며 걸식하는 자들은 모두 각 도에서 올라온 사람들인데 온 식구가 떠돌고 있으니 한둘이 걸식하는 것과는 비교할 수도

---

26 쇄환刷還은 도망간 자를 붙잡아서 본 위치로 보내는 것이다. 법에 농민은 자기가 소속된 고을에서 마음대로 떠날 수 없었다. 여기서는 쇄환의 명령이 내려오면 돌려보내야 하기에 이를 경계해서 다른 도의 유민을 방치한다는 뜻이다.
27 이인엽 李寅燁, 1656~1710: 자는 계장季章, 호는 회와晦窩이다. 숙종 12년(1686) 정시문과에 급제, 벼슬이 강화유수·이조판서에 이르렀다.

없습니다. 그들 중에는 여위고 부황이 들어 거의 죽어가는 자도 있습니다. 신이 '여러 도에서는 모두 이미 진장을 설치하였고 또 서울에서 곡식을 수송했으니 본고장으로 돌아가면 살 길이 있을 것이요, 떠돌아다니면서 거처한 곳을 잃은 채 돌아가지 않으면 마침내 구렁에 쓰러짐을 면치 못할 것이다. 또 봄 농사가 다가오고 있으니 마땅히 빨리 돌아가서 농사일을 시작해야 할 것이다. 만일 돌아가기를 원한다면 그 거리를 계산해서 양식을 지급할 것이다'라고 타일렀더니 돌아가겠다는 사람이 자못 많았으므로 길양식을 셈해주었는데 과연 몇 사람이나 돌아갔는지는 모르겠습니다. 그 뒤에도 줄곧 이어 올라오고 있는데 왕도 정치에 있어 저들을 괄시할 수가 없습니다. 종전에 죽을 쑤어 먹였으나 끝내 실효가 없었으며, 여러 사람이 한곳에 모여 있고보면 자연히 전염병이 발생합니다. 그래서 금년 봄에는 죽을 쑤어 먹이는 곳을 운영하지 않았더니 유민들이 어디 호소할 곳이 없어 서울에 먹을 것을 바라보고 있는 형편입니다. 역시 이들을 받아들여 구제하지 않을 수 없겠습니다. 신의 생각으로는 그중에 몸이 좀 건실한 자들은 가려서 양식을 주어 돌려보내 각기 본 고을에서 종자를 주고 농사를 짓게 하며, 노약자는 사람을 차출해 나누어 맡기고 진휼을 감독하게 한다면 한곳에서 죽을 쑤어주는 것보다 나을 것입니다. 혹은 그들을 서울 교외의 여러 고을에 나누어 보내고 경창京倉으로부터 날짜를 계산해서 양식을 지급하고 때때로 중앙 관원들을 보내 농간을 적발하게 한다면 길바닥에 쓰러지는 일은 거의 없을 것입니다." 이 건의에 부제학 김진규金鎭圭[28]가 홀로 불가하다고 반대했으나 임금은 이인

---

28 김진규金鎭圭, 1658~1716: 자는 달보達甫, 호는 죽천竹泉, 시호는 문청文淸이다. 벼슬이 부제학·예조판서에 이르렀다.

엽의 주장을 따랐다. 臣謹案 이는 서울이기 때문에 유민들을 받아들인 것이다. 지방 고을에는 이런 법이 없다.

이규령李奎齡이 안동부사로 있을 때의 일이다. 큰 기근이 들어 진장을 설치하였는데, 그때에 중앙에서 명령을 내려 각 고을에서는 유민들을 받아들이지 말라고 하였다. 그는 "모두 우리 백성인데 어찌 이 고을 저 고을을 구분 짓겠는가. 길바닥에서 굶어 죽게 되는 것을 그냥 보고만 있을 수 없다"라고 말하며 임시 막사를 세워 미음과 죽을 쑤어 그들을 살리고 친히 현장에 가서 살폈다. 또 향중에서 덕망이 높고 능력이 있는 자를 택하여 이 일을 주관하게 하였다. 이에 그 경내에서는 길바닥에 죽은 시체가 없어, 어사와 감사가 연이어 표창할 것을 보고한 결과 조정에서 표리表裏를 상으로 내려주었다.

토정土亭 이지함李之菡이 현령으로 있을 때의 일이다. 유민들이 떨어진 옷을 입고 걸식하는 것을 불쌍히 여겨 큰 집을 지어 수용하고 수공업 기술을 가르치되 일일이 직접 앞에 놓고 가르치고 깨우치고 하여 각기 자력으로 의식을 해결하게 하였다. 그중에 가장 무능한 자에게는 볏짚을 주어 짚신을 삼게 해서 독려하였던바 하루에 능히 10켤레를 삼아서 팔았다. 누구나 하루에 자기가 한 일로 한 말 정도의 쌀을 마련할 수 있어서, 먹고 남은 것을 모아 옷까지 마련할 수 있었다. 몇 달 사이에 의식이 모두 갖춰지게 되었다. 案 이는 풍년이 든 해에 유민이 발생한 경우이다.

지금의 유민들은 떠나봤자 갈 곳이 없다. 오직 측은히 여기고 타일러서 가벼이 움직이지 말도록 해야 할 것이다.

주자가 남강군에 있을 때에 「유민에 대한 권유문〔勸諭流亡文〕」[29]에서 다음과 같이 말했다. "본 군에 금년 재해로 인하여 민호가 많이 유랑하고 있는데 한번 향토를 떠나고 보면 도중에 고생에다 왕왕 살 곳을 잃게 되며 심한 경우 비명으로 목숨을 잃는다. 조상의 분묘와 농토 및 가옥 등을 버려서 주인 없는 물건이 되어 한결같이 황폐해져 남아 있는 자취가 그 내력을 물어보는 사람의 마음을 아프게 한다. 더구나 지금 회남·호북湖北 등지 역시 농사가 별로 잘되지 못하였으니 이 고장을 버리고 그곳으로 간들 굶주림을 면치 못하기는 마차가지라, 무슨 이로움이 있겠는가. 이제 민호에 권하노니 각 주현에서 여러 방법으로 구휼하는 뜻을 살리고 조정에서 비상히 관대한 은혜를 베풀기를 기다리며, 각자 안심하고 생업에 몸을 붙여서 간절히 신명께 빌고 우물과 장독 같은 눈앞의 일용 도구를 잘 챙기면서 얼마 되지 않는 곡식이라도 정해진 대로 호소하며, 재해 입은 전지를 관에 신고하여 조세 감면의 조치를 받고 미곡의 구제를 기다릴 것이다. 가볍게 고향을 떠나서 후회할 일을 지어서는 안 될 것이다." 〔鏞案〕 주자의 이 문장에는 애틋하고 곡진한 뜻이 나타나 있다. 무릇 흉년을 만나면 관장은 마땅히 이 같은 방문을 써 붙이고 백성들을 타일러서 동요하지 말도록 해야 할 것이다.

주지기 「여점에 금령을 내려 체전遞傳을 붙허하는 첩문〔禁旅店不許遞傳帖〕」[30]에서 다음과 같이 말했다. "조사해서 알아보건대 관하 여점에서 단

---

29 「권유유망문勸諭流亡文」: 『주자대전·별집·공이』에 실려 있다. 원 제목은 「권유구황勸諭救荒」이다.
30 「금여점불허체전첩禁旅店不許遞傳帖」: 『주자대전·별집·공이』에 실려 있다. 체전遞傳은

신의 여행자가 병에 걸려 곤란을 겪고 있거나 유랑하는 사람이 여점에 도착하면 여점에서는 그가 사망할 것을 염려하여 머물러 있지 못하게 하고 곧바로 내쫓아 경계 밖으로 보내버린다. 이로 인하여 목숨을 잃는다고 한다. 여러 고을에서는 방문을 인쇄하여 여점에 붙이고 약속하되 홀로 굶주리고 병든 사람이 지나갈 때 그가 도착한 여점에서 들것에 담아 밖으로 내보내지 못하게 하며, 편리한 미장米場[31]에 가서 사실을 확인받고 먹을 양식을 받아다가 병이 다 나은 뒤에 떠나게 한다. 만일 사망자가 있으면 즉시 도보都保[32]에 보고하여 사실을 조사받고 현에 신고하여 법대로 매장하게 할 것이다." [鏞案] 중국의 법에는 무릇 유랑하는 백성이 있으면 그 진휼은 그곳에 사는 백성과 마찬가지로 취급하게 되어 있다. 따라서 이런 사람들도 미장에 나가도록 허락하였다. 우리나라에서는 한번 유리걸식하게 되면 오직 죽음이 있을 뿐이다. 수령은 마땅히 각 촌에 잘 타일러서 떠도는 자를 만나면 고을로 데리고 와서 유걸창流乞廠에 수용하도록 해야만 비로소 어진 수령이라고 할 것이다. 그중에 혹 죽음이 경각간에 다다른 자가 있으면 그가 도착한 곳에 신칙하여 힘써 따뜻하게 보살펴주도록 해야 할 것이다.

분조分糶와 분희分餼[33]의 법은 의당 널리 옛 전례를 상고하여 법식으로 삼아야 할 것이다.

숙박시키지 않고 그냥 보내는 것.
31 미장米場 : 진제미賑濟米를 내주는 곳.
32 도보都保 : 500호가 한 도보를 구성한다.
33 분조分糶·분희分餼 : 분조는 가족 수에 따라 양곡을 파는 것. 분희는 가족 수에 따라 무상으로 구휼하는 것.

증공이 「구재의救災議」에서 이렇게 말했다. "창고를 열어 곡식을 나눠 주되 장년은 1인당 하루 2승, 어린이는 하루 1승을 지급한다. 이는 굶어 죽을 사람을 연명시킬 정도일 뿐이요, 백성을 위해 깊이 생각하고 멀리 내다보는 계책이 아니다. 중호中戶를 두고 본다면 1호에 10명인데 그중 장년이 6명이면 한 달에 곡식 3석 6두를 받게 될 것이고 어린이가 4명이면 한 달에 곡식 1석 2두를 받게 될 것이니 1호 전체로는 한 달에 5석의 곡식을 받게 된다. 이는 장구적인 대책이 될 수 없다." 案 이때에 하북 지방에 지진과 수재가 있었는데, 증공이 말한 것은 재해를 구원하는 일이고 진휼을 위한 일은 아니었다.

주자가 「진조 대상 민호를 뽑는 문건[抄箚賑糶人戶帖]」³⁴에서 말했다. "현과 도都[도는 리里와 같음]마다 지도를 그려 산천과 수로·육로·주거지를 표시하되 그 안에서 진조가 필요 없는 민호에는 붉은색으로 난欄에 표시하고 반대로 진조 대상 민호에는 푸른색으로 표시하고 진제 대상에는 누런색으로 표시하며, 일일이 자세하게 써넣되 성명과 어른 및 아이의 식구 수를 기재해넣는다. 해당 도보정都保正³⁵ 등에게 확인시켜 정확을 기하고 파견한 관원이 실태를 점검하기를 기다린다." 鏞案 이는 곧 「어린도魚鱗圖」의 법인데 지금 굳이 모방할 필요는 없다. ○ 중국의 진휼법에는 두 가지가 있으니 첫째는 진조요, 둘째는 진제이다. 곡식이 부족한 자에게는 진조[가격을 싸게 해서 쌀을 판매하는 것]를 하고 위급한 자에게는 진제[쌀을 무

---

34 「초차진조인호첩抄箚賑糶人戶帖」: 『주자대전·별집·공이』에 실려 있다. 원 제목은 「행하삼현초차진조인호行下三縣抄箚賑糶人戶」이다.
35 도보정都保正: 도보都保의 장. 이정里正, 즉 이장에 해당하는 것으로 추정됨.

료로 주는 것]를 한다. 우리나라의 법을 보면 서울에서는 진조[이를 발매發賣라고 한다]를 많이 하고 지방의 고을에서는 진제를 많이 하는데 이것은 중국의 법만 못한 것 같다.

주자가 「진조 역두 법식[賑糶曆頭式]」[36] 에서 말하였다. "조미糶米일 경우에는 어른은 1승, 어린이는 반 승으로, 조곡일 경우에는 어른은 2승, 어린이는 1승씩으로 한다." ○ 또 총부식總簿式에서는 "정월 1일과 6일 그리고 윤 3월에 가서는 21일과 26일로 한다"라고 하였다. 案 중국의 법은 5일에 한 번씩 주는데 우리나라의 법은 10일에 한 번씩 준다. 대개 중국은 진장이 조밀하여 사람들이 멀리 가지 않아도 되기 때문에 주는 기간이 짧은 것이다. 案 진휼에는 패牌를 사용하는데 그 방법이 정밀하고 자세하여 패면인지식牌面印紙式과 패배제자식牌背題字式이 있다. 조장인식糶場印式은 『주자대전·별집』에 나오는바 여기서는 생략하는데 이 일을 맡은 자는 마땅히 검토해야 할 것이다.

주자는 「진휼 마당에 관한 문건[賑場事件]」[37] 에서 말하였다. "처음 진제 대상 호의 역두曆頭와 진제 대상 인원의 패면牌面을 인쇄하여 이것을 세 현에 내려보내되 시행하기 한 달 전에 방을 붙여 공시하고 보름 후에 각 진장의 감관監官에게 위임해서 해당 진장에 가서 심실審實[기민을 점검하고 살피는 일을 말한다]하며 총부總簿[도문서都文書이다] 내의 천자문으로 붙인 번호에 따라[38] 진패와 진력을 대조하여[진패와 역두 두 가지를 조사 확인한다] 민

---

36 「진조역두식賑糶曆頭式」:『주자대전·별집·공이』에 실려 있다. 역두曆頭는 역서曆書를 뜻하는데 역법에 따라 연·월·일·시 등을 기록한 것이다. 여기서는 날짜에 따라 쓴 장부를 말한다.

37 「진장사건賑場事件」:『주자대전·별집·공이』에 실려 있다. 원 제목은 「조지외령시행하항糶支外令施行下項」이다.

호에 나누어준다. [鏞案] 여러 전적을 상고해보니 무릇 진제법으로는 주자
의 조례만큼 소상한 것이 없다. 우리나라의 어진 사대부들 또한 누구나
주자를 흠모하는데 유독 이 진제법에 있어서는 예로부터 지금까지 모두
자신의 억측으로 시행할 따름이요, 한 조목 한 사례도 주자의 책에서 채
용해 쓰는 법이 없다. 이 어찌 이상하지 않은가. 주자가 마련한 법은 첫
째는 「어린도」, 둘째는 홍紅·청靑·황권黃圈, 셋째는 진력賑曆, 넷째는 진
패賑牌, 다섯째는 진혼賑閽 [39], 여섯째는 진기賑旗, 일곱째는 진인賑印【먹으로
찍는 작은 도장】, 여덟째는 진상賑賞【설명은 앞에 나와 있다】 등이다. 금과옥조로
찬연하고 정연한데 어찌하여 이것을 취해 쓰지 않으리오. 한 보保에는
작은 기旗 하나를 주고 한 향鄕에는 큰 기 하나를 주어 모두 병법으로 편
성하고 통제하는 것이다. 오직 등원발 한 사람만이 능히 주자의 법과 대
략 부합했으니 나름대로 볼만한 것이 있다.

　주자가 「진휼 마당에 관한 문건」에서 다시 말하였다. "진장을 설치하는
곳에는 가시나무를 사용하여 외부와 차단하고 두 개의 문을 만들되 이중
으로 아주 작게 하여 단지 한 사람이 통행할 수 있게 한다. 바깥문의 안
과 안쪽문의 밖을 아주 넓게 해서 진제민을 다 수용할 수 있게 한다. 바
깥문 옆으로 창문을 하나 내고 뒤를 차단하여 교전위자交錢位子 [40] 한 칸을
설치하고 군인들이 하는 방식처럼 하되 보정保正에게 지시하여 바깥과

---

38 『천자문』은 중국 양梁나라의 주흥사周興嗣가 쓴 책으로 한자를 배울 때 널리 이용되었
　다. 본문의 천자문으로 번호를 붙인다는 것은 천자문의 글자 순서에 따라 번호를 매기
　는 방식을 말한다. 지금 지번에 해당하는 것도 이 방식으로 하였다. 우리나라도 마찬가
　지였다.
39 진혼賑閽: 진장의 출입을 통제하는 것.
40 교전위자交錢位子: 진희賑餼를 받는 전표傳票를 떼어주는 자리.

차단하도록 한다. ○ 그날이 되면 날이 밝기 전에 감관이 입장하고 우관隅官[41]이 교전위자에 들어간다[수행인은 호號 표가 없으면 문안에 들어가지 못한다]. 보정과 대보장大保長[42]이 각각 기호旗號를 들고 자기 도보都保 아래 순서대로 돌아가며 진조·진제를 받는 사람을 이끌고 진장 바깥문으로 가서 자격에 따라 깃발 아래에 순서대로 자리에 앉는다. 감관이 대호에 따라 이름을 부르면 보정은 기호로 보장을 인도하고 보장은 기호를 들고 앞서 나아간다. 진제 민호는 차례로 창문 앞에 가서 패牌를 제시한다. ○ 우관은 그들의 왼손에 입문인入門印을 찍어주고 나서 문에 들어가게 한다. 감관이 대오에 따라 호명하면 보정·보장이 진제 대상자를 인솔하여 차례로 쌀을 청구하고 감관은 쌀을 지급한다. 그러고 나서 패 아래 날짜의 왼편에 도장을 찍는다. 젖은 수건으로 왼손에 찍은 도장을 지우고는 즉시 문밖으로 내보낸다. ○ 다음에는 진조 민호를 인솔하여 창문 앞에 와서 돈을 내게 한다[상호의 쌀과 돈은 따로 스스로 교환하게 하며 역두에 적지 않는다. 상평창의 쌀과 돈은 고을의 관아에서 아전을 보내 해당 관사에 납부하게 한다]. 돈 내는 것이 끝나면 역두 안에 붉은 도장을 찍고 당일 구매할 쌀의 양대로 지급한다. 만약에 돈의 액수가 부족하면 실제 구매 수량을 분명하게 써서 진조 민호에게 돌려준다. ○ 입문인을 왼손에다 찍고 문으로 들여보내면 감관은 대오별로 이름을 부른다. 보정·보장은 진조 민호를 인도해가서 차례로 쌀을 구매하게 한다. 감관은 쌀의 판매를 마치고 나서 역두 안에 돈을 내고 찍은 도장 왼편에 푸른 도장을 찍어주며, 이어서 젖은 수건으로 왼손에 찍은 도장을 지우고는 즉시 문밖으로 내보낸다. ○ 한 보保가 끝

---

41 우관隅官 : 지방의 말단 관원.
42 대보장大保長 : 대보大保, 즉 50호의 책임자.

나면 또 한 보를 인솔해 와서 전과 같이 진행한다. ○ 진조 민호는 도에 따라 각각 비단 깃발 하나씩【작은 폭의 비단 한 폭, 대체로 길이 2척尺을 쓰는 것이 좋으며 각각 제 몇 도라 쓴다】을 두며, 보에 따라 각각 작은 깃발 하나씩【비단이 라도 좋고 보통 깃발이라도 좋다. 각기 제 몇 도, 제 몇 보라고 쓴다】을 두며 진장과 도에 따라 각각 색깔을 달리하고 보保는 그가 소속한 도의 색깔을 쓴다."

鏞案 주자의 진법賑法은 이와 같이 엄밀하다. 그런데 우리나라는 그렇지 못하여 매양 창고 뜰에서 진조를 나눠주니 잡인이 함부로 들어오고, 도무지 증빙을 할 수 없다. 따라서 죽을 쑤어 진휼해야 할 곡식이 유실되는 것이 많고 아전들이 이름을 위조해서 쌀을 받아 가는 것이 한정이 없다. 마땅히 주자의 이 글을 따르되 번쇄한 점을 깎아내고 따로 진조하는 법식을 만들어서 농간과 남급濫給이 없도록 해야 할 것이다.

송나라 정강중鄭剛中[43]이 온주통판溫州通判으로 있을 때의 일이다. 기근이 들어 백성들이 유랑하게 되자 그는 자기 녹봉을 내어 곡식을 구매하도록 했다. 온주자사가 그에게 "실제 혜택은 기민들에게 미치지 못할 것 같다"라고 하자, 그는 "이미 조치를 한 바가 있다" 하고 대답했다. 그러고는 1만 전錢을 가지고 1전마다 '일一' 자를 찍어서 밤에 거리에 나아가 기민을 만나면 이 1전씩을 주면서 "돈에 찍은 글자를 지우지 말라" 하고 경계하여 말했다. 이튿날 그 돈을 확인해서 쌀을 지급하니 빠진 기민이 없었다. 案 이 방법은 주자의 방법보다 못한 것 같다.

---

43 정강중鄭剛中, 1088~1154: 중국 송나라 사람. 자는 형중亨仲 또는 한장漢章, 호는 북산北山이다. 예부시랑禮部侍郞을 거쳐 천섬선무부사川陝宣撫副使를 지냈다.

이에 기구飢口를 가려내어 세 등급으로 나누고,
그 상등을 다시 세 등급으로 나누며, 중등과 하등은
각각 한 급으로 한다.

요호는 넉넉한 것을 귀하게 여기므로 가장 넉넉한 자를 상등급으로 삼지만, 기구는 굶주린 것을 급히 구제해야 하기 때문에 가장 심하게 굶주리는 자를 상등으로 친다. ○ 상등이란 그 목숨이 위급하여 장차 진희해야 할 자들이다. ○ 중등이란 그 상태가 비록 긴급하지만 춘궁기에 우선 살려주면 추수 때에 가서 능히 곡식을 내놓을 수 있으니 장차 진대해야 할 자들이다. ○ 하등이란 그 상태가 비록 급하지만 아직 약간의 전포錢布가 수중에 있으니 장차 진조해야 할 자들이다. ○ 상등 안에서 다시 3등급으로 나눈다. 상급은 소한小寒부터 진희를 시작하여 망종芒種에 이르러 진희를 끝내고, 중급은 입춘立春부터 진희를 시작하여 입하立夏에 이르러 진희를 끝내고, 하급은 입춘 후 10일부터 진희를 시작하여 입하 전 10일에 이르러 진희를 끝낸다. ○ 중등은 진대하되 경칩驚蟄에 한 번 주고 청명淸明에 한 번 주는데 빌려주는 양은 60일 동안의 양식이다. ○ 하등은 진조하되 춘분날에 한 번 판매하는데 그 양은 60일 동안의 양식이다.

무릇 기구를 가려냄에 있어서는 한 식구가 그 대상이 되었다 하더라도 그 집의 열 식구를 모두 다 기록하고 이름과 연령을 써서 하나도 빠짐없이 한다. 그렇게 한 뒤에 오직 대상자가 된 한 명의 이름 위에 점을 찍고 만일 그가 죽으면 즉시 그 호戶 안에 있는 다른 사람의 이름에다 점을 찍는다【자세한 것은 뒤에 나온다】. 미리 이 뜻을 기민들에게 주지시키고 잘 타일러서 각각의 명단을 만들어 해당 마을에 바치게 하고 해당 마을로부터 명단을 거두어 진장賑長【도유사】에게 보내며 진장은 이것을 받아서 현관縣官에게 바친다. ○ 현재 시행하는 법은 정월 1일로부터 3월 그믐에 이르기까지를 지급 기간으로 삼고 있는데, 지금 반드시 소한·입춘 등 절기를 따라 기한을 정한 것은 무엇 때문인가. 오곡이 무르익는 것은 대개 상강霜降 때요, 대맥大麥·소맥小麥이 다 영그는 것은 대개 망종 때이다. 상강에서 동지까지 60일이 넘고 동지에서 입춘까지 거의 50일이 된다. 그동안에 추수한 지가 이미 오래되었고 백성들의 양식도 곤란하여 진휼을 바라는 사정은 하루가 급하다. 그런데 만약 절기가 너무 일러서 보름 차이가 난다면【혹 입춘이 12월 중순에 올 때도 있다】정월 초하루가 정월 보름날에 해당하니, 이때에 진장을 설치하면 이미 늦지 않는가. 만약 절기가 너무 늦어서 보름이나 차이가 난다면 이른바 3월 그믐날이 3월 보름날에 해당하게 되니 이때 진장을 그만두면 너무 이르지 않는가. 그러므로 진장을 설치하고 파하는 것은 모두 절기를 기준으로 삼아야 한다. 즉 위로는 상강 때 벼가 익는 것과 양식이 떨어지는 시기가 다르지 않으며, 아래로는 망종 때 보리가 익는 것과 살청殺靑[44]의 시기가 다르지 않다. 진심으로 백성을 구제하고자 하는 자라면 마땅히 이렇게 해야 할 것이요, 어느 달 어느 날로 기준을 정하지 말아야 할 것이다【비록 조정의 명령과 합치되지 않더라도 구애할 것이 없다】.[45]

　무릇 기민을 가려내는 방법은 수령이 요호를 권첨하는 날에 가만히 여

44　살청殺靑 : 흉년에 덜 익은 풋보리를 베어다 먹는 것을 이르는 말.
45　24절기는 태양력을 기준으로 만들었던 것이다. 태음력을 쓰면서도 24절기로 보충을 해서 농사나 여러 가지 일에 맞추었다. 본문에 나오는 소한은 양력으로 1월 6일경, 입추는 2월 4일경, 망종은 6월 5일경, 상강은 10월 24일경, 동지는 12월 22일경이 된다.

러 면의 사람을 살피고 그들과 더불어 일을 의논하면서 백성들의 사정을 물어보기도 하여 그들의 인품이 높고 낮은 것을 시험해두었다가 각기 한 면에서 온 4명 가운데 마음속으로 2명을 선택해두되 상족上族에서 1명, 중족中族에서 1명을 그 성명과 주소를 물어서 알아둔다. ○ 이에 다른 날 상족의 집으로 가만히 심복을 보내어 기민을 가려내는 일을 부탁하여 그가 사는 면내 여러 리里의 기호를 은밀히 뽑아 올리되 본인이 눈치 채지 못하게 하며 면내의 사람들이 지목하지 못하게 한다. 아무 호는 식구가 몇인데 마땅히 상등에 들어서 진희를 받아야 하고, 아무 호는 몇 식구인데 응당 중등에 들어서 진대를 받아야 하고, 아무 호 몇 식구는 마땅히 하등에 들어서 진조를 받아야 한다고 할 것이다. 또 상등 내에서 세 등급으로 세분하여 은밀히 장부를 작성해두었다가 수령의 심복이 와서 찾아가기를 기다리게 한다. ○ 상족이 만든 장부가 도착하면 또 중족의 집에 심복을 보내어 기민을 가려내서 같은 방식으로 장부를 작성한다. ○ 이에 해당 면에 공문을 보내어 그 면의 4명과 기타 명망 있는 사람 6명【모두 10명】을 한곳에 모이게 하고 공식적으로 기민 가리는 일을 의논하여 앞에서와 같은 방식으로 장부를 작성하여 보고하게 한다. ○ 이에 3건의 장부【은밀히 만든 장부 2건과 공식적으로 만든 장부 1건】를 가지고 비교 대조하고 또 침기표를 가지고 허실을 살펴서 기민을 가리는 일이 결정될 수 있을 것이다.

기민을 가리는 법은 마땅히 기민의 많고 적음을 살필 것이요, 먼저 한계를 두지 말아야 할 것이다. 그러나 관의 곡식이 많지 않아 널리 구제할 수 없다면 아무리 애처롭고 측은하더라도 부득이 미리 한계를 정하여 수입을 헤아려서 지출하지 않을 수 없는 일이다.

주자는 「성자현 등 여러 고을에 공시한 글」에서 말했다. "빈민을 철저히 조사하는 것은 본 군에서 작성한 서식에 의거하여 관할 여러 도에 보내 우관·보정이 자세히 뽑아 기재하고 착실히 안배하도록 재삼 간곡하게 타일러서 인정으로 폐단을 만들거나 함부로 양식이 넉넉한 집에 지급하거나 하소연할 데 없는 사람들을 빼놓는 일이 없도록 해야 한다. 장차 보고가 들어오면 다시 본 도都에서 부로父老와 빈민을 모아놓고 하나하나 읽어 보이며 공동으로 실상을 조사하여 여러 사람의 의견이 합치하면 곧 보명保明에게 넘기고 합당하지 못한 것이 있으면 곧 개정케 할 것이다. 그리고 조사를 담당한 우관과 보정을 엄히 문책할 것이다."

이규령이 안동부사가 되었을 때의 일이다. 크게 흉년이 들어 죽을 지경에 이른 자에게 호적에 근거하여 그 식구를 헤아려 죽과 죽거리를 지급해주었다. 혹 식구수를 불려 더 타먹는 자도 있었는데 아전이 이런 자들은 추려서 제외시키자고 요청했다. 그는 듣지 않고 "추려서 제외시키는 일이 지나쳐서 기민들의 양식을 빼앗는 것보다 차라리 그 거짓을 허용하고 수령이 백성에게 속임을 당하는 것이 낫다. 또 바야흐로 한창 굶주림에 직면하여 사람마다 그 부모와 처자를 생각하여 죽음에서 구하려고 도모하고 있는데 어찌 차마 그들을 농간과 거짓의 죄로 처분하고 구휼하지 않겠는가"라고 말하였다. 백성들이 그로 인해서 온전히 살게 된 자가 매우 많았다.

『다산필담茶山筆談』에 나와 있다. "기민을 뽑는 방법에 있어서 경계해야 할 점은 분배分排에 있다. 이른바 분배라 하면 첫째는 면배面排요, 둘째는 이배里排요, 셋째는 족배族排요, 넷째는 호배戶排를 말하는 데 그 숫자를 균등하게 분배하여 밖으로 공평함이 드러나게 하는 것이라고 알고 있다. 무릇 흉년의 진제는 마땅히 굶주린 사람들의 급하냐 덜 급하냐와 거짓이냐 사실이냐를 살피는 데 있을 뿐이다. 실로 모든 사람들이 다 급하다면 한 면 전체를 기민으로 등록한다 하더라도 한쪽에만 치우쳐 후하게 한 것이 아니요, 정말 모든 사람들이 양식이 넉넉하다면 한 개 마을을 빼버려도 치우쳐 박하지 않은 것이다. 족배나 호배도 그 이치는 마찬가지이다. 근자에 듣건대 기민을 가려내는 수령들이 매양 동면東面은 몇 구口요, 서면은 몇 구요 하는 식으로 미리 대충 계산을 해두는데 다만 호수가 비등하면 기민의 숫자도 비슷하게 맞추려 한다. 즉 어느 마을은 기민 수가 너무 적으니 여기에는 사사로운 원한이 작용한 것이 없는가. 어느 씨족에는 기민 수가 지나치게 많으니 사사로이 비호함이 있지 않은가라고 한다. 심한 경우는 구호양곡의 많고 적음을 헤아려 호수를 잘라 맞추어 혹은 호당 3명으로 혹은 호당 2명으로 똑같이 분배하여 일률적으로 만드니 이는 크게 불공평한 방법이다. 가난한 사족과 궁한 백성으로 온 집안이 다 위태로운 경우 1호에 10명을 모두 등록해도 나쁠 것이 없고, 부촌 요호로 그 일족이 걱정이 없는 경우 한 마을에 100명을 다 빼더라도 나쁠 것이 없다. 수령 된 자는 능히 평소에 먼저 침기표를 잘 살펴보아 집집마다 재산이 어느 정도인가를 두루 알고 있어야 한다. 그리고 또 금년에 모내기와 김매기 장부를 자세히 작성하여 농사의 우열을 명확히 파악하고 있어야 한다. 어느 면 어느 마을은 괜찮으니 구휼할 것 없고, 어느 씨족 어느 호구는 절박하니 돌보아주어야 한다는 것이 반드시 눈앞에 소상할 것이다. 방치하고 거두어주지 않더라도 이 때문에 백성이 원망하지 않을 것이요, 많이 몰려 있어도 향승과 아전들이 이 때문에 편파적이라고 하지 않을 것이다. 다만 몹시 주린 입술에 죽이 들어가도록 해야만 진정賑政이 공평하게 되었다고 할 것이다. 매양 기민을 가려내는 날에 즈음하여 마땅히 먼저 이 뜻을 분명히 하고, 형식적으로 꾸미려는 마음을 버려야 할 것이다."

『한암쇄화』에서 말하였다. "『주례·천관총재天官冢宰·태재太宰』에는 '9직九職을 만민에게 맡긴다'라고 하였다. 9직에는 농農이 하나이고 나머지는 공工·상商·우虞·목牧 등이 있다. 농사가 잘 안된 것을 흉년이 들었다고 하는데 공·상·우·목이 모두 다 환난을 같이 하는 것은 아니다. 아전들은 흉년을 만나면 겉으로는 근심하는 체하면서 속으로는 기뻐하며, 상인은 흉년을 만나면 이때를 틈타서 부정한 이익을 꾀한다. 무릇 읍내의 백성, 창촌倉村의 백성, 시장의 백성, 부촌富村의 백성들은 혹은 곡물을 판매하고, 혹은 소금을 판매하고, 혹은 나무를 베어 이익을 노리고, 혹은 물화를 사재어서 때를 기다리고【포백布帛과 기용器用 등】, 혹은 술과 단술을 만들고, 혹은 떡을 만들어 당장에도 잘살 뿐 아니라 평생 걱정이 없다. 그럼에도 기민 명부를 작성함에 매양 '읍내에서는 집집마다 등록되고 창촌의 호구는 하나도 빠진 집이 없다'라고 한다. 수령은 눈앞의 소만 보고 양을 잊어버렸으며[46] 아전이 사슴을 가리켜 말이라고 하는 농간[47]에 넘어가서 아전과 일가붙이가 되면 여덟 식구가 모두 관곡을 타 먹으며 창고를 구실로 삼아 혹 삼대三代가 곡식을 받아먹고, 늙은 기생, 방물장수, 드센 종, 산사안 하인【아전의 종】에 이르기까지 함부로 진희를 받게 되이, 쥐酹하고

---

46 『맹자·양혜왕 상』에 나오는 말로 소는 도살장으로 끌려가는 보았고 양은 보지 못했기에 소 대신 양으로 바꾸라고 했다는 것이다. 여기서는 목적의 현상만 보고 전체 상황을 모르고 하는 태도를 지적한 말이다.

47 관련된 고사는 지록위마指鹿爲馬이다. 밑에 있는 자가 상관을 거짓말로 속이는 것을 지칭한다.

배부른 것으로 낙을 삼는다. 이런 자들이 진희에 끼고 가난한 백성들은 원통하게 빠졌으니 어찌 애석하지 않은가. 읍내에 있는 자는 마땅히 기구의 이름에 각각 호족 중에 금년에 수리首吏·도리都吏【도서원都書員】·군리軍吏【세초색歲抄色】·창리倉吏 등이 된 자를 쓰고 그들에게 몇 명씩 배정하여 사진私賑을 하게 하여 신음함이 없도록 해야 할 것이며, 오직 사방에 전혀 의지할 곳이 없어 아주 궁하고 외로운 자만 기민에 뽑히게 한다면 일이 거의 공평하게 될 수 있을 것이다. 은결隱結과 투결偸結[48]이 돈으로 계산하면 천만이나 되니 어찌 한 몸만 살찌게 하겠는가. 창촌·시장·권향權鄕에서도 그들의 농간을 살피고 남용을 방지하기를 또한 마땅히 이와 같이 해야 할 것이다."

○ 사·농·공·상을 4민이라고 한다. 지금 사람들이 자못 포의백도(布衣白徒, 벼슬하지 않은 사람)를 사土라고 부르는데 옳지 않다. 사란 벼슬하는 자〔仕〕이다. 그중에 조사朝士는 공경·대부로부터 아래로는 낭관에 이르기까지가 그것이요, 서사庶士는 서리書吏와 군관으로부터 아래로는 조례皂隷에 이르기까지가 그것이다【무릇 관에 벼슬하는 자는 모두 사이다】. 지금 포의는 4민에 들지도 못하며 집안에 먹을 재물도 없고 자신이 하는 일도 없으니 천하의 곤궁한 사람이다. 한번 흉년을 만나면 죽음이 있을 뿐이다. 수령이 기민을 가려낼 때에는 이에 더욱 유의해야 할 것이다.

---

48 은결隱結·투결偸結: 은결은 아전이 농지를 숨겨서 세를 가로채는 것이고, 투결은 농지의 세를 아전이 훔쳐 먹는 것이다.

設施

이에 진청賑廳을 설치하며, 이에 감리監吏를 두며, 이에 가마솥과 염장과 미역·마른새우를 갖추어야 한다.

천하의 모든 일의 성패는 사람을 얻는 데 달려 있다. 적임자를 얻지 못하면 일을 능히 잘 해나갈 수 없다. 반드시 청렴하고 신중하고 일을 잘 아는 자를 골라 도감 1명, 감관 2명, 아전 2명을 그 자리에 두어야 한다.

○ 촌감村監【기민도유사飢民都有司】은 사람을 더욱 잘 골라야 한다. 늘 보면 촌감이 뇌물을 받아먹고 약간의 저축이 있는 자에게 식구 몇을 더 붙여서 희미餼米를 나눠주고, 의지할 데 없는 홀아비와 과부를 누락시켜 죽어가는 모양을 서서 보기만 하며, 아전과 어울려서 갖은 방법으로 농간질 한다. 이런 자에게 진휼할 대상을 가려내는 권한을 절대로 맡겨서는 안 된다. ○ 청렴하고 신중한 사람을 엄선하여 진장賑長으로 삼되, 면마다 1명씩을 두어 그 면을 관장하도록 한다. 기구飢口는 늘어나기도 하고 줄어들기도 하며 사망자가 생기기도 하니, 가난한 집에는 한두 식구를 더 붙여주도록 한다. ○ 가마솥은 절에서 빌리기도 하고 무기고에서 가져오기도 하고 민간에서 사기도 하고 객점에서 징발하기도 하여, 아주 큰 것

5개는 필히 구해놓아야 한다. 창고 뜰에 여막(廬幕, 가건물)을 치고 가마솥 5개를 걸어두면, 가마솥 하나에 50명분의 죽을 쑬 수 있어 가마솥 5개면 250명이 먹을 수 있다. 하루 1000명의 기구 중에 구휼미를 받으러 오는 자는 250명이 되는 셈이다[1]【자세한 것은 뒤에 보인다】. 죽을 가마솥에서 바로 떠서 따끈한 상태로 먹도록 하면 좋지 않겠는가? 오늘날 보면 가마솥을 한두 개만 사용해 밤새도록 죽을 끓여서 큰 항아리에 부어놓아, 식고 묽어진【죽이 식으면 묽어진다】 죽을 춥고 배고픈 자에게 먹이니 어질지 못함이 심하다. ○ 흉년에는 소금값이 뛸까 항시 우려된다. 대개 기민이 풋나물을 식량으로 하는 데서 연유한 것이다. 풋나물은 소금이 들어가지 않으면 목에 넘어가지 않으므로 소금값이 갑절이나 오르게 된다. 의당 가을이 지나가면 곧 소금 굽는 자들을 불러서 미리 돈을 주어 소금을 굽게 하고, 간장 또한 모름지기 친히 맛을 보아서 좋은 것을 미리 저장해두어야 한다. ○ 해대海帶【우리말로 미역이다】는 반드시 초가을에 싱싱하고 좋은 것을 구하여 저장해두고, 마른새우는 한 줌 값이 돈 1푼이니, 만약 1전의 돈을 들이면 5개의 가마솥에 섞어 끓일 수 있다. 100여 차례 죽을 쑤어도 그 비용이 10냥에 지나지 않으나, 사람 마음이 기뻐하고 칭송의 소리가 퍼지는 것이 천금에 해당할 만한데 무엇이 아까워서 이런 일을 하지 않겠는가.

---

1 이 대목은 문맥상 잘 이해되지 않는데 구휼미(餼米)를 지급하는 일을 두고 말한 것 같다. 기민에게 진패賑牌를 발급할 때 기구飢口 4구口를 단위로 하여 진패 하나를 발급하며, 그 중 한 사람이 대표가 되어 진패를 가지고 가서 4구의 구휼미를 받아온다. 이를 말한 것으로 추정된다.

이에 곡식을 키질하여 알곡의 양을 파악하고, 이에 기구(飢口, 굶주린 사람)의 수를 세어서 실제 숫자를 확정할 것이다.

곡식에서 먹을 수 있는 것은 알맹이뿐이다. 껍질은 아무리 많아도 먹을 수 없고 쭉정이와 겨는 아무리 많아도 먹을 수 없다. 공적으로 지급되는 곡식과 감영에서 획급劃給하는 곡식은 모두 쭉정이와 겨가 뒤섞인 것인데, 쌀이 얼마라느니 하며 헛되이 과장하여 무엇이 몇 섬, 무엇이 몇 섬이라고 한다. 쌀이라고 받아서 돌아와 보면 먹을 수 있는 것이 별로 없으니 어디에 쓰겠는가. 수령이 진휼하려고 할 때에는 의당 공적으로 지급되는 곡식과 감영에서 획급하는 곡식이나, 본 고을에 저장된 것과 이웃 고을에서 이관된 것을 막론하고 다 키질을 하여 껍데기와 잡것을 제거하고 알곡만을 남겨서 다시 계량하되 말질을 고봉으로 하여 튼튼한 섬에 담아 창고에 잘 저장한다. 이렇게 실제 총량을 가지고서 구휼할 일을 헤아려야 한다. ○ 관에서 진휼을 위해 매입한 곡식과 권분을 위한 곡식은 그 질이 좋다 하더라도 모름지기 친히 살펴보아야 마음을 놓을 수 있다. 의당 같은 날 앞의 방법처럼 키질을 해서 함께 보관해두어야 한다. ○ 공적으로 지급되는 곡식과 감영에서 획급하는 곡식이 만약 결손이 있으면 수령이 의당 보충해야 하는데, 이것은 위에서도 듣지 못하는 바요 아래에서도 알지 못하는 바이다. 그러나 성의誠意와 신독愼獨의 공부를 마땅히 이때에 써야 할 것이다. 오직 하늘이 내려다보고 있으니, 어찌 반드시 남들이 알아주기를 구하겠는가. ○ 염장과 미역도 기구를 세어서 수량에 맞도록 하고, 같은 날에 조사 검열하여 창고에 저장할 것이다.

「진휼사목」에 이렇게 나와 있다. "남정 1구口에는 하루 희미饑米 5홉【아침·저녁 각각 2홉 5작】, 여장 1구에는 하루 희미 4홉【아침·저녁 각각 2홉】, 노인 1구에는 하루 희미 4홉【남녀 같음】, 소아小兒 1구에는 하루 희미 3홉【남녀 같음】이다. ○ 진조의 법【발매법發賣法이다】은 대호大戶에게는 5두를, 중호中戶에게는 4두를, 소호小戶에게는 3두를, 요호幺戶【홀로된 소잔한 호〔殘獨戶〕】에게는 2두를 판다. ○ 진대의 법【부환付還】 또한 진조의 법과 같다. ○ 무릇 환산하는 법은 벼 2두 5승이 쌀 1두에 해당하는데, 보리도 이와 같고 조도 이와 같다. 콩 1두 2승은 벼 1두 5승에 해당한다. ○ 무릇 부황이 들어 황급한 자에게는 섣달그믐 10일 전에 희미를 한 차례 주는데, 이 쌀은 감사가 지급하는 것이다. ○ 봄에 감사가 순력하여 각 고을에 이르면 희미를 방출하고 기민에게 죽을 쑤어주는데, 그 희미와 죽 쑤는 쌀은 감사가 지급하는 것이다. ○ 무릇 기민이 희미를 받는 날은 관에서 반드시 죽을 쑤어 주되, 그 죽 쑤는 데 드는 쌀·간장·곽藿【미역】은 모두 수령이 스스로 마련하고 회감會減하지 않는다. 매양 희미를 방출하는 날에는 1구당 소금 1홉씩을 배급해주되, 역시 수령이 마련한다. ○ 지극히 곤궁한 자에게는 희미를 4월 말까지 지급하고 나머지는 3월로 그친다." ○ 또 「진휼사목」에서 "남녀 16세부터 50세까지는 정구丁口로 하고, 51세 이상은 노인으로 하며, 15세 이하는 소아로 한다"라고 규정하였다. ○ 이것이 현행의 법이니 따르지 않을 수 없다.

공적으로 지급되는 곡식, 감영에서 획급하는 곡식, 관에서 매입한 곡식, 권분으로 받은 곡식 모두 벼이거나 조·콩·보리이거나 간에 모두 쌀로 환산을 한다. 가령 다 합해서 4000석 뿐이고 거기에 1석도 더 마련할 길이 없는 경우에는 뽑을 기민의 수와 진희·진대의 수량을 일수로 나누어서 모두 마땅히 수령이 저장해놓은 것으로 계산해서 적정액을 정해야 할 것이다. 한 고을 수령의 권한으로는 이웃 고을로 곡식을 옮길 수 없고, 한 고을의 재물로는 춘궁기까지 이어 댈 수 없으니, 곡식을 보아 비율을 정하는 것이 또한 타당하지 않겠는가. 이제 쌀 4000석으로 기준을 삼아 모든 비율을 내어 경위표經緯表를 만들어보면 다음과 같다.

	총수總數	구별口別	일희日餼	일한日限	미총米總	작석作石
희餼 1등	2500구 ○ 쌀 1010석	남정 700구	매일 5홉	150여 일	5250두	350석
		여장 600구	매일 4홉	150여 일	3600두	240석
		노인 600구	매일 4홉	150여 일	3600두	240석
		소아 600구	매일 3홉	150여 일	2700두	180석
희 2등	5000구 ○ 쌀 1212석	남정 1400구	매일 5홉	90여 일	6300두	420석
		여장 1200구	매일 4홉	90여 일	4320두	288석
		노인 1200구	매일 4홉	90여 일	4320두	288석
		소아 1200구	매일 3홉	90여 일	3240두	216석
희 3등	2500구 ○ 쌀 473석 5두	남정 700구	매일 5홉	70여 일	2450두	163석 5두
		여장 600구	매일 4홉	70여 일	1680두	112석
		노인 600구	매일 4홉	70여 일	1680두	112석
		소아 600구	매일 3홉	70여 일	1260두	86석
대자貸者 곧 환자 [還上]	2000구 ○ 쌀 360석	남정 1000구	매일 5홉	60여 일	3000두	200석
		여장 500구	매일 4홉	60여 일	1200두	80석
		노인 500구	매일 4홉	60여 일	1200두	80석
조자糶者 【곧 발매 發賣】	2000구 ○ 쌀 360석	셋으로 구분됨이 위와 같음	5홉이 위의 법과 같음	60여 일	5400두	360석
죽粥 1등	회자餼者 4구에 받는 자 1명	625명	희미 받는 날 조미 2홉 5작	시종始終 15차례	234두 3^{2}승 7홉 5작	15석 9두 3승 7홉 5작

---

2 원문은 2로 되어 있으나 3의 오기이다. 경위표에 따라 죽 1등에 소요되는 쌀을 계산하면 미총은 234두 3승 7홉 5작이다.

죽 2등	희미 받는 자는 1/4	1250명	희미 받는 날 조미 2홉 5작	시종 9차례	281두 2승 5홉	18석 11두 2승 5홉
죽 3등	희미 받는 자는 1/4	625명	희미 받는 날 조미 2홉 5작	시종 7차례	109두 3승 7홉 5작	7석 4두 3승 7홉 5작
유걸인 流乞人	대략 1000구		매일 조미 5홉	대략 100여 일	5000두	333석 5두
역속인 役屬人	15구를 넘지 말 것	그 인원수는 아래에 보임	매월 요미 料米 각 3두	시종 대개 5개월	225두	15석

이상 희미饎米 2695석 5두, 대미貸米[3] 360석, 조미糶米 360석, 죽미粥米 41석 10두, 유미流米[4] 333석 5두, 역미役米[5] 15석, 여미餘米 194석 10두로 도합 쌀 4000석이다.

여미 190여 석은 소모되고 축나는 것에 대비【수천 석의 곡식이 본래는 정하고 실했다 하더라도 소모되고 축나는 것이 아무래도 적지 않을 것이므로】, 유기아遺棄兒【어미를 잃은 아이】 대비, 간장과 미역을 사는 비용【초가을에 미리 산다】, 지필묵 비용【진청賑廳의 문서 작성】, 잔치하는 비용【파진연罷賑宴】, 상으로 줄 물건 비용【부채나 빗 따위】, 진부賑簿를 마감하는 비용【상사에게 관행으로 들어간다】 등으로 오히려 부족할까 걱정이 되니 남지 않을 것이다. ○ 오직 감사가 지급하는 섣달그믐 전에 황급한 기민을 위한 희미 몇 석, 봄에 감사가 순력할 때의 희미 몇 석, 죽미 몇 석은 감영의 진미賑米로 이미 나누어주었고, 고을에서 이중으로 나누어주지 않으면 희미 몇 석이 마땅히 남아 있어야 할 것이다. ○ 역속인役屬人은 진청도감賑廳都監 1명, 감관監官 2명, 진리賑吏

---

3 대미貸米 : 앞의 표에 있는 대자貸者에게 빌려주는 곡식.
4 유미流米 : 유걸인流乞人을 진휼하기 위하여 비치한 곡식.
5 역미役米 : 진휼의 일에 종사하는 역속인役屬人에게 지급하는 곡식.

2명, 창례倉隸 4명, 죽비粥婢 5명, 시노柴奴[6] 1명, 도합 15명이다.

수령인 내가 비축한 것이 벼 6000석【쌀로 환산하면 2400석이다】과 조 1000석【쌀로 환산하면 400석이다】, 콩 400석【쌀로 환산하면 200석이다】, 보리 2500석【쌀로 환산하면 1000석이다】이라고 하면 쌀로 환산하면 4000석이 된다. 이 분량이면 진휼의 일을 행할 수 있다【나라의 법전에 벼와 보리의 교환 비율을 벼 1석에 보리 12두로 해주면 백성들이 반드시 즐겁게 받을 것이다. 이것은 흉년이 들었을 때의 정황이다】. ○ 만약 수령이 비축한 양곡이 4000석에 차지 못하면 먼저 진조할 인원수를 줄이고 다음으로 일수日數를 줄이거나, 혹은 유걸인의 수를 줄여서 요컨대 수입을 헤아려 지출을 해야 한다. 만약 수령이 비축한 양곡이 4000석을 넘으면 헤아려 그 범위를 넓힐 수 있으나, 이 역시 수입을 따져 지출해야 한다.

이에 진패賑牌를 만들고, 이에 진인賑印을 만들고, 이에 진기賑旗를 만들고, 이에 진두賑斗를 만들고, 이에 혼패閽牌를 만들고, 이에 진력賑曆을 정리할 것이다.

진패

진패의 양식은 다음과 같다. "갑부甲部 청기靑旗 제1대隊 제2패牌 동시면東始面 춘산리春山里【내용은 뒤에 나온다】 양인 이덕봉李德奉, 나이 31, 뽑힌 희구餼口는 남정 1구口, 여장 1구, 남로男老 1구, 여약女弱 1구이면 10일

---

6 시노柴奴: 땔나무의 공급을 담당한 노속.

의 희미는 쌀 1두 6승이니, 대조 조사하여 시행하기를 바람. 패자牌者[7] 가경 갑술년(1814) 소한小寒 날 행 현령行縣令 화압花押, 도감都監 김金 화서花署.[8]" ○ "병부丙部 홍기紅旗 제3대 제4패 남시면南始面 하천리夏川里, 유학幼學 오봉채吳鳳采, 나이 28, 뽑힌 기구飢口는 남정 1구, 연호聯戶[9]의 과부 이씨의 여장 1구, 과부 김씨의 여로女老 1구, 동몽童蒙 오봉래吳鳳來의 남정 1구로 10일의 희미는 쌀이 1두 8승이니, 대조 조사하여 시행하기 바람. 패자 연월일年月日 행 현령 화압, 도감 김 화서."

○ 정자로 써서 판각하는데 그 길이와 너비는 모두 1척이며【주척周尺을 쓴다】, 그 소속 면리와 성명·수목數目이 들어갈 자리는 비워두며, 질긴 종이에 찍어낸다. 거기에 각기 써넣어서 붉은 인주로 도장을 찍어 희미를 받을 사람에게 지급한다. ○ 요즈음의 방식은 풀잎 같은 목패木牌를 사용하여 거칠고 난잡하게 이름을 써서 이것을 진패라고 하기 때문에 위조며 난잡이 한없이 일어난다. 아끼는 것은 기껏 종이 몇 권이요, 잃는 것은 쌀 100섬이다. 속투俗套의 거칠고 엉성함이 이와 같다.

○ 4호戶를 연합한 진패를 만들 경우, 대개 10일의 희미가 많은 자는 5승이요, 적은 자는 3승이다. 이것을 받기 위해 백성들이 모두 다 나와서 늙은이를 부축하고 어린아이를 잡아끌며, 병든 몸을 이끌고 어린애를 등에 업은 채 수십 리 길을 걸어서 찬 죽 한 사발을 얻어먹고 언 땅에 반나절이나 서 있어야 하니, 필경 사람을 죽이는 짓이다. 사람들이 흔히 "굶

---

7 패자牌者: 진패賑牌를 받은 자. 여기서는 이덕봉李德奉을 가리킨다.
8 화서花署: 수결手決. 이 경우는 부관으로서 서명하는 것이기 때문에 화압花押과 구별하여 썼다.
9 연호聯戶: 기구飢口 4명을 진패 하나에 연합하여 올리는데, 이때 4구는 한 사람이 대표로 패를 가지고 가서 구휼미를 받는다.

주린 백성의 안색과 의복은 수령이 반드시 친히 살피고, 남녀 노약자도 수령이 반드시 친히 헤아린 뒤에라야 마구 협잡하는 폐단이 없어질 것이다"라고 말한다. 만약 이렇다면 진장을 개설하는 날에 한 번 점검하여 살펴보면 족할 것이다. 어찌 번번이 살필 필요가 있겠는가. 요즈음은 본인이 오지 않는 경우, 아무리 그 부모가 대신 와도 이것으로 꼬투리를 잡아 이름을 삭제한다. 만약 병이 들어 기일에 앞서 서류를 내는 경우라면 그 대신 받는 것을 허락하고 있다. 그렇지만 참으로 속이려고 들면 문서도 족히 믿을 것이 못 된다. 정성과 신의로 미루어보면, 대면하여 호소하는 것을 어찌 꼭 의심할 것인가. 수령은 직접 비축한 곡식을 계산해보아 뒤에까지 이어갈 수 없으면 공론을 들어서 균평하게 이름을 삭제하되, 4구라면 2구를 삭제하고, 3구라면 1구를 삭제하면서 따뜻한 말로 "진실로 끝까지 구제하려 했으나 힘이 미치지 못해 눈물을 흘리며 삭제하였노라. 그대는 용서해다오"라고 타이르면 백성들 또한 이에 대해 어찌 원망하겠는가. 그런데 지금은 이렇지 않고 혹은 대신 받으러 왔다고 트집을 잡는가 하면 안색을 보고 거절하기도 하며, 성을 내며 이름을 지우기도 하고 비웃으면서 이름을 지우기도 한다. 인심을 잃게 되는 것이 크다. 이제 연호를 만드는 법은 무릇 이웃에 함께 사는 경우에는 연합하도록 허락하여 매양 4구씩 합하여 하나의 진패를 만들고, 그 4구 중에 한 사람만이 진패를 가지고 들어와서 희미를 받도록 허락하며, 혹 딴 사람이 들어오더라도 패문牌文만 조사해보고 역시 희미를 받도록 허락한다. 비록 이것이 소활한 것 같으나 반드시 농간하는 폐단은 없을 것이다. 또 기민으로 진장에 들어오는 자가 죽을 바라는 것이 아니다. 연호의 법이 이미 행해지면 들어오는 자가 크게 감해질 것이요, 죽을 먹는 사람의 수도 따라서 줄어들 것이니, 관에서 죽을 쑤어 먹이는 데 있어서 어찌 번거로움을 덜고 비용을 줄이는 것이 아니겠는가.

진인

진인이란 나무에 새긴 작은 도장으로 도서圖書【세속에서 투서套署라 하는데 잘못된 음이다】라고 부르는 것인데, 크기는 옛날 돈[10]만 하고 '수희지기受餼之記'라고 쓰여 있다. ○ 매양 기민이 창고에 들어와서 곧바로 수령이 앉아 있는 앞에 이르러 진패를 바치면 감리가 장부를 살펴 대조한다. 그러고는 팔에 먹물로 이 진인을 찍고 진패를 도로 내어주어 그가 창고 뜰에 가서 법식대로 희미를 받게 한다. 받고 나서 먹물의 흔적을 지운다. ○ 만약 산유(酸儒, 가난하면서 자존심 있는 선비)가 진인 찍히기를 달갑게 여기지 않으면 "이는 주자의 법이다" 하고 타이른다. ○ 반드시 이 진인을 찍는 것은 진패에 허위가 없음을 밝힌 표시이니, 마루에서 조사 확인한다.

진기

진기는 희미를 받을 때 쓰는 깃발이다. 가령 희구餼口가 1만 구면 하루에 1000구씩 희미를 지급할 때 10일이 걸려야 희미 지급이 한 차례 돌아갈 것이다. 제1일은 갑부甲部, 제2일은 을부乙部, 제9일은 임부壬部, 제10일은 계부癸部가 된다 매일 1000구에 희미를 지급할 때 매양 4구씩 합하여 하나의 진패로 만들면 250명이요, 매양 50명으로 1기旗를 편성하면 한 번의 희미 지급은 5기면 된다【만약 2만 구인 경우에, 하루에 2000구씩 희미

---

10 옛날 돈: 여기서는 인조와 숙종 때에 사용된 상평통보常平通寶를 말함. 뒤로 내려올수록 동전이 작고 얇아졌다.

를 지급해야 하니, 진패를 받을 자는 500명이다. 50명으로 1기를 편성하면 10기면 된다】. 제1기는 청포靑布【길이가 1척 5촌으로 글자가 없다】, 제2기는 홍포紅布, 제3기는 황포黃布, 제4기는 백포白布, 제5기의 흑포黑布를 사용하여 만든다.

○ 5대隊에 또 각각 하나의 작은 기旗가 있는데, 오색의 종잇조각으로 만들고, 깃대의 길이는 작은 화살 정도로 한다. 각 대는 제1패가 손에 이 기를 들고 그 대에 소속된 9명은 이 기를 보면서 따라가도록 한다【제1패 는 의당 남자로 해야 한다】. 희미를 받고 나서는 기총旗總이 기를 거두어서 다 음번에 대비한다. ○ 군관 5명을 따로 차출하여 기총으로 삼고, 매양 진구 賑口가 읍내에 들어오면 제1기총이 진력賑曆을 살펴서 호명하여 차례로 벌려 세우고 나서 "감히 차례를 문란케 하지 말고 나를 따라 창고에 들 어오도록 하라. 혹시 질서를 문란케 하면 그 벌로 희미 지급을 정지할 것 이다"라고 명한다. ○ 창고 안에서 호적號笛[11] 소리가 한 번 나면 제1기총 이 청기를 잡고 창고 문으로 들어가고, 기민 50명이 진패를 차고 따라 들 어가 5대로 나눈다. 기총은 제1대 10명을 이끌고 가서 진청賑廳 앞에서 북쪽을 향해 서되 동쪽을 상석으로 한다. 제2대 10명은 그 뒤에 서고 제 3·4·5대가 차례차례 벌려 서서 제1대부터 차례로 진패를 바친다. 도감이 진패를 조사하고 나서 손에 진인을 찍으면, 기총이 이 1대를 이끌고 죽 쑤는 곳에 가고 죽을 감독하는 자는 죽을 준다. ○ 또 제2대를 이끌고 가 서 진패를 바치고 진인을 받아 죽 쑤는 곳으로 가기를 앞의 법과 같이 한 다. ○ 제3·4·5대도 모두 앞의 법과 같이 한다. ○ 죽을 다 먹고 나면, 기총 은 5대를 이끌고 희미 주는 곳으로 가서 차례로 희미를 받고 나서는 5대

---

11 호적號笛 : 군에서 신호를 전달하기 위해 부는 피리.

를 이끌고 나온다. ○ 창고 안에서 호적 소리가 한 번 나면 제2기총이 홍기를 잡고 창고 문으로 들어가고, 기민 50명이 진패를 차고 따라 들어가 5대로 나누는 것도 모두 앞의 법과 같이 한다. ○ 제3·4·5의 기총도 각각 그 기를 잡고 하는 것이 모두 앞의 법과 같다. ○ 반드시 기를 세워 진미賑米를 나누어주는 것은 무슨 까닭인가. 천하의 일은 모두 예禮일 뿐이니, 예라는 것은 절제요, 절제라는 것은 법이다. 다섯 사람이 서로 모이는 데 있어서 예법이 없으면 그 사람들은 반드시 문란해질 것이니, 하물며 천 명 만 명이 모이는 데 있어서랴. 천 명 만 명 모이는 데 있어서 예법이 없는 것은 문란의 근본이다. 진패를 바치고 진인을 받는 것이 반드시 문란해지고 죽을 받는 것이 반드시 문란해지고 희미를 받는 것이 반드시 문란해져서 거듭 받는 자도 있을 것이요 빠지는 자도 있을 것이요 도둑질하는 자도 있을 것이요 다투는 자도 있을 것이다. 수령이 된 이는 돌아보건대, 그들로 하여금 뭇 양들처럼 명령에 순종하게 하지 못하고 난잡하도록 놓아두겠는가. 기는 세우지 아니할 수 없으니, 혹 이상히 여기는 자가 있으면 "이는 주자의 유법遺法이다"라고 대답할 것이다【주자의 법은 앞에 나온다】.

진두

신무라는 섯은 무엇인가. 내상內場과 외상外場[12]에서 쓰는 말[斗]이 의당 동일해야 하고, 이 면 저 면에서 쓰는 것도 의당 동일해야 한다. 연호의 구휼미를 받아 가지고 돌아와서 나누는데, 공사 간에 말이 다르면 의

---

12 내장內場·외장外場: 읍내에 있는 진장을 '내장'이라고 하고 읍내 밖의 여러 면이나 마을에 있는 진장을 '외장'이라 한다.

심과 비방이 일어나기 마련이니 되나 말이 다 같아야 하는 것이다. 마땅히 모든 면과 마을에 지시하여 각기 관식官式에 따라 별도로 되와 말을 만들어 관에 가져가서 낙인을 받은 뒤에 각각 마을에 두어야 한다. 이렇게 해야만 연호의 쌀을 받는 자가 돌아와서 각자 나누는 데 말이 없게 된다.

혼패

혼패(출입증)라는 것은 무엇인가. 구휼미를 지급하는 날에는 혼금閻禁[13]이 의당 엄해야 한다. 수령이 진창賑倉에 나올 때 수행자는 향승 3명, 도감【진휼 담당자】 1명, 감관【죽을 맡은 사람】 2명, 수리 1명, 진리賑吏 2명, 형리刑吏 1명, 시동侍童 2명, 시노侍奴 2명, 조례阜隷 4명, 창노倉奴 2명, 창례倉隷 4명, 죽비粥婢 5명, 시노柴奴【방자로서 죽 쑤는 땔감을 바치는 자】 1명, 통틀어 모두 30명이면 족할 것이다. ○ 혼패 30매를 만들되, 길이와 너비는 모두 반척【주척을 사용한다】으로 하고, 앞면에 '희장입문지기饎場入門之記'라 새기고, 뒷면에 화압을 하고 낙인을 한다. 무릇 이 혼패를 차지 아니한 자는 문에 들어갈 수 없고, 만약 시급히 보고할 일이 있는 경우에는 문밖에서 이름을 고한다. 수령은 미리 혼패 3~4매를 여분으로 준비해두고서 시동으로 하여금 그 패를 전하게 하여 문에 들어갈 수 있게 한다. ○ 오직 기총 5명은 깃발을 표로 삼아 혼패 없이도 출입을 허가한다. ○ 진창 안의 담장이 무너진 곳이 있으면 수령은 의당 미리 보수하고 그 위에 가시를 얹어서 넘어다니는 일을 방지해야 할 것이다. ○ 만약 외창에 진장을 개설하면 혼패는 20매를 넘지 않아도 족할 것이니, 거느리고 갈 인원을 의당 감해

---

13 혼금閻禁: 관청에서 잡인의 출입을 금하는 일. 여기서는 진창賑倉에 종사하는 관인과 노비 이외의 사람들이 진창 출입을 통제하는 것.

야 할 것이다.

진력

진력이라는 것은 무엇인가. 구휼미를 받는 사람이 혹 사망자도 있고 새로 늘어나기도 하고 도로 삭제되기도 하여, 구름과 안개처럼 변동이 많아 날마다 같지 않다. 4명으로 1패를 만들고 10패로 1대를 만들고 5대로 1기를 만들고 5기로 하루 희미 지급을【곧 1000구의 구휼 대상자가 있다면 구휼미를 받는 자는 250명이 된다】하려고 하면 반드시 부력(簿曆, 진력)을 아침저녁으로 손질한 뒤에라야 문란하지 않을 것이다. ○ 어떤 이가 "진부賑簿는 너무 번다한데 어떻게 아침저녁으로 정리할 수 있겠는가"라고 말하면 이렇게 대답할 것이다. "이는 군법軍法이다. 군법에는 10명이 1대가 되고 3대가 1기가 되고 4기가 1초哨가 되고 5초가 1사司【그 부대의 나눔은 많기도 하고 적기도 하다】가 된다. 그런데 사망자도 있고 새로 늘어나는 자도 있고 병으로 물러나는 자도 있으니, 반드시 아침저녁으로 장부를 정리하기를 정불식程不識[14]과 위청衛靑처럼 한 뒤에라야 군사를 동원할 수 있을 것이다. 그들은 방패와 창이 난무하는 전쟁 중에서도 능히 이 장부를 정리하였거늘, 하물며 백성을 진휼하는 데 있어서랴. 장부 정리는 하지 않을 수 없는 것이다." ○ 진력을 만드는 데에는 관안官案의 양식과 같이 하여【기름종이(油紙)로 책을 만든다】기명旣名·대명隊名을 강부의 끝강에 쓰고 진폐를 받는 사람의 성명은 따로 쪽지에 써서 옮겨 붙일 때 편리하도록 한다.

---

14 정불식程不識: 중국 한나라 문제文帝 때 변군태수邊郡太守로서 이광李廣과 함께 흉노를 정벌하는 데 공이 컸으며, 특히 군부軍簿를 잘 정리하였다.

청기 青旗 제1대

동시면 춘산리	유학 이기원 李基元	남정 1구, 여장 1구, 연호 이기형 李基亨 남정 1구, 여장 1구. ○ 해당 지급받은 쌀 1두 8승. ○ 소한 날 진패를 받았음.
동시면 춘산리	양인 박태주 朴泰周	남정 1구, 여장 1구, 여약 2구 ○ 해당 지급받은 쌀 1두 5승. ○ 소한 날 진패를 받았음.
동시면 유곡리	과부 김소사 金召史	여장 1구, 여로 1구, 연호 과부 박소사 朴召史 여장 1구, 여약 1구. ○ 해당 지급받은 쌀 1두 5승. ○ 소한 날 진패를 받았음.

이와 같은 것이 10조條이다. ○ 제2대 이하는 모두 이 예例에 따른다.[15]

홍기 紅旗 제1대

동시면 하천리	유학 김정욱 金廷郁	남정 1구, 여장 1구, 연호 김정복 金廷馥 남정 1구, 여장 1구. ○ 해당 지급받은 쌀 1두 8승. ○ 소한 날 진패를 받았음.
남시면 하천리	양인 최시동 崔時東	남로 1구, 여로 1구, 남정 1구, 여장 1구. ○ 해당 지급받은 쌀 1두 7승. ○ 입춘 날 진패를 받았음.
남시면 도원리	금보 禁保 한치삼 韓致三	남정 1구, 여약 2구, 연호 과부 한소사 韓召史 여장 1구. ○ 해당 지급받은 쌀 1두 5승. ○ 입춘 날 진패를 받았음.

이와 같은 것이 10조이다. ○ 제2대 이하는 모두 이 예에 따른다.

황기 黃旗 제1대

읍내방 관전리	퇴리 退吏 이수담 李壽聃	남로 1구, 남정 1구, 연호 한량閑良 이복담 李福聃 남정 1구, 여로 1구. ○ 해당 지급받은 쌀 1두 8승. ○ 소한 날 진패를 받았음.

---

15 여기 10조라는 것은 유학 이기원, 양인 박태주 등 기구飢口 4구口를 대표하여 희미를 받
   으러 가는 자가 10명이라는 것을 말함이요, 제2대 이하라는 것은 10명이 1대로 편성된
   것이 제5대까지 있음을 말함이다.

읍내방 남문리	노기 老妓 연대월 蓮臺月	여로 2구, 연호 과부 김소사金召史 여장 1구, 남약 1구. ○ 해 당 지급받은 쌀 1두 5승. ○ 입춘 뒤 10일에 진패를 받았음.
읍내방 남문리	양인 최후남 崔後男	남정 1구, 여장 1구, 연호 최득재崔得才 여로 1구, 남약 1구. ○ 해당 지급받은 쌀 1두 6승. ○ 입춘 뒤 10일에 진패를 받 았음.

이와 같은 것이 10이다. ○ 제2대 이하는 모두 이 예에 따른다.

백기白旗 10대隊, 흑기黑旗 10대隊[16]도 함께 이 예에 따른다【매양 10패로
1대를 삼는다】.

무릇 대를 편성하고 기를 편성하는 법은 먼저 집들이 연접해 있는 자
를 고기비늘처럼 차례로 대를 편성하고, 그 마을을 다해도 1대가 되지 못
하면 이웃 마을의 가까운 자와 연호하여 대를 편성한다. 그 면을 다해도
1기가 되지 못하면 이웃 면의 가까운 자와 연호하여 기를 편성한다. 그
남아 떨어진 호戶가 있게 되어 한 대가 되지 못하는 경우에는 끝 기旗에
붙여 따로 작은 대를 만든다. ○ 어떤 이가 "구휼미를 지급하는 법은 반
드시 면과 리로 구별하여 오늘 갑면甲面에 지급하고 내일 을면乙面에 지
급하면 그 일이 쉽고 순조로울 것이다. 지금 구휼 대상자를 각기 면에 따
라 나누고, 청기·백기로 동리東里·서리西里를 구분지어도 눈에 갑자기 변
하여 백성들이 얼른 알지 못하는데, 하물며 이 마을과 저 마을이 합쳐져
한 연호가 되고 이 면과 저 면이 뒤섞여 한 연호가 되면 문서가 혼란하
게 되니 어떻게 관리할 수 있겠는가"라고 말하면 이렇게 대답할 것이다.
"그렇지 않다. 무릇 천하에 대중을 통솔하는 법은 오직 '분수명分數明' 세

---

16 여기 백기白旗 10대, 흑기黑旗 10대라 하는 것은 백기 5대, 흑기 5대의 오기인 듯하다.
　10명이 1대가 되고, 5대가 1기가 되는 것이 표의 앞뒤 글에 보인다.

자가 있을 뿐이다. 하루 1000구口의 구휼미 지급을 5기로 구분하고, 1기의 구휼미 지급을 5대로 구분하고, 1대의 구휼미 지급을 10패로 구분하면 매일 죽을 쑤는 것은 항상 5기의 죽만 쑤고【250명이 먹을 것】 매일 곡식을 방출하는 것은 항상 5기의 곡식만 방출하는 것이니【250패가 먹을 것】 어찌 문서가 어지럽다고 하겠는가." ○ 만약 큰 고을에 외창이 많이 있고 기구가 혹 2만에 이를 경우에는 매일 10기에게 지급하고, 만약 기구가 1만 5000이면 매일 7기 반에게 지급한다【1500구】. 모두 마땅히 여기에 참조하여 비율을 정해야 할 것이다. 여기서는 구체적으로 서술하지 않는다.

어떤 이가 "흉년에는 사람들이 모두 양심을 잃어버린다. 연호로 쌀을 받는 자가 돌아와서 쌀을 나눌 때, 혹 되질을 제게 유리하게 하고 나쁜 곡식과 바꾸거나 옛날에 사채私債가 있다 하여 빼앗는다면 어떻게 하겠는가"라고 한다면 이렇게 대답할 것이다. "수령이 기일에 앞서 영을 내려 '진패를 가지고 구휼미를 받는 사람 중에 만약 이런 죄를 범해서 애처롭게 호소하는 일이 있게 할 경우에는, 본인은 구휼미를 받는 대상에서 빼고, 또 그 앞뒤 패도 한 등급씩 내린다【가령 제3패가 죄가 있으면 제2패와 제4패도 한 등급을 내린다】라고 하면 누가 죄를 범할 자가 있겠는가."

만약 1기 속에 혹 사망자가 있어, 그 호戶 속에 대신 들어갈 사람이 없는 경우에는 죽은 사람이 원래 제 몇 패에 속해 있었는가를 조사하여 오직 그 패 속에서 사망자를 빼고 고쳐서 새 패를 준다. 드디어 그 마을에서 누락된 사람을 조사해서 4구로 보충하고 그 기를 없애지 않는다. 만약 사망자가 날로 늘어나서 따로 누락된 사람을 보충할 수 없으면 이 1기를 없애고 차례로 옮겨 보충한다. ○ 만약 사망자가 날로 많아져서 여러 기가 무너지면 5기를 다 없애고 고쳐서 새 진력을 주고 아울러 새 패를 준다. ○ 지금의 수령 된 자는 무릇 진장을 설치한 이래로 삭제한 적은 있어도 보충한 적은 없으니, 이것이 백성들이 깊이 슬퍼하는 바이다. 만약 어진 수령이 있어 따로 누락된 사람의 장부를 두어 빈자리 나기를 기다려 보충한다면 백성들의 감동하고 기뻐함이 한이 있겠는가. 수령은 남들이 하지 못하는 바를 능히 한 뒤에라야 바야흐로 어진 수령이라고 이를 것이니, 전례를 따르는 것만으로 능사를 삼지 말 것이다.

유정원柳正源이 통천군수通川郡守로 있을 때 일이다. 시절이 마침 큰 흉년이 들었는데 관동 지방이 더욱 심했다. 그는 계획을 세워 1800곡의 곡식을 마련하여 군민 중에 근실하고 유능한 자를 골라 그 일을 관장하게 하였다. 매 10일마다 친히 진미賑米 나누어주는 것을 감독하되 면마다 각각 기旗를 만들고 면임面任【곧 풍헌과 약정】으로 하여금 기를 들고 그 소속 기민을 이끌고서 들어가 진미를 받게 한다. 그러고는 기를 세우고 쭉 늘어앉게 한 다음 아홉 개의 가마솥을 뜰에 설치하고 죽을 쑤어 나누어 먹였다. 다 먹인 뒤에는 기를 들고 나가게 하는데, 종일토록 시끄럽게 떠들거나 대오를 잃는 자가 없었다. 암행어사가 미복微服으로 와서 엿보고는 사람들에게 "이 한 가지 일을 보면 족히 그 사람을 알겠다"라고 하였다. 하루는 큰 눈이 내려 길이 막히자 배를 동원하여 곡식을 싣고 바다를 돌면서 진미를 나누어주었다. 왕왕 쓰러져 누워 일어나지 못하는 자가 있으면 문득 문을 무느려 불러서 쌀을 주기도 하니 감동하고 기뻐하지 않는 자가 없었으며 눈물을 흘리는 자까지 있었다【영조 32년(1756) 봄이다】.

소한 10일 전에 진제조례賑濟條例와 진력 한 부를 작성해서 여러 면에 배포할 것이다.

앞의 여러 조항은 모두 새로운 법이어서 늙은 백성들은 또한 듣지 못한 것이다. 의당 한 통을 깨끗이 써서 각 마을에 배포해야 한다(의당 입춘날에 대력大曆이 배포되어야 한다). 그리고 모든 마을에서 각각 글을 알고 일에 밝은 사람을 뽑아 관아에 와서 배우게 하되, 수령은 특별히 지혜로운 형리를 차출하여 수령의 면전에서 상세하고 분명하게 가르쳐 배우러 온 자들이 의심나고 모르는 일이 없도록 한 뒤에, 각각 제 마을로 돌아가서 백성들을 깨우쳐 진제조례를 행할 수 있게 할 것이다. ○ 큰 마을에는 각각 진제조례 한 부씩을 주고 그 부근의 작은 마을은 큰 마을에 가서 듣고 알도록 한다. ○ 무릇 진력은 이날 관에서 배포하고, 이후로는 모든 마을에서 그 법식에 따라서 10일에 한 번씩 정리하여 수령에게 올린다.

소한 3일 전에 수령이 창고에 나가서 그 배치되어 있는 것을 살펴보고 만약 잘못된 것이 있으면 이를 고쳐서 온전하게 만든다.

1)담장에 두른 가시가 무너진 곳이 있으면 다시 온전하게 해야 하고, 문짝이 파손된 곳이 있으면 고치도록 해야 한다.

2)가마솥을 죽 벌여놓는 것은 정연해야 하며, 나무 뚜껑과 짚 뚜껑(가마솥의 뚜껑)도 의당 청결해야 한다. 초가집 5칸에 각각 가마솥 하나씩을 걸되 밑을 모두 흙으로 쌓아서 화재를 방지하고, 위에도 흙을 쌓아올려 바람과 추위를 방지한다. 지붕은 의당 두터워야 하고 항아리와 그릇들도 전례에 따라 갖추어 진열해놓아야 한다.

소한 날에 수령은 일찍 일어나 패전牌殿으로 나아가
배례하고 나서 진장에 가서 죽을 쑤어 먹이고
쌀을 지급한다.

이날 패전으로 나아가 향을 피운 다음 네 번 절하고 엎드려 얼마 동안 숙연히 마음속으로 이렇게 아뢴다. "이런 큰일을 당함에 재주가 부족한 소신은 오직 충성과 지혜를 다하여 우리 성상께서 맡겨주신 수많은 적자赤子들의 목숨을 보존하려고 합니다. 하늘이 굽어 살피시니 소신이 어찌 마음을 다하지 않으리까." ○ 이 의식을 마치고 나서 패전의 섬돌에 올라가 앉아서 문무文武의 군교와 아전들을 불러 모두 패전의 뜰에 엎드리게 하고 다음과 같이 타이른다. "만백성은 우리 성상의 적자요, 굶주리는 백성은 그 적자 중에 역경에 처한 이들이다. 모든 문무의 군교와 아전은 이 적자들의 형이니, 우리 아우들이 역경에 처해 죽어가는데 나와 너희들이 어찌 힘을 다해 구제하지 않겠는가. 너희들은 이런 뜻을 알고, 충성과 지혜를 다하여 깨끗하게 한마음으로 이 큰일을 이루어나가야 할 것이다. 만약 속이고 충성스럽지 못하면 성상의 위엄이 바로 눈앞에 있고 천지신명이 둘러서 있으니 참으로 두려워할 일이다. 모두 삼가고 조심하라."

드디어 창청倉廳으로 가서 참알參謁을 받고 나면 곧바로 혼패를 나눠주고, 패기 없는 자는 모두 니기게 한다. ○ 다 니긴 뒤에 괴수고 하여금 사방의 담장 안을 살펴보게 하여 으슥하고 어두운 곳에 패가 없는 자가 숨어 있으면 즉시 처벌한다. ○ 섬돌 앞에 영기令旗 한 쌍을 세운다. ○ 신호포성이 울리면 곧바로 호적號笛을 불고 문졸 한 사람이 깃발을 가지고 나와서 창고 문으로 들어간다. ○ 이에 패를 조사하여 도장을 찍고 나서, 죽을 먹이고 구휼미와 소금을 지급하는 일은 앞에 서술한 바와 같다. ○ 가마솥마다 죽 한 사발씩을 떠서 수령이 먼저 맛보고, 몇 모금 마셔본 뒤에 물러나 좌우 사람들에게 준다. ○ 죽이 묽고 된 것과 간이 짜고 싱거운 것과 미역이 많고 적은 것과 새우가 있고 없는 것을 솥마다 살펴보아서 잘한 자는 칭찬하고 잘못한 자는 주의를 준다.

가난한 선비가 하인이 없어 직접 쌀을 받으러 온 경우에는【사족으로서 의관을 갖춘 자】 따로 섬돌 아래에 앉히고 예의를 차려 죽을 준다. 사족의 부녀자는 사람을 고용하여 구휼미를 받도록 하고, 혹 직접 온 경우 따로 한 구석에 앉히고 죽을 준다. ○ 선조 때 최계옥崔啓沃[17]이 정시庭試에 급제하여 방이 붙은 날 어사화를 꽂고 홍패紅牌를 쥐고서 진청에 나아가 죽을 먹으니 사람들이 모두 기이하게 여겼다【『지봉유설芝峰類說』에 나온다】. ○ 명종 3년에 동서에 진제장賑濟場을 설치하고 상평창을 열어 기민을 진휼하며, 사족의 과부로 몸소 걸식할 수 없는 자에게는 쌀을 그 집에 지급하도록 명령하였으니, 이는 진휼사賑恤使 민제인閔齊仁[18]의 말을 따른 것이다.

입춘 날에는 진력을 고치고 진패를 손질하여 크게 규모를 정리하며, 경칩 날에는 진대를 나누어주고, 춘분 날에는 진조를 방출하고, 청명 날에는 진대를 나누어준다.

---

17 최계옥崔啓沃, 1536~?: 자는 경설景說, 호는 교산蛟山, 본관은 전주全州이다. 선조 때 문과에 급제, 전적典籍을 지냈다.
18 민제인閔齊仁, 1493~1549: 자는 희중希仲, 호는 입암立巖, 본관은 여흥驪興이다. 벼슬은 좌찬성에 이르렀다.

진휼하는 일이 입춘에까지 이르면 장부가 커지니 전의 진력은 다 없애 버리고 묵은 진패를 거두어들인다【1등 2등을 이제 합쳐서 하나로 하기 때문이다】. 대오를 새로 정비하여 고기비늘처럼 정연하게 대隊를 편성하며【면과 리로 차례를 정한다】, 새 진력을 만들고 새 진패를 배부할 것이다. ○ 입춘 10일 후에 재차 검토하여 수정한다【3등이 또 합쳐져서 하나로 되기 때문이다】. ○ 진대 라는 것은 지금의 부환付還이다. 경칩이면 땅이 이미 풀리고 농사가 점차 시작되므로 먼저 양식을 보조하고, 청명이면 봄철이 깊어져서 씨뿌리기 가 바야흐로 급하므로 이에 종자를 보조한다. ○ 진조는 오늘날 발매發賣 라고 하는 것이다. 곡식이 여유가 있으면 내어서 기민에게 판매하고 곡 식이 부족하면 그만둔다.

입하 10일 전에는 진력을 고치고 진패를 정리하여 구휼미 지급을 조금 줄이고【하등급에게서 먼저 진패를 거둔다】, 입하에 또 진력을 고치고 진패를 정 리하여 구휼미 지급을 크게 줄이며【중등급에게서 또 진패를 거둔다】, 망종 하 루 전에는 이에 진장을 철수하는데【상등급에게서 또 진패를 거둔다】 시행하는 의식과 절차는 모두 처음과 같다. ○ 소한에서 망종까지 기간이 언제나 153일이다. 이제 150일로 배정하니 그 남는 날이 3일이다. 그 사이에 구 휼미를 지급하는 날을 혹 하루 차를 두게 하면【상순에는 갑일에 구휼미를 지급 하고, 중순에는 을일에 구휼미를 지급함】 망종에 이를 수 있으니 백성들이 원망 하지 않을 것이다. 이웃 고을은 모두 설이 지난 후에 구휼미를 지급하는 데, 우리 고을은 소한 날부터 지급하니 3일의 차이가 어찌 족히 원망할 거리가 되겠는가.

유리걸식하는 자는 천하의 궁한 백성으로 호소할 데 없는 사람이다. 어진 수령으로서 마음을 다할 일이요 소홀히 여겨서는 안 될 것이다.

중국의 진휼책은 유민을 위주로 하기 때문에 구제를 받아 온전히 살아난 사람이 많은데, 우리나라의 진휼책은 거주민을 위주로 하기 때문에 떠돌이가 되어 구휼을 받는 자는 필경 다 죽게 되니 어찌 슬프지 않은가. 「진휼사목」에 "무릇 유리걸식하는 자를 구제하는 데 드는 죽·쌀·소금·간장 모두를 수령 스스로 마련해야 하며, 회감會減하지 않는다"라고 나와 있다. 수령이라고 어찌 꼭 어진 사람만 있겠는가? 객관客館 앞의 한곳에 한 척 남짓한 깊이로 둘레 몇 발 정도의 구덩이를 파고, 새끼로 몇 개의 서까래를 얽어 묶은 다음 풀로 겨우 한 겹 덮은 움막을 치고 그 속에 유리걸식하는 자들이 살고 있는 것이다. 위로 눈이 들고 옆으로 바람이 쳐서 살을 에는 추위를 견디기 어려운데 물 같은 죽에는 겨와 흙이 반이나 섞여 있다. 옷이라고는 삽살개 꼬리 같아 음부도 못 가린 채 머리가 헝클어지고 얼어터진 피부, 그 꼴이 마치 '까마귀 귀신〔烏鬼〕' 모양이다. 나팔 소리 한 번 나면 돼지새끼처럼 모여들어 얻어먹고 흩어지며, 구걸을 나가면 밥 한술 얻지 못한다. 저녁이 되면 한 구덩이에 모여 자는데, 몸을 꾸부리고 꿈틀거리는 것이 마치 똥구더기 같다. 서로 짓밟아 약한 자는 깔려 죽고 병을 서로 옮겨 전염병이 성행한다. 감독자는 이를 혐오하여 죽는 것을 다행으로 여긴다. 하루에 수십 명씩을 구렁에 갖다버리니, 까마귀와 솔개가 창자를 쪼아 먹고 여우와 이리가 피를 빨아먹는다. 천하에 원통하고 비참함이 이보다 심한 것은 없다. 또 거주민 가운데 진휼을 받는 자가 쇠약하거나 수척하면 원망과 비방이 일어나고 상급 관청이 그 잘못을 책망하는데, 유리걸식자가 죽는 것은 예삿일로 보고 문책하지도 않고 수령도 거리낌없이 등한시한다. 중국의 법과는 너무도 판이하다.

어떤 이는 어질지 못한 논리를 펴기도 한다.[19] "무릇 유리걸식하는 자는 모두 무용지물이고 하늘이 버린 자로 나라에 쓸모없는 존재이다. 게을러서 생업이 없고 도둑질을 타고난 일로 삼으니 거두어 길러도 곡식만 낭비할 뿐, 결국 다 죽고 말 터이니 수고만 하지 공이 있을 수 없다. 차라리 아주 곤궁하게 만들어 구휼미도 주지 말아서 죽음을 재촉하는 것만 같지 못하다. 그들에게도 슬플 것이 없고 나라에도 애석할 것이 없다." 아, 이 무슨 소리인가? 풍년에는 유리걸식하는 자를 볼 수 없고 마을에 양민만 있는데, 흉년이 되면 이런 무리를 보게 되니 이들도 본래는 양민이었고 버려진 자들이 아님을 알 것이다. 한갓 육친이 흩어져 없어지고 사방의 이웃들도 거절하여 홀아비·과부·고아·불구자로 의탁할 곳이 없어, 마름[萍]처럼 떠다니고 쑥대처럼 굴러다니다가 이 지경에 이른 것이다. 굶주림이 쌓이고 오랫동안 얼어서 그 어진 본성을 잃고 염치가 모두 없어지고, 총명과 식견도 드디어 어두워져 괴물이나 짐승처럼 되어 사람들로 하여금 염증이 나게 하는 것이지, 어찌 처음부터 달랐겠는가? 하늘이 그 게으름을 싫어하여 이런 고통을 받게 하는 것이라면, 탐관오리들은 하늘이 어찌 싫어하지 않고 지닌 낙을 누리게 하는 것인가? 이는 모두 어질지 못하고 사리에 맞지 않는 말이니 논할 것이 못 된다. 부모가 게으른 자식이 미워 매질하면, 그 형 된 이는 아우를 거두어 어루만지며

---

19 이 대목이 원문에는 앞에 이어져 있으나 독자의 이해를 위해 번역에서 단락을 구분 지었다.

죽과 미음을 권하는 것이 효도요 우애이다. 그렇지 않고 덩달아 꾸짖고 구박해 문 밖으로 내쫓는다면, 부모는 측은히 여기며 형을 미워하게 될 것이다. 이치가 이미 이와 같으니 수령은 마땅히 유리걸식하는 자를 거두고 어루만져주어 하늘의 노여움을 풀어야 한다. 장횡거의 「서명西銘」[20]에 "홀아비, 과부, 고아, 늘어 자식 없는 자, 곱사등이, 불치병자들도 모두 우리 형제 중에 역경에 처해 호소할 데가 없는 자들이다"라고 하였으니, 사람들이 참으로 장횡거처럼 마음먹는다면 유리걸식자를 구제하는 일이 반드시 지금과 같을 수는 없을 것이다.

농사의 풍흉이 이미 드러나면 추분에 수령은 미리 읍내의 후미진 곳에 작은 집 서너 채를 세내어 "동지에는 반드시 와서 살 자가 있을 것이니 너희들은 이사하였다가, 내년 망종에 일시 와서 살던 사람들이 가고 나면 돌아오너라" 하고 약속을 한다. 흉년에 형세가 급하면 반드시 좋아하며 응할 자가 있을 것이다. 만약에 좌우의 사람들이 "집은 구하여 무엇 하려는가"라고 물으면, 수령은 "훗날에 반드시 와서 살 자가 있을 것이다"라고 대답한다. 그것을 유걸원流乞院이라 이르지 않는 것은 먼저 소문이 멀리 퍼져 모여드는 자가 너무 많으면 제대로 수용할 수 없을까 염려해서이다. ○ 동지 후에 유리걸식자가 점차 모여들면 수령은 따로 집 한 채를 빌려서 우선 죽을 먹이고, 크게 모이면 가을에 사두었던 집을 청소하여 그들로 하여금 들어가 살게 하고는 따로 인자하고 후덕하며 일을 잘 아는 사람을 뽑되, 아전이나 군교 중에서 정해 감원監院으로 삼는다. 또 낫 수십 자루를 준비해놓고 날씨가 온화할 때마다 감원이 그들 중

---

20 「서명西銘」: 중국 송나라의 학자인 횡거橫渠 장재張載의 글. 인의仁義의 근본을 논하는 내용으로 사해동포라는 보편적인 인간애와 구체적인 보호의 뜻을 담고 있다.

에 장정 수십 명을 거느리고 풀밭에 가서 땔감 한 다발씩을 베어다가 유걸원에 불을 때고 남는 것은 팔아서 쌀을 산다. 그중에 나무를 잘하는 자는 구휼미로 주는 밥을 늘려주고, 그 다음은 죽을 더 주고[작은 사발 하나를 더 준다], 게으른 자는 죽의 양을 줄이고[그릇이 차지 않게 함], 노력을 더욱 부지런히 하는 자는 따로 옷가지를 주어 그들을 격려 권장한다[현종 10년에 진휼청에 명하여 춥고 배고픈 사람에게 옷가지를 주되 차등 있게 하였다]. 또 토정土亭의 법[21]을 써서 짚신을 잘 삼는 자에게는 짚과 왕골을 대주고, 아울러 감원으로 하여금 팔아서 쌀을 사게 하여 구휼미를 더 주기도 하고 옷가지를 마련해주기도 하되, 모두 그들이 원하는 대로 따를 것이다. ○ 그들 중에 도둑질하고 사기하며 도리를 어기고 법을 어지럽힌 자는 군관이 잡아다 고을의 경계 밖으로 추방할 것이다. ○ 그들 중에 본 고을의 백성으로 살던 곳이 분명한 자는 그 마을의 요호에게 데리고 가서 그들로 하여금 거두어 먹이게 하고 권분곡勸分穀 중에서 그 구휼미를 회감하도록 허락할 것이다. ○ 만약 혹 유리걸식자가 많이 모여들면 다시 집 한 채를 청소하여 남녀를 각각 따로 거처하게 하고, 혹 병든 자가 있으면 병자끼리 같이 수용한다. ○ 부녀자로서 밥 짓고 물 긷는 일을 할 수 있는 자는 물을 길어 죽을 쑤게 하고 그 희료餼料를 더 줄 것이다.

정협鄭俠이 안상문安上門[22]을 감독할 때 일이다. 희령 7년(1074)에 날씨기 오랫동안 가물어서 하동·하북·섬서의 유민들이 경성京城으로 밀려 들어왔다. 그는 그 사정을 그림으로 그려 황제에게 글을 올렸다.[23] "안상문

---

21 토정土亭의 법: 토정 이지함이 현령으로 있을 때 유민들을 진휼한 방법. 113면 참조.
22 안상문安上門: 중국 북송 때의 수도인 개봉에 있는 성문.
23 정협이 올린 그림은 유민도流民圖로 일컬어지는 것이다. 유민의 참혹한 정경을 황제에

에서 매일 보는 정경은 전체의 100분의 1도 안 됨에도 눈물을 흘리게 합니다. 하물며 1만 리 밖이야 더 말할 수 있겠습니까."

최일崔逸[24]이 장성부사로 있을 때 일이다. 현종 2년(1661)에 흉년이 들어 죽을 쑤어 널리 굶주린 사람들을 먹이니, 원근의 유민들이 소문을 듣고 모여들었다. 이때 병들고 주린 자 2명이 고을의 경내에서 죽은 사건이 발생했는데, 나라에서 파견한 신하가 이 일을 아뢰었다. 붙잡혀서 마침내 파직이 되었다.

이희문李希文[25]이 선산군수로 있을 때 일이다. 병진년(1676)에 흉년이 들었는데, 그는 염장과 죽을 싣고 새벽에 나가서 밤에야 들어왔다. 그곳 백성들은 굶주려 죽은 자가 없었다.

김홍진金弘振이 신계현령新溪縣令으로 있을 때 일이다. 마침 큰 흉년을 당하여 구휼함에 있어 아침저녁으로 직접 나가보고 기민이 먹을 죽을 직접 맛보며 긴 움막을 만들고 약을 공급해서 살려낸 사람이 많았다. 감사가 나라에 알려 특별히 품계를 올려서 그를 포상하였다.

참판 유의柳誼가 홍주목사로 있을 때 작은 흉년이 들어 떠도는 걸식자 5~6명이 읍내를 돌아다녔다. 그는 이들을 안타깝게 여겨서 마방馬房에 묵게 하며 죽을 먹이고 불을 때주었다. 좌수와 아전들이 "걸식자를 이처럼 편안하게 대해주면 장차 구름같이 모여들 것인데, 누가 이를 다 감당하겠습니까?"라고 말하였다. 며칠이 지나자 과연 수십 명의 떠도는 걸

게 확실히 알도록 하기 위해 긴 화폭에다 사실적으로 그린 것이어서 우리나라에서도 많이 언급되었다.

24 최일崔逸, 1615~1686: 자는 일지逸之, 호는 석헌石軒, 본관은 화순和順이다. 벼슬은 병조·형조의 참판에 이르렀다.

25 이희문李希文: 현종·숙종 연간의 인물로 본문 외의 사적은 알려진 것이 없다.

식자들이 소문을 듣고 모여들었다. 그는 이들을 모두 수용하고 좌우에서 극력 말려도 듣지 않았다. 모여든 자들이 이미 많아지고 나서는 더 모여들지 않았다. 내가 마침 홍주를 간 적이 있었다.[26] 해가 기우는데 마방에 있던 걸식자들이 밖에 나와서 햇볕을 쬐고 있었다. 유 목사는 좌수와 아전들이 한 말을 나에게 들려주고는 "떠도는 걸식자도 그 수에 한도가 있는데, 구름같이 모여든다는 말은 선행을 가로막는 것이다. 내 힘이 미치는 데까지는 우선 받아들이고, 힘이 정 되지 않으면 돌려보내도 되지 않겠나"라고 말하였다. 나는 지금까지 이 말에 마음으로 감복하고 있다.

사망자의 명부는 평민平民[27]과 기민飢民을 따로 각 1부를 만든다.

동지 10일 전에 수령은 여러 면과 리에 영을 전하여, 동짓날 자시(子時, 밤 11시~새벽 1시) 이후로 죽은 자는 그 마을에서 풍헌에게 급히 보고하고, 풍헌은 이 명단을 기록하되 병들어 죽은 자는 '병사病死'라고 주를 달고 굶어 죽은 자는 '아사餓死'라고 주를 단다. 부잣집의 나이 많은 노인이 병으로 세상을 떠났더라도 빠짐없이 다 기록하고, 어린아이가 출생하자마자 바로 죽은 경우라도 빠짐없이 다 기록한다【낙태한 아이는 올리지 말 것】. ○ 농지 후 5일째 되는 날 해시(亥時, 밤 9시~11시) 이선에 사상한 사를 합해 한 문서를 만들어 그 이튿날 수령에게 급히 보고한다. 이후 5일 단위로 망종

---

26 다산은 1795년 7월 26일부터 그해 12월 20일까지 금정찰방金井察訪으로 있을 때 홍주에 간 일이 있다.

27 평민平民 : 여기서 말하는 평민은 기민飢民으로 등록되지 않은 일반 백성을 가리킨다.

날까지 작성하여 이날로 중지한다. ○ 혹시 하나라도 누락되는 경우에는 풍헌과 약정에게 각각 곡식 1두씩을 벌로 징수하여 그 면에서 장사 지내는 밑천에 보조할 것이다【죄가 이임里任에게 있으면 본 마을에서 곡식을 벌로 징수한다】.

기구飢口로 사망한 경우에 희구餼口는 따로 한 문서를 만들고, 대구貸口와 조구糶口[28]는 합하여 한 문서를 만들 것이다. ○ 만약 희구로 사망하면 그 집에서 이임에게 급히 보고하고 이임은 면 진장賑長【곧 각 면의 기민도유사】에게 신속히 보고한다. 면 진장은 이를 받으면 풍헌이 하는 것과 같이 5일치씩 문서를 만들어 수령에게 보고해야 한다. ○ 혹시 1구라도 누락되면 면 진장에게 곡식 1두를 벌로 징수한다【죄가 본 마을에 있으면 이임에게 징수한다】. ○ 구휼미를 받는 집이라도 사망자가 기구가 아니면 풍헌으로 하여금 정리하여 보고하게 할 것이다. ○ 무릇 기호飢戶에서 그 기호 안에 사망자가 발생한 경우 남녀와 성인 노약자를 막론하고 모두 다른 기구로 대충하는데, 혹 성인으로 약자를 대신하거나, 약자로 성인을 대신하거나, 노인과 노인을 서로 대신하거나, 약자와 약자를 서로 대신하거나 할 수 있다. 반드시 그 기호 내에서 기구가 없을 때라야 다른 기호의 사람을 옮겨 채울 수 있다. ○ 매양 구휼미를 지급하는 날에는 1기旗 5대隊의 장이 각각 자기 대 안에 희구 중 사망자의 이름을 적고 그 나이와 날짜를 적어서 직접 수령에게 바친다. 만일 1구라도 숨겨 구휼미를 속여 받아서 다른 일로 인해 발각될 경우 1대 10패는 모두 다 구휼미를 받지 못하게 한다. 이 법은 의당 기일에 앞서 미리 알리며, 세 번 네 번 영을 내려서 인지시

---

28 대구貸口·조구糶口 : 대구는 양곡을 빌리는 자를 가리키고, 조구는 양곡을 파는 자를 가리킨다. 평민과 기민으로 구분해 명부를 작성할 때 이들은 평민에 해당하는 사람들이다.

켜야 할 것이다.

혹 홀아비와 과부로 혼자 살던 자가 사망했는데 별다른 친속親屬이 없어 묻어줄 사람이 아무도 없을 경우에는 구휼미 지급에서 빼지 말고 세 차례 그대로 지급하기를 허용하고 그 마을에서 함께 논의한다. 세 차례의 구휼미를 돈으로 환산하면 1냥이 넘을 것이니 이 돈으로 염하고 장사 지내되 3일을 넘지 않게 하고 받은 구휼미로 그 비용을 갚게 할 것이다.

상사에 보고는 의당 실제 수에 의거해야 하며, 오직 평민으로 병사한 자는 기록하지 말 것이다. ○ 매양 보건대 수령이 기민의 사망에 대해 전혀 살피지 않는다. 향감과 이임이 대략 몇 구□라 보고하는 식으로 책임을 때우면 수령 또한 숨기고 상사에 보고도 하지 않는다. 굶어 죽은 자가 하나도 없다고 위에 보고하여 군주로 하여금 기민의 사망에 관한 실제 숫자를 알지 못하게 하니 이 또한 큰 죄이다. 여러 고을이 모두 숨기는데 나만 홀로 있는 그대로 보고하면 필경 여러 고을은 죄가 없고 나만 홀로 죄를 받게 될 것임을 모르는 바 아니다. 진정賑政은 유독 어느 고을보다 잘하였는데 사망자가 다른 고을보다 많아서 결국 나 홀로 허물에 걸리더라도 이는 천하의 지극한 영예이다. 사군자士君子가 글을 읽고 몸을 닦는 것은 정히 이런 곳에 쓰기 위함이니 한 구도 숨겨서는 안 될 것이다.

기근이 는 해에는 으레 전염병이 발생하니 구제하고 치료하는 방도와 거두어 매장하는 일은 마땅히 더욱 마음을 써야 할 것이다.

구제하고 치료하는 방도와 거두어 매장하는 일은 '병자를 돌봄'(제4부

제5조)과 '상을 당한 자를 도움'(제4부 제4조)에 그 대략이 실려 있으니 마땅히 참고해볼 것이다. ○ 무릇 기호饑戶로 전염병에 걸렸을 경우에는 그 마을에서 면 진장에게 보고하고 면 진장이 수령에게 보고하면, 수령은 곧 약물【성산자聖散子와 정원단貞元丹 등이다】을 환자를 헤아려 지급하되 이웃이 살펴서 구제하고 치료하도록 할 것이다. ○ 무릇 사망자가 있으면 곧 희구에 결원이 있는 것이니, 수령은 전염병에 걸린 자의 명부를 가져다가 매양 병든 호구의 몇 구를 그 결원에 충원한다.

온 집안이 몰사해서 전염될 것이 두려워 아무도 들어가보려고 하지 않는 경우, 그 가호에 줄 세 차례의 구휼미를 그대로 그 마을에 지급해줄 것을 허락하고 그 마을의 상호上戶가 이 곡식을 주관, 사람을 고용해서 염하고 장사 지내도록 할 것이다. ○ 진부賑簿에 들어 있지 않은 자는 의리醫吏²⁹의 약국에 가서 저렴한 값으로 약을 사게 한다. 혹 온 집안이 몰사하여 시체를 거두어줄 사람이 아무도 없는 경우에는 그 마을의 상호에게 지시하여 몰사한 집의 가산을 처분, 사람을 고용해서 염하고 장사 지내주되 3일이 넘지 않게 하고, 염하고 장사한 그 형지形止³⁰를 모름지기 바로 수령에게 보고하도록 한다. ○ 이때를 당하여 수령은 마땅히 10일에 한 번씩 나가보되, 한 필 말에 통인 하나를 데리고 마을을 순행하면서 물색物色을 살피고 사정을 물어서, 혹 친히 병가病家에 들러 환자를 위로하기도 하고 혹 친히 상가喪家를 찾아 장사에 관한 여러 가지를 물어보기도 한다. 측은하게 여기고 아파하는 마음은 반드시 귀로 듣고 눈으로 직접 보아야 비로소 느껴져서 발현되는 바가 있을 터이니, 돌아와 그 마음으

---

29 의리醫吏: 고을에서 의약을 담당한 아전. 관약방이라고 불렀다.
30 형지形止: 사실의 전말 혹은 일이 되어가는 형편.

로 정사를 하면 관아에 깊이 들어앉아 있을 때보다는 크게 진전이 있을 것이다. 무릇 전염병이 옮는 것은 모두 코로 숨 쉬는 데서 연유하는 것이다. 매양 바람 부는 쪽에 앉아 있으면【동풍이 부는 날은 동쪽에 앉는 것이다】 전염되지 않는데, 하물며 이 전염병은 모두 굶주린 데 원인이 있음에랴. 수령은 날마다 쌀밥과 고기를 먹고 지내니 걸릴 까닭이 없다. 사리에 통달한 자는 두려워할 것이 아니다. 아, 자녀가 질병에 걸린 경우 그 부모를 위로하지 않을 수 있겠는가. 이런 때를 당하여 수령이 자주 민간에 나가 어진 정사를 힘써 시행하면 백성들이 감동하여 순종하는 마음이 또한 어떠하겠는가. 그뿐만 아니라 하루의 수고가 만세의 영광이니 무엇이 아까워서 하지 않겠는가. 무릇 이것을 달갑게 행하지 않는 자는 모두 다 어리석고 답답하니 여름철의 매미는 얼음을 알지 못하는 법이다.

유걸창에서 사망이 잇따라 발생할 경우, 감원으로 하여금 날마다 감독케 하여 같이 있는 사람들을 시켜 시체를 메고 들에 나가 큰 구덩이를 파고 묻어서 옛 법과 같이 총총叢塚을 만들며, 또한 모름지기 남녀를 구별하여 혼잡이 없도록 할 것이다. ○ 감원을 신칙하여 흙을 두텁게 덮어 여우와 이리가 밤에 파고 까마귀와 솔개가 낮에 쪼게 하지 말아야 할 것이다.

버려진 갓난아이는 길러서 자녀로 삼고 떠도는 아이는 길러서 노비로 삼되, 아울러 국법을 거듭 밝혀서 상호에게 효유해야 할 것이다.

버려진 아이를 거두어 기르는 법은 '어린이를 보살핌'(제4부 제2조)에 상세히 나와 있다.

숙종 30년(1704)에 진휼청 당상 민진후閔鎭厚가 "외방감진절목外方監賑節目에는 '죽을 주어야 할 기민을 거두어 기른 지 60일이 넘으면 입안立案을 해야 하는바 13세 이하는 그 자손까지 아울러 노비로 삼고, 14세 이상은 그 자신에 한해서 노비로 삼는다'라고 나와 있습니다. 그런데 서울의 진휼청은 당상이 직접 검토해보니 그 일의 체모가 지방과 차이가 있습니다. 그 거두어 기른 기간이 40일 이상이 되면, 15세 이하는 그 자손까지 아울러 노비로 삼고, 16세 이상은 그 자신에 한해서 노비로 삼는다고 되어 있습니다. 그 기간이 40일 이하이면 성년자 미성년자를 막론하고 그 자신에 한해서만 노비로 삼는 것이 타당할 듯합니다"라고 아뢰었다. 임금이 그대로 따랐다〔『비국등록備局謄錄』에 나와 있다〕. ○ 혹 사족士族의 자녀로 유리걸식하는 자를 거두어 길러 노비로 삼게 된 경우 관장이 기근이 다 지나 평상으로 돌아온 뒤에 관에서 돈을 내어 속량贖良을 시켜 양민이 되게 하면 또한 음덕이라 할 것이다〔당나라 태종 때 일찍이 이런 어진 정사가 있었다〕.

당나라 한유韓愈가 원주袁州를 다스릴 때의 일이다. 그곳 사람들이 남녀를 노예로 부리다가 기일이 지나도 속전贖錢을 내지 않으면 그대로 노예가 되게 하였다. 한유는 모두 품값을 속전으로 계산해서 그들 부모에게 돌려보냈다.

補力

제 5 조 민생을 보충하는 방책

농사가 이미 흉년으로 판명되거든 마땅히 논을
밭으로 삼아 일찍이 다른 곡식을 파종하도록 할
것이다. 그리고 가을에는 거듭 권하여 보리를
갈도록 한다.

이는 이른바 대파代播이다. 대파하는 곡식 종류는 몇 가지에 불과하니
하나는 차조黏粟【출속秫粟이다. 남쪽 사람들은 점실黏實이라 한다】요, 다른 하나는
메밀이요, 또 다른 하나는 늦콩이다. 무릇 이 3가지 곡식의 종자는 마땅
히 예년에 미리 수백 석씩 준비해서 뜻밖의 사태에 대비하도록 할 것이
다. 만약 그렇게 하지 못하면 마땅히 백성들에게 일러서 제각기 저장해
두어 가뭄에 대비토록 하는 일 또한 그만둘 수 없다. ○ 순조 기사년(1809)
여름에 농사가 흉년으로 판명되자 조정에서는 영을 내려 메밀을 경작하
도록 권하였다. 남도의 변두리 수십 고을에 메밀 종자가 도무지 없었는
데, 오직 영암군靈巖郡에 메밀 200여 곡이 있었다. 감사가 영을 내려 여러
고을이 나누어 쓰라고 하여, 여러 고을에서 백성들을 거느리고 찾아갔으
나 영암 사람 수천 명이 떼지어 모여서 거절하니 관장도 어찌하지 못해
모두들 서글픈 심경으로 되돌아갔다. ○ 갑술년(1814) 여름에 또 농사가

흉년으로 판명되자 영을 내려 차조를 파종하도록 하였으나 남도 변두리 열 고을에 모두 종자로 할 것이 없었다. 오직 장흥長興의 김씨 집에 차조 300두가 있어, 1승에 15전씩 받고 파니 며칠 사이에 돈 45관[450냥이다]을 얻었다. 원래 값으로는 3관[30냥이다]에 불과한 것이었다. 백성들이 이 일을 눈앞에 보고서도 종자를 예비하는 자가 없었다. ○ 무릇 대파하는 논배미에는 미리 면세해준다고 한 뒤라야 백성들이 기꺼이 대파하려고 할 것이요, 이 영이 명확치 않으면 아무리 권하더라도 백성들은 대파하지 않을 것이다.

주자가 남강군 재임 시에 「구황 권유 문건[勸諭救荒帖]」[1]에서 "올벼는 이미 가뭄으로 많이 손상을 입었으니 어쩔 도리가 없다. 다시 밭에다 메밀과 대맥·소맥을 많이 심어 양식을 삼도록 하라"라고 일렀다. ○ 이시진李時珍[2]은 "메밀은 입추 전후에 파종하여 8, 9월에 수확하는데 그 성질이 서리에 아주 약하다"라고 하였다.

중복 날에 수령은 여러 면에다 공문을 내려 백성들에게 대파하도록 권유할 것이다. 대파의 종자를 힘써 알아보아 구해올 수 있으면 구해오고 사고팔 수 있으면 사고팔도록 하되 백성들과 함께 하기를 마치 불을 끄거나 물에 빠진 자를 건져내듯 급급히 하여 시각을 다투어 처리할 일이요 늦춰서는 안 될 것이다.

주자가 남강군 재임 시에 「대소맥의 파종을 권유하는 공문[諭種二麥帖]」[3]

---

1 「권유구황첩勸諭救荒帖」:『주자대전·별전·공이』에 실려 있다.

2 이시진李時珍, 1518~1593 : 중국 명나라 학자. 자는 동벽東璧이다. 박물학 특히 의학에 조예가 깊어『본초강목本草綱目』이란 대저大著를 남겼다.

3 「유종이맥첩諭種二麥帖」:『주자대전·별전·공이』에 실려 있다. 원 제목은 「재유인호종이맥再諭人戶種二麥」이다. 이하 모두 다산이 간추려 인용하였다.

에서 일렀다. "본 군으로 하여금 여러 차례 대맥·소맥의 파종을 권한 것은 대개 금년의 가뭄이 예전에 비할 바가 아니기 때문이니, 오직 힘을 합쳐 노력함으로써 목숨을 구제해야 할 일이다. 지금 듣고 알아본 바로는 아직도 경작하지 않은 곳이 많다 하니, 이는 아주 거칠고 게으른 자의 소행이므로 헤아려 벌을 내릴 것이다. 이로써 우선 효유하노라." ○「재차 상호를 타이르는 공문〔再諭上戶帖〕」[4]에서 일렀다. "아직도 흙 속의 습기가 마르지 않은 이때를 맞춰 높은 지대의 밭으로 보리를 심을 만한 곳에는 한편으로 보리를 파종하도록 하라." ○ 또 다시「여러 현에 효유한 문건〔勸諭諸縣帖〕」[5]에서 일렀다. "세 현에 이르노니 때맞추어 밭갈이를 해서 대맥·소맥을 많이 파종하도록 하라." 〔鏞案〕 주자가 구황의 정사에 오로지 보리 경작을 권유하되, 방을 붙이고 공문을 보내어 거듭거듭 타이른 것은, 실로 흉년에는 민심이 허탈해져서 살아가기를 기대할 수가 없고 죽음이 목전에 다다라 도저히 내년의 일을 생각할 여유가 없기에, 보리를 파종하라는 권유를 건성으로 들어 넘기기 때문이다. 수령은 마땅히 성심으로 권유하되, 그 종자를 주선해주고 그 농사에 부릴 소와 식량을 마련해주어 힘써 많이 파종하도록 하는 일을 소홀히 해서는 안 된다. 『예기』에 "중추中秋에는 이에 보리 파종하기를 권한다"[6]라고 나와 있으니, 풍년이 든 해라도 본디 보리 파종을 권하는 것이다.

---

4 「재유상호첩 再諭上戶帖」: 『주자대전·별전·공이』에 실려 있다. 원 제목은「재유상호휼하호차대 再諭上戶恤下戶借貸」이다.
5 「권유제현첩 勸諭諸縣帖」: 『주자대전·별전·공이』에 실려 있다. 원 제목은「취회제현지현하향권유포종여하시행사取會諸縣知縣下鄕勸諭佈種如何施行事」이다.
6 『예기·월령 月令』.

봄날이 길어지면 공역工役을 일으킬 때이다. 관청이
허물어져 수리해야 할 일이 있거든 마땅히 이때에
시작해야 할 것이다.

범중엄范仲淹이 절서 지방을 다스릴 때의 일이다. 황우皇祐 2년(1050)에
오吳 땅에 큰 기근이 들자 그는 백성들에게 다투어 물을 건너오게 하였
다.[7] 그 자신 날마다 호숫가에 나아가 잔치를 베풀어 봄부터 여름까지 백
성들이 동네를 비우고 나가 놀았다. 그는 또 여러 사찰에 토목공사를 크
게 일으키게 하면서 "기근이 든 해에는 공임工賃이 훨씬 싸게 든다"라고
설득하였다. 그러고도 창고와 관사官舍를 중수하여 매일 1000명의 인부
들을 동원하였다. 감사가 황제에게 "항주에서는 황정을 돌보지 아니하
고 흥청거리고 놀기에 절제가 없으며, 공사 간에 공역을 일으켜 민력民力
을 소모합니다"라는 내용으로 탄핵했다. 이에 범중엄이 스스로 조목조목
들어 아뢰었다. "잔치를 벌이고 공역을 일으키는 까닭은 여유있는 재물
을 내어 가난한 자들에게 혜택을 주고자 함이니, 음식이 거래되고 공인
과 일꾼으로 동원되어 공사 간에 벌어먹는 자들이 날마다 무려 수만 명
이 되므로 황정의 시행이 이보다 더할 수가 없습니다." 그해에 절동·절서
가운데에서 오직 항주만 안정되어 백성으로서 유망하는 자가 없게 된 것
은 모두 그가 베푼 혜택이었다.

---

7 절서는 지금의 절강성의 서쪽으로 항주를 중심으로 한 지역이다. 호수는 서호를 가리킨
다. 그리고 오 땅은 지금의 강소성 소주蘇州 지역인데 항주와는 가까운 곳이다. 그래서 그
곳 사람들에게 물을 건너오게 한 것으로 추정된다.

『자경편自警編』에 나와 있다. "보양莆陽[8]의 어느 절에서 큰 탑을 세우는데 공사비가 수만이나 되었다. 어떤 이가 진정중陳正仲[9]에게 '이 같은 흉년을 당하여 무익한 토목공사를 일으키니, 그대는 어찌 상부에 고하여 이 일을 중지시키지 않는가'라고 하였다. 진정중은 웃으며 '절의 중들이 어떻게 자기들 손만으로 탑을 세울 수가 있을 것인가. 모두가 이 지방 사람들을 고용하여 하는 일이니, 부잣집에서 재물을 거두어다가 가난한 자들에게 풀어주는 셈이다. 이는 가난한 백성들이 의지해서 밥을 얻어먹고 그 덕분에 탑 하나를 얻게 되는 것이다. 이 같은 흉년을 당하여 절에서 탑을 세우지 않을까 두려워 할 따름이다'라고 말하였다."

『정요政要』에 나와 있다. "중국 송나라 법에는 재해가 발생한 지역에 가령 논에다 수리시설을 한다든가 성황城隍·도로·제방의 토목공사를 일으킨다든가 나무를 심는 따위로 공사를 일으켜 인부를 모집할 만한 일이 있는 경우에는 감사가 미리 거기에 소요되는 공사비나 전곡錢穀의 수량을 검토 계산하여 그 이해를 갖추어 황제에게 아뢰게 되어 있다. 효종孝宗 때에 절동 지방에 큰 기근이 들었는데, 주자가 그곳의 제거提擧로 있으면서 기민을 모집하여 수리공사를 일으키자고 청하였으나 조정에서는 어렵다는 논란이 있었다. 주자는 재차 요청하되, '해마다 가뭄이 들면 국가에서는 창고를 열어 진휼하는데, 만약 그 액수보다 조금만 더 보태어 백성을 모집하여 공역을 일으키는 재원으로 삼는다면 재난을 구제하고 이익이 생기는 방도를 일으키는 일거양득의 효과가 있습니다. 신이 보건대, 이르

---

8 보양莆陽: 보전莆田이라고도 하는바, 중국 복건성 소재의 옛 현의 이름.

9 진정중陳正仲, 1134~1216: 중국 송나라 때 사람 진당陳讜. 정중正仲은 그의 자, 호는 숭신崇信이다. 벼슬은 전중시어사殿中侍御史에 이르렀다.

는 곳마다 들판이 극히 황량하게 되어 있으나, 오직 저수지가 있는 곳에는 벼가 무성하고 이삭이 잘 영글어 풍년과 다름이 없습니다. 이로써도 수리시설을 도모하지 않을 수 없음을 알게 됩니다. 만약 각 촌村 각 보保에 제각기 저수지의 이로움이 있게 한다면 민간에서는 영구히 유망하거나 굶어 죽는 근심이 사라질 것이요, 국가도 또한 영구히 조세를 감면해주거나 창고를 열어 진휼하는 비용을 덜게 될 것입니다'라고 하였다."

참판 이후산李後山[10]이 강원도 관찰사로 있을 때의 일이다. 큰 기근이 들었는데, 감영이 임진왜란에 불탄 뒤 오래도록 복구되지 못하고 있었다. 그가 "옛사람들은 흉년을 당하여 토목공사를 일으켰으니 그 또한 한 가지 방도이다" 하고는 드디어 감영의 쌀과 포를 내어 굶주리는 백성을 모집하니, 이르는 자가 운집하였고 몇 달이 지나지 않아 공사가 끝나게 되었다.

백성의 식용에 보탬이 될 구황식물로서 좋은 것을
골라 향교 유생들에게 몇 가지를 채취하게 하여
두루 보급하도록 한다.

범중엄이 강회江淮 지방을 안무安撫하는데 당시 큰 기근이 들었다. 백성이 먹는 오매초烏昧草를 위에 올려보내 육궁六宮에 두루 보여 사치를 경계하도록 하였다. ○ 양신楊愼[11]이 "맥麥이란 글자는 '매昧'라는 음도 있다. 오

---

10 이후산李後山, 1597~1675 : 자는 자고子高, 호는 설파雪坡이다. 효종·현종 때의 문신. 황해도와 강원도의 관찰사, 개성유수를 지냈다.
11 양신楊愼, 1488~1559 : 중국 명나라 문인이자 학자. 자는 용수用修, 호는 승암升菴이다. 여

매초란 것은 지금의 연맥燕麥을 이르는데, 회남에서는 '麥(맥)'을 '매'로 발음하는 고로 음을 따라 글자를 붙인 것이다"라고 하였다. 혹자는 "연맥은 곧 야직野稷이다. 양신은 이를 상고하지 못한 것이다"라고도 말하였다.[12]

범순인이 경주를 맡아 다스릴 때의 일이다. 큰 기근이 들어 오곡의 종자가 다 없어졌고, 관의 비축도 한도가 있어 바야흐로 양곡을 댈 수가 없을까 두려워하고 있었다. 마침 이해 가을에 다북쑥이 나서 온 들판을 덮었는데 그 열매가 조[粟]와 비슷해서 먹을 수 있었다. 수확해 들인 것이 지천이었는데 백성들이 먹고 난 나머지를 범순인이 관에서 사들이게 하였다. ○ 제지란齊之鸞[13]이 섬서첨사陝西僉事로 있을 때의 일이다. 유민들이 다북쑥을 채취해가는데 다북쑥에는 면綿·자刺의 두 종류가 있으며 그 열매로 국수를 만들어 먹을 수 있어 굶주린 백성이 그에 의지하여 살아온 것이 5년이었다. 그런데 국수를 만들어 먹은 사람들 중에 가래가 끓고 입이 부르트며 배가 뒤틀리고 구토를 하는 자가 있는 것을 보고, 그는 며칠이 지나 마침내 가난한 백성들의 곤박한 모습을 기록하고 다북쑥 종자를 취하여 함께 봉하여 갖다 바쳤다.

정의부鄭毅夫의 「부자를 캐다[採鳬茈]」[14]라는 시에 일렀다. "아침에 광주리 끼고 나가 저녁이면 광주리 끼고 돌아온다오. 열 손가락에 피가 흘러도 눈앞의 굶주린 모습 마음이 더 급하다오. 관의 창고에 어찌 곡식이 없

기 내용은 그의 저서인 『단연총록丹鉛總錄·화목花木』에 실려 있다.

12 오매초烏昧草는 중국에서 학명으로 야연초野燕草이라 하는 것이다.

13 제지란齊之鸞: 중국 명나라 인물. 자는 서경瑞卿이다. 29세에 진사가 되어 하남안찰사河南按察使를 지냈다. 저술로『용천집蓉川集』이 있다.

14 「채부자採鳬茈」: 흉년에 부자라는 나물을 캐는 정경을 그린 시편. 부자는 습지에서 자라는데 물오리가 그 뿌리를 즐겨 먹는다 함. 鳬(자)=茈(자).

으랴. 알알이 보배처럼 감추어 있지요. 하지만 한 톨도 창고에서 나오지 않고 창고 속의 쥐들만 살찌우지요." ○ 왕망王莽 때에 큰 기근이 들어 백성들이 부자를 먹었다. 정협이 이 시를 지은 것은 대개 왕안석王安石을 왕망에 비유한 것이요, 당시 사람들이 곧 부자를 먹었다는 뜻은 아니다.

왕형공王荊公이 참정參政으로 있을 때의 일이다. 회淮·절浙 지방에 큰 기근이 들었는데 이보李溥가 발운사發運使로 있으면서 예하 군현에 공문을 보내되, 후박厚朴과 볶은 콩을 가루로 만들어 굶주린 백성들의 다물린 입을 열리게 만들었고, 지오紙襖【오襖란 포袍이니 옷처럼 몸을 쌀 수 있는 것이다】를 많이 만들어 빈민들에게 입도록 하였으며, 방을 붙여 부민들에게 권하여 돈을 내어 복전福田을 마련하라고 하였다. 어떤 이가 "동남 지방 백성은 다문 입이 열렸고 지오를 얻어 옷을 삼게 되었으며, 아울러 복전을 얻었으니 살아가기에 염려하지 않아도 된다"라고 하였다. 감사가 이를 심히 부끄러워하고 대관이 상소하여 임금께 아뢰어 모두 좌천을 시켰다.

송나라 휘종 때 하북과 산동 지역에 해마다 흉년이 들어 백성들은 느릅나무 껍질【『본초本草』에 "느릅나무의 흰 껍질은 흉년에 사람이 곡식 대신 먹는데 가루로 만들어 물에 타서 마신다"라고 하였다】과 들에 나는 나물을 먹었다.

개묘蓋苗[15]가 제령판관濟寧判官으로 있을 때의 일이다. 마침 흉년을 만나 군부郡府에 아뢰었더니, 군부에서는 개묘를 중앙으로 보내었다. 그가 몸소 호부戶部에 이르러 산곡히 청하였으나 호부에서는 난색을 표했다. 그는 중서성의 대청 아래에 엎드려 겨로 만든 떡을 내보이면서 "제령 백성은 모두 이것을 먹는데, 이것도 구해 먹을 수 없는 자가 많습니다. 어

---

15 개묘蓋苗, 1290~1347: 중국 원나라 때 인물. 자는 운부耘夫이다. 섬서행대陝西行臺 어사중승御史中丞을 지냈는데 선정善政이 많았다.

찌 가만히 앉아서 구제하지 않을 것입니까?" 하고는 눈물을 흘렸다. 재상이 크게 감동하여 재해를 입은 자들 모두 진휼을 받게 되었다.

이태연李泰淵이 전라감사로 있을 때의 일이다. 때마침 큰 흉년을 만나자 그는 상소하여 굶주린 백성들의 사정을 갖추어 설명하면서 아울러 그들이 먹는 풀 열매를 바치고는 이어서 공부貢賦를 감면하여 백성들이 힘을 펼 수 있도록 청하였다. 한편 죽실竹實과 해조海藻를 미리 저장해두어 백성들의 식량에 보태고 또한 승려들을 모아 길가에서 죽을 끓이도록 하여 몽집蒙輯[16]들을 살려내었다.

명종 9년(1554)에 진휼청에서 아뢰었다. "곡식을 저축하여 굶주리는 백성을 진휼하는 것이 황정荒政의 근본이지만, 곡식이 모자라 백성이 굶주리게 되면 앉아서 보고만 있을 수 없는 노릇입니다. 세종대왕께서는『구황벽곡방救荒辟穀方』[17]을 편찬하여 온 세상 백성의 목숨을 구제하였습니다. 가령 솔잎은 사람의 위장에 좋고 수명을 늘려주어 오곡에 못지않으니, 이는 실로 백성을 구휼하는 좋은 처방입니다. 서울 사람들은 풍습이 사치를 숭상하여 죽 먹기를 부끄럽게 여기니, 아침에 잘 차려 먹고 저녁에는 양식이 떨어지는 꼴이 됩니다. 지금 이 좋은 처방으로 엄히 신칙하지 않으면 또 폐기되어 행해지지 않을 것입니다. 서울은 한성부와 5부에서, 여러 지방은 관찰사와 수령들이 각기 나무에 새겨 인쇄해서 두루 알

---

16 몽집蒙輯: 어리고 가난한 사람들을 가리키는 말.『주역』의 둔屯괘와 몽蒙괘에서 유래한 것으로 보임.

17 『구황벽곡방救荒辟穀方』: 곡물 이외에 먹을 수 있는 식물, 예를 들면 솔잎 따위를 먹으며 기근을 견디는 처방. 세종이 지은『구황벽곡방』은 현재 전하지 않는데, 본문에 나오는 명종 9년(1554)의 기사에 따라 그 가운데 긴요한 내용을 뽑아 국문으로 번역 간행한 책이 『구황촬요救荒撮要』이다.『구황촬요』는 1책으로 후세에 널리 보급되었다.

려 모르는 사람이 없도록 하고, 관찰사·경차관敬差官·도사都事가 사람을 만나는 대로 캐물어 잘 모르는 자가 있으면 그 담당 아전을 논죄하며, 그런 자가 많을 경우에는 아울러 수령의 고과에 반영하도록 해야 합니다. 지금 또한 이에 의해서 솔잎 먹는 방법을 목판에 새겨 널리 알리도록 하소서." 임금이 이에 따랐다. ○ 현종 12년에 큰 기근이 들었다. 좌승지 이단하李端夏[18]가 상소하였다. "오곡 이외에 초목 중에서는 솔잎보다 나은 것이 없습니다. 제가 듣건대, 임진왜란 직후인 선조 26년(1593)에 죽을 끓여 먹일 때에 솔잎가루 10분分을 쌀가루 1분分에 섞어 먹였다고 합니다. 금년에 죽을 끓일 양곡은 대개 한 사람당 쌀 2홉뿐입니다. 2홉의 쌀을 가루로 만들면 5홉이 되는데, 5홉이면 다섯 사람을 먹일 수 있으니, 한 사람이 먹을 것을 다섯 사람에게 나누어 먹이게 되면 또한 크게 유리하지 않습니까. 다만 고을에 따라 혹은 솔잎죽을 끓이기도 하고 혹은 쌀죽을 끓이기도 하면, 굶주린 백성은 반드시 찾아가거나 피하는 데가 있을 것입니다. 관장으로서 솔잎죽을 끓여 먹이려 하다가도 굶주린 백성들이 일시 비난하고 칭송하는 말에 좌우되어 착실하게 거행할 수가 없을 것입니다. 쌀이 없어지고 난 후에는 비록 다시 솔잎을 이용하려 해도 거기에 함께 섞을 쌀이 없으니 다시 어찌할 수가 없게 됩니다. 저의 의견으로는 먼저 서울에서부터 우선 솔잎죽을 끓여 먹이고 쌀죽은 아예 끓이지 말도록 해야 합니다. 솔잎죽을 먹으려 하지 않는 자는 정말로 굶주린 백성이 아니니 마땅히 물리쳐야 할 것입니다. 역시 지방에서도 오직 솔잎죽을 끓여 먹인다면 쌀이 적게 들고도 살려내는 백성은 무한히 많아질 것입니다."

18 이단하李端夏, 1625~1689: 자는 계주季周, 호는 외재畏齋, 택당澤堂 이식李植의 아들이다. 좌의정을 지냈고 저서에 『외재집畏齋集』이 있다.

숙종 21년(1695)에 교서를 내렸다. "금년 같은 큰 흉년은 예로부터 일찍이 없었던 바요, 흉년의 위급함을 구제하는 데에는 도토리〔橡實〕만 한 것이 없다. 그래서 궁궐 내에 분부하여 도토리를 주워 모으도록 하였으나 그것조차 결실이 좋지 않아 겨우 20두를 모았을 뿐이다. 원래 뜻이 백성을 구제함에 있으니 그 많고 적음에 어찌 구애될 것인가. 특별히 이를 진휼청에 내린다."

『구황본초救荒本草』[19]에 나와 있다. "도토리를 껍질을 벗겨서 익혀 먹으면 사람에게 아주 유익하다. 사람의 속을 실하게 하여 굶주리게 되지 않으니, 흉년을 넘길 수 있는 것이다."

『구황본초』에 나와 있다. "칡뿌리를 캐어 가루로 만들어 먹으면, 곡기를 끊어도 주리지 않는다." ○ 순조 9년(1809)에 기근이 든 데다 전염병이 크게 번져 바다의 섬들도 피하지 못하였다. 오직 보길도甫吉島[20]의 백성들은 무사하였다. 이 섬에는 칡이 많아 백성들이 모두 갈분을 만들어 겨울부터 봄까지 양식을 삼았기 때문이다. 갈분은 구황뿐만 아니라 전염병을 막는 데도 효과가 있었다. 보길도에 오직 한 집만 양식이 있어 갈분을 먹지 않았는데, 그 집 사람들만 전염병으로 죽었다. ○ 백포白浦[21]에 있는 윤씨촌에 두 백성이 몹시 가난하여 겨울부터 봄까지 갈분을 양식 대신으로 삼은 자가 있었는데, 온 마을이 다 전염병에 걸렸으나 이 두 백성의 집만

---

19 『구황본초救荒本草』: 중국 명나라 주숙朱櫹이 편찬한 8권의 책. 이시진의 『본초강목』에 실린 식용식물을 중심으로 여러 가지를 보충하여 편집한 것으로서 그 후 육동陸東이 증보하고 호승胡乘이 개편하였는데, 기근을 구제할 만한 식물 450종을 들어 서술하였다.

20 보길도甫吉島: 전라남도 완도군 소속의 섬. 윤선도尹善道가 이곳에 들어가 개척을 하였고 이후로 그 후손들이 살았다.

21 백포白浦: 전라남도 해남군에 있는 지명. 윤선도 후손의 한 파가 이곳에 세거하여 이름난 마을이 되었다.

이 면하였다. ○ 이 두 가지 일은 내가 직접 본 바다.

『구황본초』에 나와 있다. "검은콩 5되를 씻어서 3번 쪄서 햇볕에 말리고 껍질을 벗겨 가루로 만들고, 삼씨[大麻子] 3되를 끓는 물에 담가 하룻밤 재웠다가 걸러내어 말리고 3번 쪄서 입이 열리면 껍질을 벗기고 가루로 만든 다음 찹쌀죽에 섞어 반죽하고 쪄서 떡을 만들어 먹으면 곡식을 먹지 않아도 살 수 있다."【자세한 것은 『동의보감東醫寶鑑』에 실려 있다】

『왕씨농서王氏農書』[22]에 나와 있다. "벽곡辟穀의 처방은 석각石刻에 보인다. 홍수나 가뭄 혹은 병충해로 인해 농사를 망치는 일은 어떤 나라에나 대대로 있어왔으니, 심한 경우 돈을 가지고도 양식 구하려면 목이 빠지도록 기다려야 했고 자식을 바꾸어 잡아먹는 지경에 이르렀다. 백성을 다스리는 자로서는 불가불 벽곡의 처방을 알아야 할 것이다. 옛날 서진西晉 혜제惠帝 때인 영령永寧 2년(301)에 황문시랑黃門侍郎[23] 유경선劉景先이 나라에 아뢰기를 '제가 태백산太白山의 은자를 만나 굶주림을 구제하는 벽곡선방辟穀仙方[24]을 전수받았는데, 저희 집안의 어른과 아이 70여 식구가 다시는 별다른 음식을 먹지 않아도 되었습니다. 만약 이것이 사실이

---

22 『왕씨농서王氏農書』: 중국 원나라 세조 때 관의 명령으로 왕정(王禎, 1271~1368)이 편찬한 『왕정농서王禎農書』를 가리킴. 중국 화북 지역의 농법을 집성한 『농상집요農桑輯要』와 강남 지역의 농법을 집성한 『농서農書』를 참작하여, 남쪽과 북쪽에서 발달한 농법의 장단점을 상보함으로써 중국 전 지역의 농업 생산 방법을 정비, 강화하려는 취지에서 편찬한 책이다. 원나라 본은 37집集이며, 명나라 본은 36권이다. '농상통결農桑通訣' '백곡보百穀譜' '농기도보農器圖譜' 등 세 부분으로 구성되어 있으며, 따로 '잡록雜錄'이 첨부되어 있다.

23 황문시랑黃門侍郎: 중국 진秦·한漢 이래 당까지 설치되어 있던 고위 관직. 내시직으로 수상인 시중侍中과 함께 임금을 가까이에서 모시면서 여러 정사를 관장하였다.

24 벽곡선방辟穀仙方: 벽곡辟穀이란 선도仙道를 수련하기 위해 혹은 기근을 견디기 위해 곡물 이외의 다른 식물로 연명하는 방법을 의미한다. 벽곡선방이란 이를 위한 좋은 처방이라는 뜻.

아니라면 저의 온 집안이 벌을 달게 받겠습니다. 그 처방은 대두大豆 5두와 삼씨 3두를 가지고 하는 것입니다'라고 하였다.” ○ 이는 앞과 같은 처방이다. 이 처방은 『동의보감』에 있으므로 여기서는 생략한다. 우리말로 삼은 대마 혹은 저마苧麻라고도 하는 것이다. 案 서광계徐光啓의 『농정전서農政全書』에 『구황본초』의 수십 편이 옮겨져 있는데, 그 가운데는 채용할 만한 것이 많다. 마땅히 고을 안의 유생들로 하여금 마음을 써서 백성들에게 권유토록 할 일이요, 수령이 직접 명령을 내려 백성들의 비웃음을 사는 것은 좋지 않다.

> 흉년에는 도적을 제거하는 정사에 힘을 써 소홀히
> 해서는 안 되지만, 실정을 알고 보면 불쌍해서 죽일 수
> 없을 것이다.

왕증王曾이 낙양을 다스리고 있을 때의 일이다. 흉년이 든 해에 창고에다 곡식을 쌓아둔 자가 있었는데 굶주린 백성들이 떼지어 위협을 가하고 곡식을 빼앗아갔다. 이웃 고을에서는 이런 경우 강도로 논죄하여 죽임을 당한 자가 많았으나, 왕증은 매질만 하고 풀어주었다. 원근의 고을에서도 이 사실을 듣고 본받아 그냥 살려준 자가 수천을 헤아리게 되었다. 案 왕증의 이 일을 법으로 본받아서는 안 된다. 도적을 제거하는 일은 『주례·대사도』에 나오는 황정荒政 12가지 중 하나인데 그렇게 해서 될 일인가. 죽음을 면하게 하는 것은 괜찮다.

왕요신王堯臣이 광주光州[25]를 맡아 다스릴 때의 일이다. 큰 가뭄이 들었는데 도적떼가 백성들의 창고를 털었다. 법으로는 마땅히 죽이도록 되어

있었으나 그는 "이는 굶주린 백성들이 먹을 것을 구한 것이니, 황정에서 불쌍히 여겨야 하는 바이다" 하고는 이에 죽이지 않고 논죄하도록 청하였다. 그 뒤 드디어 법령으로 제정되고 오늘에 이르기까지 운용되고 있다.

송나라 신기질이 호남을 다스릴 때에 진휼의 방문榜文을 다만 여덟 자로 써 붙였다. "남의 벼를 훔친 자는 참형에 처하고 곡식을 풀지 않고 가두어두는 자는 유배 보낸다." ○ 주자는 "신기질이 쓴 두 구절의 방문은 터무니없는 말이다"라고 하였다. ○ 구경산丘瓊山[26]이 말하였다. "남의 벼를 베어 가는 것은 도적질의 시초요 재앙과 난리의 싹이다. 백성은 양식이 떨어지면 아무런 대책이 있을 수 없어 '굶어 죽거나 맞아 죽거나 마찬가지요, 굶어 죽는 것은 맞아 죽느니만 못하다. 하물며 반드시 맞아 죽지 않을 터임에랴' 하고 생각하고는, 곡식을 가진 자가 있으면 떼지어 몰려가서 빌려주기를 애걸하다가 만약 저쪽이 따르지 않으면 마구 겁탈한다. 그러고는 '우리는 도적이 아니다. 굶주림에 쫓겨 부득이 한 일이다'라고 변명한다. 아아, 백주에 남의 물건을 빼앗아 가고도 도적이 아니라고 하다니 될 말인가. 이런 싹이 점점 자라게 놓아두어서는 안 될 것이다. 저들도 관가에 죄 짓는 줄을 알기 때문에, 새처럼 겁내면서 쥐처럼 훔치다가, 호미나 몽둥이를 휘두르며 유요관游徼官[27]들에 대응하게 된다. 불행히 한 사람이라도 상하게 되면 형세가 용납될 수 없어 드디어 변란을 일으키기에 이른다. 유사有司에게 녕을 내려서, 반드시 먼저 방문을 내걸어

---

25 중국 하남성 남부에 있었던 옛 지명.
26 구경산丘瓊山: 중국 명나라 사람인 구준丘濬. 경산瓊山은 그의 출신지를 딴 호이다(1권 94면 주 15 참조).
27 유요관游徼官: 중국 한나라 때 설치한 간도奸盜의 금집禁緝을 맡은 지방 관직. 금도관리禁盜官吏를 지칭하는 말로도 통용된다.

저들의 겁탈하는 행위를 금지하도록 해야 할 것이다."

송나라 진양기가 강주를 맡아 다스릴 때의 일이다. 그때 큰 기근이 들어 어떤 자가 남의 벼를 베어 훔쳐가려다가 그 주인을 상하게 한 일이 있었다. 그 죄는 사형에 해당하였다. 진양기는 "옛날의 황정은 사람들을 구휼함이 극진하였는데, 그러고도 완형緩刑을 베풀었다. 하물며 지금에 있어서랴" 하고는 곧 아뢰어 그의 죽음을 면하게 해주었다. ○ 무릇 큰 흉년이 든 해에는 금년의 추분으로부터 명년의 하지에 이르기까지 형벌을 일체 유보해두는 것이 옳다. 불쌍한 백성들을 어찌 차마 죽일 것인가. 남의 벼를 베어 간 경우에만 그럴 일이 아니다. 정판서丁判書【이름 범조範祖[28]】의 시에 "흉년에 남의 물건 훔치는 행위는 인성으로 논하지 마라. 근세로 와서는 경륜經綸이 관官에 있지 않네"라고 읊었다. 사람들이 일시에 이 시구를 외워 전하면서 지극한 말이라고 하였다.

주자가 「훔치는 행위를 단속하는 글〔約束禁倫文〕」[29]에서 이렇게 일렀다. "해야 할 일과 하지 말아야 할 일을 제대로 지키지 않는 자들이 떼를 지어 모여 남의 벼를 몰래 베어가는 행위가 있을까 우려되니, 예하의 순위사巡尉司[30]로 하여금 엄히 금지시킬 것이다." 案 남의 벼를 몰래 베어 가는 자는 도적이 아니요, 양민으로서 바른 마음을 잃어버린 자이다. 그러나 법을 집행하는 입장에서는 엄금할 수밖에 없는 일이다. 추분에 마땅

---

28 정범조丁範祖, 1723~1801: 자는 법세法世, 호는 해좌海左, 시호는 문헌文憲이다. 홍문관 제학을 지냈고 저서에 『해좌집海左集』이 있다.

29 「약속금투문約束禁倫文」: 『주자대전·별전·공이』에 나오는데 원 제목은 「약속불허투절화곡約束不許偸竊禾穀」이다.

30 순위사巡尉司: 순찰을 맡은 기관. 중국 당송대에 관찰사·단련사·방어사 등의 예하에 두었던 순관巡官.

히 여러 마을에 타일러서 각기 수초루(守草樓, 임시 초소)를 세우되 5루樓를
1보保로, 5보를 1영嶺으로 삼아 서로 마주하여 지키며 딱딱이를 쳐서 호
응하게 할 것이요, 그래도 벼를 몰래 베어가는 자가 있으면 붙잡아 관에
보내 처벌을 받도록 할 것이다.

주제周濟가 안경부安慶府를 맡아 다스릴 때의 일이다. 굶주린 백성들이
모여서 부잣집의 곡식을 훔쳐갔는데, 그 부잣집에서 강도의 겁탈로 고발
하였다. 주제는 "백성들이 굶주린 까닭에 한 짓이다. 마땅히 빼앗긴 수량
을 태수에게 보고하라. 태수가 보상해줄 것이다" 하고는 훔친 자들을 놓
아주었다. 주제가 죽으매 관민官民이 모두 저자를 파하고 길거리에서 곡
을 하였다고 한다.

장순張淳이 영강현永康縣을 맡아 다스릴 때의 일이다. 가뭄으로 흉년이
들자 겁탈이 공공연히 일어났다. 그는 명을 내려 겁탈자를 사형에 처한
다고 하였다. 어떤 이가 쌀 5두를 훔친 일이 있었는데, 그는 거짓으로 다
른 사형수를 끌어다가 곤장을 쳐 죽이고 그 죄를 "쌀을 훔친 자"라고 써
붙였다. 모두들 두려워 복종하게 되었다.

책부복翟溥福이 남강부南康府를 맡아 다스릴 때의 일이다. 앞서 흉년이
들었을 때 백성들이 부잣집 곡식을 함부로 꺼내가고 물에 떠내려온 관官
의 목재를 가져간 일이 있었다. 모두 강도죄에 걸려 죽게 된 자가 100여
명이 되었다. 책부복은 실상을 조사하고 나서 장영杖刑을 가하고 풀어주
었다.

『다산필담』에서 이렇게 기술했다. "기사년과 갑술년 기근 때에 양민이
강도로 변하여 도처에서 수십 명씩 작당하여 모두 종이 가면을 쓰고 밤
에 남의 집을 털어갔다. 병영과 진영, 각 고을의 수령들이 이들 군도를

잡으면 곧 사형에 처하거나 옥에서 굶어 죽게 하였다. 백성들은 그래도 오히려 편하다고 하였다. 살피건대 『대명률大明律』에는 '재물을 빼앗은 강도는 주범과 공범을 구분하지 않고 다 목을 벤다'[31] 라고 하여, 절도[폭력을 써서 빼앗는 것을 강도라 하고, 구멍을 뚫고 몰래 훔쳐가는 것을 절도라 한다]보다 무겁게 하였다. 그러므로 율관律官이 형벌을 정할 때 강도는 죽음이 있을 뿐 살아나지를 못한다. 내가 생각해보니, 이 문제는 고정시켜 적용해서는 안 되는 것이다. 무릇 흉년에 그런 짓을 하는 자는 절도가 별 소득이 없어 이 같은 강도짓을 하는 것이 아니다. 절도는 특별한 재주가 있어야 한다. 벽에 구멍을 뚫거나, 담장을 넘고, 빗장을 부수거나 자물쇠를 열고, 개를 짓지 못하게 하거나, 사람을 도깨비에 홀리듯 만드는 데는 모두 방법과 기술이 필요하다. 보통 사람들이 할 수 있는 일이 아니다. 그러므로 양민들이 모여서 이런 백직(白直, 우직스러움)한 짓을 저지르게 되는 것이다. 절도범은 풍년을 만나더라도 양민이 되지 않으며, 감화를 주어 변화시키려 해도 어쩔 수가 없다. 그런데 흉년에 강도짓을 한 자는 그 다음 해에는 양민으로 돌아간다. 이로 보건대 그들을 죽이는 일은 애석하며, 사정을 알고 보면 불쌍히 여겨야 할 자들이다. 맹자는 '흉년에 젊은이들이 많이 사나워지고 풍년에 젊은이들이 많이 순량해지는 것은 마음이 흔들리기 때문이다'[32] 라고 말씀하였다. 어찌 이들을 황소黃巢나 송강宋江[33] 의 무리에 견주어 같다고 할 것인가? 그러면 어찌 할 것인가? 그들을 먼

---

31 『대명률·형률刑律·도적盜賊·강도强盜』.
32 『맹자·고자 상』에 나오는 말이다.
33 황소黃巢·송강宋江: 황소는 중국 당나라 말기에 반란을 일으킨 인물. 당시 최치원이 그를 토벌하기 위해 지은 격문이 명문으로 평가를 받았다. 송강은 북송시대 농민반란의 지도자이다. 『수호전』은 이 역사 사실을 근거로 소설화한 것이다.

섬으로 나누어 귀양을 보냈다가 풍년을 기다려 풀어주는 것이 바람직할 것이다."

남의 벼를 베어가는 작은 도둑이나 대낮에 남의 집에 들어가서 유기그릇이나 옷가지를 훔치는 자들을 다 죽일 수 없으니 마땅히 방문을 써 붙여 알릴 것이다. ○ 방문은 다음과 같다. "무릇 남의 벼라든가 세간을 몰래 훔친 자의 경우는 장물을 확인한 다음 이임이 본 리里의 상호에게 이름을 밝혀 보고한다. 이는 이미 도둑에 속하므로 진휼을 받을 수가 없다. 비록 진휼 대상으로 뽑혔다 하더라도 절도에 관련되면 그 대상에서 탈락시킨다. 만약 허물을 고쳐 3개월이 지나도록 다시 범하는 일이 없으면 진휼 명단에 도로 끼워준다. 만약 두 번 세 번을 범하고도 끝내 고쳐 뉘우치지 않는 자는 본 리에서 관에 보고하게 하여, 군교가 잡아다가 고을 바깥으로 쫓아내, 단연코 용서하지 않을 것이다."

굶주린 백성으로 방화하는 자 역시 마땅히 엄금할 일이다.

『다산필담』에 나와 있다. "기사년과 갑술년의 기근에 몽집의 사람들이 자기 본성을 잃고 밥 한 그릇, 국 한 사발에 원한을 품고 섶을 들고 이웃집으로 달려간다. 남당南塘[34] 400여 호에 날마다 8~9호씩 불에 타서 열흘이 안 되어 폐허가 되었다. 바닷가의 여러 촌락에 이 우환이 더욱 심하였다. 마땅히 법을 엄하게 밝혀 방을 내걸고 그러한 악습을 근절시켜야

---

34 남당南塘: 전라남도 강진읍 가까이에 바닷가 근처에 있는 지명. 탐진강이 바다로 들어가는 곳에 위치해서 어촌을 이루었다. 남당포로 일컬어졌다.

할 것이다."○ 방문은 다음과 같이 한다. "밥 한 그릇, 국 한 사발에 깊은 원수를 맺어 문득 방화를 하는 자는, 만약 현장에서 포착하거나 혹은 증인이 명백하거든 곧 본 리의 상호에게 보고하여 실정을 조사하되, 그것이 사실인 경우에는 곧 관으로 압송할 것이요, 군교가 끌어다가 고을 바깥으로 추방할 것이다."○ 이런 경우 이 사람은 평상의 이치로서는 책망할 수가 없으니 해당 형률을 적용하여 죄를 줄 수가 없다. 만약 태형이나 장형을 가하게 되면 그 자리에서 죽고 말 것이니, 원래 죽을죄가 아닌데 죽여서는 안 되는 일이다. 그 벌은 불과 고을 바깥으로 축출하는 데 그칠 일이요, 더해서는 안 된다.

『대명률』에 나와 있다.[35] "고의적으로 방화하여 남의 집을 태운 자는 장 100대에 도 3년, 방화하고 재물을 도적질한 자는 참형, 방화로 인하여 남을 살상한 자는 고의적 살인과 같이 판결한다. ○ 방화하여 관이나 민의 가옥, 관청·창고에 쌓아둔 물건을 고의로 태운 자는 모두 참형에 처한다."○ 기사년 기근에 보성군의 창리가 창곡倉穀을 많이 도적질하여 1만여 석에 이르자 드디어 방화하여 창고를 불태워버렸다. 『대명률』에 의거하여 사형에 처했다. ○ 이런 형률 조목은 마땅히 백성들에게 방을 붙여 거듭거듭 알려서 범하는 일이 없도록 할 것이다.

양곡을 소모하기로는 술보다 더한 것이 없으니,
주금酒禁은 그만둘 수 없는 일이다.

---

35 『대명률·형률·잡범雜犯·방화고소인방옥放火故燒人房屋』

흉년의 주금은 지금은 통상의 일이 되었다. 그러나 아전과 군교들이 주금을 빙자하여 백성들을 침탈하고 있으니, 술 담그기는 금할 수가 없고 백성들만 더욱 견딜 수 없게 만든다. 그리고 막걸리는 요기가 되고 길 가는 자에게 도움도 되니 반드시 엄금할 필요는 없다. 다만 읍내의 소주는 아전과 군교들이 난잡하게 주정을 부리는 원료가 되니 불가불 엄히 단속해야 할 것이다. 마땅히 주증酒甑[36]을 거두어들여 누고(樓庫, 다락 곡간)에 보관할 것이요, 아울러 도기점陶器店에 명을 내려 감히 새로 만들지 못하도록 해야 한다. 혹 몰래 소주를 제조하는 자가 있으면 벌금을 징수하여 진휼 물자에 보태도록 할 것이다. 읍내 바깥으로는 오직 창촌倉村과 장터에만 읍내의 예를 적용하면 될 것이다. ○ 서쪽으로 의주로 통하고 동쪽으로 동래東萊로 통하는 길의 연변에는 대체로 동증銅甑【소주가 갑절이나 많이 나온다】을 사용하니, 이는 더욱 금하기가 쉽다.

박정薄征·이채已責[37]는 옛 훌륭한 임금들의 법이었다. 겨울의 환자곡〔還上穀〕 징수와 봄철의 결세結稅 징수 및 민고의 각종 부담과 저리의 사채[38]는 모두 너그러이 늦추어주어 가혹히 독촉하지 말아야 할 것이다.

---

36 주증酒甑: 원주에 "우리말로 소줏고리이다"라고 나와 있다. 발효시킨 술을 달여서 소주로 증류시킬 때에 쓰는 기구. 질그릇으로 만든 것과 구리로 만든 동증銅甑이 있다.

37 박정薄征·이채已責: 박정은 부세賦稅의 징수를 가벼이 하는 일. 이채는 포흠한 공채公債를 탕감해주는 일.

38 저리의 사채: 저채邸債. 경저리京邸吏에게 당해 군현이 진 빚. 비록 명목상으로는 사채라고 하나 대개는 새 수령 맞이 등의 공무와 관련되어 진 빚이므로 당해 군현이 공적으로 갚아주는 것이다.

환자곡은 큰 흉년이 든 해라도 불과 4분의 1만 정퇴(停退, 납부 기일을 물려주는 것)할 수 있으며, 감사監司·통영統營의 환자곡은 정퇴하는 경우가 전혀 없다. 또 법에서 이른바 나눠주지 않고 창고에 보관해두어야 하는 절반의 곡식[折半留庫]도 지금은 창고를 털어 모두 다 나눠주어야 한다. 만약 전혀 거두어들이지 않는다면 내년의 진제에는 더더욱 손을 쓸 수가 없으니 환자곡은 불가불 독촉해야 할 일이다. ○ 수령은 상강 이후부터는 날마다 절박한 사정으로 타일러서 굶주리지 않는 민호는 속히 환자곡을 바치게 하여 진제의 바탕을 마련하되, 간절하고도 온후하게 하여 감동을 준다면 10월 안으로 바칠 만한 자로부터는 다 거두어들일 수 있을 것이다. 도저히 바칠 수 없는 자에게는 아무리 꾸짖기를 추상같이 하고 매질하여 날마다 피를 흘리게 하더라도 도움이 되지 않는다. ○ 환자곡을 거두어들임에 있어서는 그 실제 수량을 확보한 뒤에라야 공적으로 지급되는 곡식과 감영에서 획급하는 곡식을 이에 받아들일 것이며, 진희가 몇 석石, 진대【진대는 지금 부환付還이라고 칭한다】가 몇 석인지를 계산할 수 있으니 늦추어서는 안 된다. 그러나 검독을 내보내서는 안 된다. 검독이란 것들은 승냥이나 호랑이와 같다. 흉년에 승냥이와 호랑이를 풀어놓아 백성을 해치도록 하는 일은 차마 못할 짓이다. 검독을 한번 내보냈다면 나머지는 더 볼 것도 없다. ○ 거두어들이는 곡식이 정한가 거친가의 문제는 오직 봄에 내어줄 때의 곡식을 기준으로 삼을 것이다. 봄에 지급하는 곡식이 정한 것이었으면 의당 더욱 정한 것으로 거둘 일이다. 봄에 내어준 곡식이 거친 것이었으면 너무 정하게 요구하지 말고 받아서 키질하여 관에서 축난 부분을 보충하도록 한다. ○ 정퇴의 수량은 마땅히 거두어들일 기일에 앞서 배정함으로써 반드시 혜택이 민호에게 미치도록 해야 할 것이다. 이는 상편('환곡 장부'(제6부 제3조))에 나와 있다. ○ 흉년에는 아전들이 민호로부터 환곡을 사들이기를 마치 세미稅米를 방납하는 예와 같이 하는 사례[39]가 많으니, 자세히 살펴서 엄금하지 않을 수 없다.

겨울이 되면 틀림없이 상사로부터 독촉하는 관문이 내려오는데 "조정에서 지시한 정퇴 이외에는 '거두지 못했다(未收)'라는 두 자는 보고하지 말라"는 것이다. 추상같은 위엄으로 겁을 주어 장차 덮쳐서 꺾을 듯해도 수령은 의당 털끝 하나 동요하지 말고 한결같이 간절하고도 부드러운 말씨로 백성들을 타이를 것이요, '미수' 대해서는 사리를 따져서 상사에게 보고할 것이다. ○ 보고문은 다음과 같이 쓴다. "위의 명하심을 각별히 준수하지 않으려는바 아니로되 백성들의 실정이 실로 억지로 독촉할 수 없습니다. 껍질을 벗겨도 쭉정이 하나 뜯어내기 어렵고 골수를 긁어도 왕겨 하나 찾아내지 못하는 걸 현령인들 어떻게 하겠습니까. 죄책이 저의 일신에 미칠 것이 실로 두렵지만 울부짖는 정경이 눈앞에 참혹하거늘 어떻게 적악積惡을 할 수 있으리까. '미수' 두 자는 부득불 금하라는 명을 무릅쓰고라도 써서 바칩니다." ○ 비록 이로 말미암아 파직을 당하더라도 달게 받아들일 일이지만, 꼭 그렇게 되지 않음에랴. 1두 1석도 허장虛張(거두어들이지 않고서도 거두어들였다고 하는 것이다)을 부려서는 안 될 일이다. 만약 상사가 그것을 다른 지역에 떼어주는 식으로 한다면 장차 어찌할 것인가.

흉년에 세미를 수납하는 법은 앞의 '전정'(제6부 제1조)에 자세하므로 여

---

39 환곡은 향리가 농간해서 얻는 이득의 커다란 원천이 되고 있었으니, 『목민심서』에 의하면 그 방법이 대략 12가지였다. 그 가운데서 세미稅米를 방납하는 예는 가집加執·반백半白·분석分石·세전稅轉 따위이다(3권 28~44면 참조).

기서는 덧붙이지 않는다. ○ 기사년의 기근에 나산촌蘿山村[40]의 어떤 선비가 세미 바칠 것이 2석이었는데 내지 못하고 죽었다. 검독이 그것을 받아가지고 관에 납부하지 않고 도주해버렸다. 그 마을에서 재차 징수하여 논밭을 전부 팔아서 겨우 상처를 봉합할 수 있었으나, 남은 과부와 자식은 떠돌다가 길에서 굶어 죽었다. 그 본값을 셈해보니 12만 푼[1200냥]이었다.[41] 슬프다. 대신이 공무로 나아갈 때에는 으레 큰 횃불 한 쌍을 밝히는데 그 값이 쌀 2석이다. 지금 대신이 자기 가마에 앞세우는 한 쌍의 횃불 값이 12만 전이나 되는 줄 알 수가 있을 것인가. 백성들의 고통이 이와 같으니, 바라건대 적이 보살핌이 있어야 할 것이다.

민고에서 징수하는 것은 모두가 불법에 속하는 것이다. 원래가 불법인 데다가 아전들이 또한 농간질을 한다. 흉년에는 마땅히 수령이 친히 그 장부를 가지고서 먼저 수령이 쓰는 것부터 모두 감액할 일이요, 그 밖의 조례들로 폐지할 수 있는 것은 모두 폐지하고【가령 순영복정巡營卜定 같은 것이다】 상사에게 따져 보고하여 그 징수를 없애도록 해야 한다. 노자老子가 "소민小民 다스리기는 마치 작은 생선 굽듯 해야 한다"라고 하였으니, 조금만 움직여도 금방 흐트러지기 때문이다. 흉년을 만난 백성은 더욱이 동요시켜서 될 것인가.

이채已責【책責의 음은 채債이다】란 공채公債를 탕감해주는 것이다. 공채도 오히려 그렇거늘 하물며 사채私債야 말할 것 있겠는가. 저채邸債나 영채

---

40 나산촌蘿山村 : 지금의 전라남도 함평군 나산면.
41 나라에 납부할 세미는 2석에 불과했지만 그것을 거듭 징수하는 과정에서 아전들의 부정과 농간이 눈덩이처럼 불어나 결국 12만 전을 받아내기에 이르렀다는 뜻으로 이해된다.

營債[42]는 더 거론할 것도 없다. ○ 대저 소민들의 소송 중에는 들여다보아야 할 내용이 있다. 예컨대 갑은 본디 몹시 가난하고 을은 바야흐로 살림이 새로 늘어났다. 그런데 을이 갑에게 빚을 지고서 갚아줄 의향이 없다. 이런 흉년을 당해서는 의당 을에게 갚도록 독책하여 백성의 힘을 고르게 해주어야 할 것이다. 오직 규정에 얽매여 변통성 없이 "흉년에 빚 받는 일은 모두 금해야 한다"라고만 해서는 안 된다.

---

42 영채營債: 당해 군현에서 공무 관계로 영저리營邸吏에게 진 빚.

竣事

제 6 조 마무리

진휼하는 일을 마칠 즈음에 처음부터 끝까지 스스로 점검하여 저지른 죄과를 하나하나 살필 것이다.

　사람이 두려워해야 할 것은 세 가지이다. 백성이요, 하늘이요, 자기 마음이다. 뜻은 성실하지 못함이 있고 마음은 바르지 못함이 있어, 상사上司를 속이고 국가를 속이고 구차하게 형벌을 피해 이록利祿을 도모하여 교묘하게 꾸미기로 천하제일이라고 스스로 생각한다. 그런데 털끝만 한 사기와 허위까지도 백성은 모르는 것이 없다. 자기의 죄를 알려고 하면 반드시 백성의 말을 들어야 할 것이다. 상사는 속일 수 있고 군부君父는 속일 수 있지만 백성은 속일 수 없다. 천지 귀신이 벌려 서서 환히 비치고 있으니 하늘은 속일 수 없으며, 시치미를 떼고 죽은 듯이 있어도 위로 보면 두렵고 굽어보면 부끄러운 마음은 속일 수가 없다. 백성과 하늘과 마음 이 세 가지에 속이는 바가 없어야 나의 진휼한 일이 아마도 허물이 적다 할 것이다.

　『다산필담』에서 다음과 같이 말하였다. "속리俗吏가 진장賑場을 설치하는 데에는 오도五盜·오익五匿·오득五得·오실五失이 있는데 이 네 가지를 스스로 반성하여 과오를 범하는 일이 없어야 할 것이다.

오도五盜

다섯 가지 훔치는 것이란 ①도희盜饎, ②도대盜貸, ③도구盜口, ④도권盜勸, ⑤도비盜備이다. ①공곡公穀으로 정해진 것을 돈으로 거두어 차액이 남는가를 살펴서 구휼미를 돈으로 나눠주는데, 시가의 반밖에 되지 않으므로 이는 구휼미를 훔치는 행위[盜饎]이다. ②공곡으로 정해진 것을 진대【지금 소위 부환付還이라고 하는 것이 곧 진대이다】로 쓰지 않고 이를 옮겨 구휼미로 삼으며, 종자를 주지 않고 농량(農糧, 농사지을 때 드는 곡식)을 주지 않으면서 장부상 거짓으로 꾸며놓으니 이것이 부환으로 진대를 훔치는 행위[盜貸]이다. ③구휼 대상 호구의 수를 거짓으로 늘려 천이다 만이다 하고 한 차례 구휼미를 지급하는데, 이리저리 떼고 깎아서 가을바람에 나뭇잎 떨어지듯 백에 하나도 남는 것이 없다. 1인당 지급되는 회감곡會減穀은 1석인데【기민 1구마다 대략 회감하는 곡식이 1석이다】, 실제로 받은 것을 조사해보니 매양 기민 1명에 지급되는 것은 몇 말밖에 되지 못하며, 혹 운이 없는 경우에는 맛만 볼 뿐이다【아이와 노약자가 겨우 구휼미를 한 번 받고 즉시 삭감되면 쌀 3되만 받는다】. 구휼미라고 맛만 본 기구의 수를 모두 계산해서 천이다 만이다 하여 임금을 속이니, 이것이 기구의 수를 훔치는 행위[盜口]이다. ④기부를 권하는 날 곤장이 바람을 일으키고 좋은 술이 샘솟듯 질펀히여 위협하고 회유하고 하여 큰 상고의 곡식을 헐어 실어내서 관에 이르는 사이에 반은 벌써 개인의 쌀자루로 돌아가며, 또 혹 몰래 뇌물을 받고서 처음부터 장부에서 빼내주고 사람을 시켜서 거래를 하기도 하니【이런 경우 부민의 돈이 처음부터 읍내로 들어오지도 않는다】 이것이 권분미를 훔치는 행위[盜勸]이다. ⑤곡식을 한 되, 한 줌도 원래 스스로 마련하지 않고서

100섬, 1000곡을 스스로 마련했다고 버젓이 자랑하여 임금을 속이고 공로 포상을 노리니 이것이 준비미를 훔치는 행위〔盜備〕이다.

오익五匿

다섯 가지 숨기는 것이란 ①익사匿死, ②익아匿餓, ③익표匿殍, ④익살匿殺, ⑤익포匿逋이다. ①사망자가 잇따라 하루에도 수많은 집에서 통곡 소리가 나는데, 줄여서 한두 집으로 장부에 기록하여 상사에 보고해 상관으로 하여금 그 실제 숫자를 파악할 수 없게 하며, 임금으로 하여금 백성의 상황을 살필 수 없게 하니, 이것이 그 사망자의 수를 숨기는 행위〔匿死〕이다. ②굶주린 자가 10만 명이나 되지만 오직 1만 명이 뽑힐 뿐이며, 뽑힌 자 1만 명에 오직 1000명이 세를 감면받게 될 뿐이다. 감사가 의심하여 정밀하게 뽑았느냐고 물으면 '이상합니다. 백성들이 그다지 굶주리지 않는데 뽑힌 수가 꽤 많아 그 숫자가 이에 이르렀습니다'라고 대답하니, 이것은 굶주린 자의 수를 숨기는 행위〔匿餓〕이다. ③부자父子가 서로를 잡아먹는데 관에서는 이를 숨기고 송장을 파내 뜯어먹어도 관에서는 이를 숨기며, 길에 굶어 죽은 시체가 줄줄이 널려 있는데 비장裨將의 소리[1]가 들렸다 하면 시체들을 살짝 옮겨서 눈에 뜨이지 않게 하고, 어사의 소리가 들리면 시체를 구렁에 던져버린다. 상사에게 보고하면서는 거짓말로 꾸미고 없는 말을 만들어 수령 자신의 봉급을 내어 묻어주기를 법대로 하고 있다고 한다. 이는 굶어 죽은 자의 수를 숨기는 행위〔匿殍〕이다. ④백성들은 비쩍 여위고 부황이 들었고 어질어질 비틀거려 불면 날아갈 듯

---

1 비장裨將의 소리: 감사가 순력할 때 비장을 대동하므로 여기서는 감사의 순력을 가리킨다.

잡기만 해도 부서질 듯한데도, 피가 흐르도록 매질을 하여 양곡 거두기를 독려하니 죽음을 당한 자가 잇따라도 모두 병들어 죽은 자로 처리한다. 바야흐로 백성은 더 없이 곤궁하고 고통스러워 멀리 가지도 못해 원고(院鼓, 신문고와 유사한 것)가 울리지 않으니 드디어 무사하게 된다. 이것이 죽임을 당한 자의 숫자를 감추는 행위[匿殺]이다. ⑤공적으로 지급되는 곡식과 감영에서 획급하는 곡식은 아전이 삼켜버려서 가을이 되어도 거둘 수 없는데 상사는 이를 알지 못한다. 진휼 물자로 되어 있는 것을 들추어 내려고 하면 죄상이 밝혀질 것인데, 징수하려 해도 때가 흉년이라 할 수 없다. 그래서 숨기고 오직 기구의 숫자를 줄인다. 이것이 포흠을 감추는 행위[匿逋]이다.

오득五得

다섯 가지 얻는 것이란 ①득재得財, ②득지得紙, ③득상得賞, ④득방得謗, ⑤득죄어천得罪於天이다. ①오도五盜로 훔친 것을 자기 고향으로 실어 보내니 이것이 재물을 얻은 행위[得財]이다. ②문서가 구름처럼 쌓이는데 하나도 살피지 않고 장부가 산처럼 쌓이는데 가져다가 집안의 벽을 바르니, 이것이 종이를 얻는 행위[得紙]이다. ③기구의 수를 거짓으로 늘리고 준비 물자를 거짓 과장해서 감사가 이를 기려서 장계를 올리면 비변사는 등급을 나누어 아마兒馬[2]와 활을 상으로 내려주는 일이 자못 많아지니 이것이 상을 얻는 행위[得賞]이다. ④백성들이 원수처럼 여기고 눈을 흘기며, 남모르게 저지른 농간과 사특한 짓이 소문으로 길거리에 공공연히

---

2 아마兒馬: 예전에 공이 있는 신하에게 왕이 상으로 말을 내리는 제도가 있었다. 아마는 그런 중에 어린 말.

퍼지니 이것이 비방을 얻는 행위(得謗)이다. ⑤천지 귀신이 벌려 서서 밝게 비치면서 큰 그물을 드리워놓고 천벌을 논의하고 있으니 이것이 하늘에 죄를 짓는 행위(得罪於天)이다.

오실五失

다섯 가지 잃는 것이란 ①실희失饎, ②실죽失粥, ③실대失貸, ④실인심失人心, ⑤실관직失官職이다. ①구휼미를 지급하는 장부에 아전이 몰래 거짓으로 이름을 끼워넣으니 그 아우·조카·형수·숙모 모두 이 구휼미를 받아먹고 자기 하인들까지 기른다. 황폐한 마을 궁벽한 동네에까지 이들의 허명을 퍼뜨려놓아 모두 아전의 쌀자루로 들어가고 진감賑監【기민도유사이다】이 영을 받들어 그 이익을 더불어 나누니【역시 허구虛口를 불리는 것을 허락한다】 희미에 손실〔失饎〕이 있게 된다. ②죽미粥米 1곡에서 아전이 그 반을 훔쳐내니 죽이 묽기가 맑은 물 같아서 한 모금에 쌀이 몇 알도 안 되지만, 창노倉奴·진노賑奴·문례門隸·주비廚婢, 아전의 하인, 술집의 머슴까지 시끄럽게 떠들며 멋대로 진장賑場에 들어가 저마다 한 그릇씩 훔쳐 먹는다. 수령은 보고도 알지 못하고 저들을 믿고 눈과 귀로 삼으니 죽미의 손실〔失粥〕이 있게 되는 것이다. ③종자와 농량을 지급하는 것을 진대라고 하는데 아전은 몰래 알곡을 쭉정이와 바꾸어놓고 관에서 사사로이 판매할 때 아전들이 더불어 공모하여 한 섬의 젓 담은 생선이 풍기는 냄새가 온통 어지럽게 만드니³【수령이 왜 곡식이 거치냐고 물으면 아전은 이것이 관에서 판 물건이라고 대답한다】, 진대에 손실〔失貸〕이 되는 것이다. ④재결災結을 이미

---

3 사실을 은폐한다는 뜻. 중국 진晉나라 시황제가 순시 도중에 사망하자 측근들이 몰래 운구하면서 썩은 생선을 위에 덮어 시신 썩는 냄새를 가린 데서 온 비유이다.

홈쳤고 정퇴를 이미 막아놓은 데다가 오도五盜와 오익五匿으로 만백성의
목숨을 해치니 가슴이 타고 치가 떨리어 배반하는 자는 있어도 따르는
자는 없어 인심을 잃는 것[失人心]이다. ⑤어사가 출두하여 숨은 농간을
들추어낼 때 비록 오도와 오익을 다 밝혀내지는 못한다 하더라도 100가
지 중에 하나라도 발각이 되면 무거운 죄를 범한 것이므로 부례府隷⁴가
별똥이 떨어지듯 급히 내달아 뾰족 모자에 쌍고리 차림들이 수령을 붙들
고 앞으로 몰아 고을 밖으로 나가면 백성들이 모두 기뻐한다. 죄를 크게
저지른 자는 귀양을 가고 가벼이 저지른 자는 벼슬을 삭탈 당한다. 이것
이 관직을 잃게 되는 것[失官職]이다. 수령으로 있는 자는 고요한 밤에 조
용히 자기가 행하는 일을 생각하여 이 20가지 조목 중에서 하나라도 범
한 것이 없어야만 옳다.”

　　수령이 준비한 곡식은 상사에게 보고할 때에 스스로
　　실상을 조사해 허위로 과장이 없도록 해야 할 것이다.

　『대전통편』에 나와 있다. “수령이 진휼 재원을 확충한다는 핑계로 가
렴苛斂을 하고 이를 독점하여 그 수치를 허위로 과장하는 자는 해당 도의
감사로 하여금 조사케 하여 위에 보고하되 '상부 보고를 사실대로 하지
않음[報上不以實]'의 율律로 논죄한다.” ○ 수령 자신이 준비한 곡식이 어디
에 있겠는가. 자기 집이나 자기 농장의 곡식을 옮겨온 것이 아니라면 모
두 이 고을에서 나온 것이다. 설령 월봉月俸에서 덜어냈다 하더라도 자신

―――――――――――――――――――――――――――――――――――――
4 부례府隷: 범법자를 잡고 끌어가는 일을 수행하는 관속배를 지칭한 말.

이 준비한 것이라 이름 붙일 수 없거늘, 하물며 교묘히 도모하여 사들이거나 마구 긁어들인 것을 외람되이 자신이 준비한 곡식이라 일컬어 군부를 속이니 이 어찌 큰 죄가 아닌가. 무릇 진곡賑穀으로 지출되는 것은 그 출처를 자세히 조사하여 정말로 자신이 준비했다는 말에 부끄러움이 없어야 한다. 대략 수십 석만 보고하여 문서를 갖추는 데에 응해야 할 것이요, 더 과장해서도 안 되고 더 많게 해서도 안 된다. 만일 모두 일일이 가려 정직하게 보고하지 않으면 또한 이름을 낚는 데 가까울 것이다.

임윤석任允錫이 합천군수가 되었을 때의 일이다. 그 이듬해에 크게 흉년이 들고 전염병으로 죽는 자가 길에 서로 베고 누울 지경이었는데 그가 마음을 다하여 진휼해서 많은 사람을 살려냈다. 당시에 수령이 준비한 곡식이 많고 적음에 따라 포상의 등급을 삼았는데 여러 군현에서 이를 노려서 서로 그 수량을 과장하였다. 그는 홀로 그렇게 하지 않았기 때문에 상을 타지 못하였다.

이적李積이 임피현령臨陂縣令으로 있을 때의 일이다. 그해에 큰 기근이 들어서 정성을 다해 진휼하여 구하니, 온 고을 사람들이 죽음을 면하게 되었다. 감사가 진휼을 잘한 것으로 표창하여 보고하는데 그는 명성을 구하고 상을 구하는 일을 부끄럽게 여겨 자신이 준비한 곡식의 많고 적음을 말하지 않았던 까닭에 상을 타지 못하였다.

이관李慣이 여러 차례 군읍을 맡아 다스렸는데 일찍이 "수령 된 자가 사사로이 진곡을 준비한다는 것은 필시 정도正道로 할 수 없는 일인데, 이로써 상을 구하는 것은 부끄러운 짓이다. 설령 굶주린 자들을 많이 먹여 살린다 해도 상사에 보고하고 조정의 명에 응할 때에는 약간으로 할 뿐이다"라고 말했다. 이관이 경주부윤으로 있을 때 보고한 것을 보고 전관

(銓官, 이조의 인사 담당자)이 탄식하였다. "조그마한 군현 또한 자신이 준비한 곡식이 수천 석에 이르는데, 경주와 같은 큰 고을에 겨우 십수 석밖에 안 되다니, 이는 실제 숫자를 보고하지 않은 것임을 알 만하다. 곡식을 많이 준비한 것으로 상을 받은 저들이 오히려 마음에 부끄럽지 않겠는가?"

구휼을 잘하고 잘못한 일이나 그 공과 죄는 법령을 자세히 살펴보면 알 수 있다.

『경국대전』에 나와 있다. "수령이 기민을 진휼하여 구하는 데 마음을 쓰지 않아 사망자를 많이 내고도 숨기고 보고하지 않는 자는 중죄를 적용한다."【비황備荒】 ○ 『속대전』에 나와 있다.[5] "수령이 진휼을 잘하여 한 도에서 빼어난 자는 논공행상한다." ○ 또 나와 있다.[6] "수령으로 진휼 정사에 부지런하지 않은 경우, 통훈대부 이하는 관찰사가 임금에게 아뢰어 장형에 처하고 통정대부 이상은 임금에게 아뢰어 파직한다." ○ "기민으로 마땅히 뽑혀야 하는데 누락된 경우 수령은 파직하고 감관監官과 색리色吏[7]는 형추刑推[8]한다."[9]【「예전禮典」에 보인다】 ○ 『속대전』에 나와 있다.[10] "길에 굶어 죽은 시체를 거두어 매장하지 않은 것은 명하여 즉시 매장하게 하며, 삼가 거행하지 않을 경우 수령은 파직한다."【「예전」에 보인다】 ○ 숙

---

5 『속대전·호전·비황』.
6 『속대전·예전禮典·혜휼惠恤』.
7 감관監官·색리色吏: 감관은 지방에서 임시로 창고 등을 관리시키는 창감 등을 말하는데, 여기서는 진휼을 감독하는 진감을 말하고, 색리는 여기서는 진리賑吏를 말한다.
8 형추刑推: 형장刑杖으로 심문하는 것.
9 『속대전·예전·혜휼』.
10 『속대전·예전·혜휼』.

종 23년(1697)에 하교하였다. "옛날에 문왕文王은 구덩이를 파서 주인 없는 유골을 묻어주도록 명하였고, 문황文皇은 비단을 내려 전란에 죽은 군사들의 유해를 거두게 하였다. 슬프다, 이 수만의 굶어 죽은 귀신들은 썩은 유골만이 아니니 큰 흉년을 만난 것이 전란에 죽은 것보다 더 심하구나. 애달픈 마음이 샘솟듯 일어날 터이니 칙서의 뜻을 본받아서 중앙과 지방의 신하들은 정성껏 묻어주어 이 지극한 뜻에 부응하도록 할 것이다."

『국조보감』에 실려 있다. "예종 2년(1477)에 상례相禮[11] 김영견金永堅[12]이 전라도에서 돌아와서 '기민 중에 부종이 있는 자와 아이를 버린 자가 있다고 합니다'라고 아뢰었다. 이에 유시를 내려 '관찰사를 준절히 책망하고 해당 수령을 장형으로 다스리되 아무리 공신과 의친議親[13]이라도 모두 용서하지 말라'라고 하였다." ○ 효종 2년(1651)에 황해감사 남훤南翧[14]을 파직하였다. 진정을 잘하지 못했기 때문이었다.

숙종 계해년에 부안현의 선비 신종제申宗濟가 굶주림을 견디지 못한 나머지 처자를 버려두고 얼음을 깨고 물속에 몸을 던져 죽었다. 감사가 이 사실을 보고하자, 임금이 명하여 휼전恤典을 베풀게 하고 그 고을 현감을 감영에 잡아들여 곤장을 치게 하였다. ○ 숙종 병자년(1696)에 팔도에 유시를 내렸다. "특별히 진휼을 더할 터이니 기민의 입에 들어갈 것은 단 1홉의 쌀이라도 간활한 아전의 주머니에 들어가는 일이 절대로 없도록

---

11 상례相禮: 통례원通禮院에 예속된 종3품 벼슬.
12 김영견金永堅: 자는 뇌지牢之, 본관은 김해金海이다. 사간을 역임했다.
13 의친議親: 왕과 왕비의 근친으로 죄를 지었을 때 사전에 왕의 뜻을 받들어 그 형벌을 의논하여 정하는 것.
14 남훤南翧, 1609~1656: 자는 백도伯圖, 호는 창명滄溟, 본관은 의령宜寧이다. 정언·교리·감사·승지를 역임했다.

하라. 수령 중에 아주 못돼먹은 자가 있어 재물과 이익을 탐해 백성이 죽어가는 것을 보고만 있는 자는 내가 곧 잡아다가 죽이고, 절대로 용서치 않을 것이다."

영조 경신년(1740)에 경기·황해·강원 3도의 기민으로 서울에 흘러들어 온 자가 1400여 명이나 되었다. 임금이 이 사실을 듣고 백성을 안정시키지 못하였다고 하여 3도 감사를 문책하고, 이어 진휼청에 명하여 죽을 쑤어 진휼하게 하였다. ○ 영조 계미년(1763) 3월에 전라감사가 "기민 48만 3700여 명 중에 사망자가 450여 명이나 됩니다"라고 아뢰었다. 이에 임금이 안타깝게 여겨 하교하기를 "옛날 이윤(伊尹)은 한 사람이 제대로 살아가지 못한 것을 자기의 허물로 삼았다. 하물며 임금으로서 한 도의 백성을 살리지 못하여 죽은 자가 500명에 가깝다니, 이는 우리 선대왕의 뜻을 저버린 일이다" 하고 3일 동안 음식의 가짓수를 줄였다.

망종 날 진장을 파하고, 곧이어 수고한 사람들을 위해 파진연罷賑宴을 베풀되 기생을 부르거나 풍악을 쓰지 않는다.

파진연은 구휼이란 큰일을 끝내고 나서 수고한 사람들을 위로하는 자리이나. 경사와 기쁜 일이 있어서가 아니니, 술과 고기로 수고한 사람들을 대접할 따름이다. 죽은 자가 1만 명가량 되고 주검도 아직 매장하지 못하였고, 산 자도 병에 걸려 신음 소리가 끊이지 않으며, 주린 창자에 보리밥이 들어가서 새로 죽는 자도 발생한다. 지금이 어떤 때인데 어울려 쿵쾅거리고 즐긴단 말인가. 큰 흉년 끝에 수령이 이런 잔치를 열면 뭇 백성이 북치고 노래 부르는 소리를 듣고 탄식하며 눈물을 흘리거나 성난 눈을 흘길 것이다. 가무와 악기를 동원해서는 절대로 안 된다. 목민관으로서 조금이라도 반성하고 깨달은 바가 있으면 어찌 이런 짓을 하겠는가? 초부樵夫의 「파리를 조문하는 글〔弔蠅文〕」[15]에 이렇게 표현했다.

파리여 날아오라. 사발에 담고 소반에 놓았도다.

푸짐한 쌀밥, 맛있는 국

술과 식혜 향긋한데 국수며 만두

그대들의 마른 목 축여주고, 그대들의 타는 간장 적셔주리.

파리여 날아오라. 울음을 삼키지 말고,

너의 부모, 처자식들 이끌고

여기서 한 번 배불리 먹고 슬피 울지 마오.

그대들의 옛집을 둘러보면 쑥 넝쿨 뒤엉켰고

무너진 처마 갈라진 담장에 문이 기울어진 데,

박쥐는 밤에 날고 여우는 낮에 울고

그대의 옛 전답 어린 기장 싹이 나

금년엔 비도 잦아 땅이 촉촉하거늘

골목에는 사람이 없으니 우거진 잡초 누가 뽑으랴.

파리여 날아오라. 아름답고 기름지다.

---

15 「조승문弔蠅文」: 다산의 작품으로 『여유당전서·시문집·잡문』에 수록되어 있다. 초부樵夫란 다산 자신이다. 원주에는 "굶어 죽은 시체가 많아서 구더기가 발생하면 그런 해에는 유난히 파리가 많아진다. 이 글은 파리를 빌려 굶어 죽은 사람들을 조문한 것이다"라고 밝혀져 있다. 여기서 파리는 굶어 죽은 사람을 비유한 것이다.

살진 소의 다리 좋게 구워냈고

초간장에 파를 섞어 생선회도 내놓았다.

그대들 주린 창자를 채워 얼굴빛이 피어나고,

도마 위에 남은 고기 모두 불러 함께 먹어라.

그대들 몸뚱이 언덕 위에 널려 있어

걸친 옷도 없이 나무와 풀로 덮였구나.

비에 젖고 햇빛에 타서 딴 것처럼 변하여

굼실굼실 들끓어 어지러이 움직이는 것들

갈빗대에 와글거리고 콧구멍에 차고 넘쳐

이제 매미 허물 벗듯 질곡에서 벗어나네.

길에 죽은 몸뚱이 행인들 섬뜩한데,

어린 아기가 가슴에 매달려 젖을 물고 있구나.

마을에선 묻어주지 않고 산에는 묻힐 곳 없고,

구덩이 메우고 웅덩이 차올라 잡초가 우거진데,

살쾡이 와서 뜯어먹으며 좋아라고 날뛴다.

백골이 뒹굴어 구멍이 숭숭

그대들 나비처럼 날아가지만 껍데기는 어이할거나.

파리여 날아서 관아엘랑 들르지 마라.

부성한 놀골 부황 든 얼굴을 엄히 가려낸다며,

아전들 붓대 잡고 얼굴을 살피는데,

대숲처럼 빽빽한 중에 어쩌다가 다행히 뽑혀도

맹물 같은 묽은 죽 한 모금뿐이라네.

나는 것 벌레라 위아래로 눈을 끔적인다.

피부는 살찐 돼지 같으니 이 바로 세력 있는 아전이라.

어울려 공로라고 아뢰매 칭송만 있고 책망은 없다.

보리 나오자 진장賑場이 파하매 잔치 벌이네.

북소리 둥둥 피리 소리 어울린다.

고운 눈매 나비 눈썹 빙빙 돌며 춤을 추고

온갖 교태 머금어 부채로 살짝 가리는데

음식 풍성하다고 그대여 침 흘리지 마라.

파리여 날아가 관사에 들르지 마라.

깃대는 삼엄하게 창과 칼이 날카롭다.

돼지고기 양고기 눈앞에 가득 찬란하기 그지없고,

메추리구이, 붕어찜, 오리탕 거위탕,

중배끼며 약과를 꽃처럼 새긴 모양

좋아라고 달라붙어 떠나지 못하다가

큰 부채 내두르면 어이하리, 그대는 기웃거리지 마라.

장리長吏가 주방에 들어가 음식 준비 살피니

쟁개비에 고기를 끓이는데 입으로 불을 불며,

계피술 사탕감자 좋다고 칭찬하네.

호랑이 같은 문지기 사납게 막아서

애절한 호소 물리치며 난잡을 막는단다.

조용하고 잡음 없어 먹고 마시기 즐거워라.

아전이 술집에 앉아 판결문을 대신 쓰고

역마 달려 공문을 올리되 민간이 평온하단다.

도로에 쓰러진 사람 없고 태평무사라 이르더라.

파리여 날아오라 혼백은 돌아오지 말고

그대여, 이도저도 길이 모르는 걸 경하하노라.

죽어도 재앙이 남아 그대의 형과 아우 괴롭단다.

유월에도 조세 독촉 아전이 문 두드리는데,

그 소리 사자의 울음 같아 산천을 흔들고,

가마솥 가져가고 송아지 돼지 끌어가네.

그러고도 사람까지 관문으로 몰고 가서 몽둥이질

집에 돌아와 쓰러지니 염병에 걸렸구나.

풀 베고 고기 썩듯 죽어가서 뭇 귀신 원통하다.”

【이하는 삭제한다】

○ 파진연에 기생을 부르거나 풍악을 써서 안 될 것임은 이 글을 보면 알 것이다.

이날 논공행상을 하고 그 다음 날 장부를 정리해서 상사에 보고한다.

진감·진리와 외촌의 진감·향갑【곧 면임이다】, 그리고 권분을 20석 이상 낸 자는 상족·중족·하족을 막론하고 모두 불러 이 연회에 참석시킨다. 그런데 먼 시골의 풍속이 미개하고 거칠어서 중족이 상족을 의심하고 하족이 중족을 의심하여 마루 위의 사람들과 마루 아래 사람들 사이에 분란이 일어날 우려가 있다. 마땅히 객사의 뜰에다 자리를 평평하게 만들고 수령으로부터 이하 모두 거기에 앉아서 잔치를 열면 별다른 다툼이 없을 것이다. ○ 기악妓樂을 쓰는 경우 또한 그날 잔치에 참여한 모든 사람으로 하여금 각기 돈을 내서 악공樂工과 기생들에게 주게 되는데, 이미 거둔 뒤에 또다시 거두는 것이 되어서 더욱 좋지 못하다.

이날 상賞은 아래와 같이 시행한다. 진감은 노인이므로【진휼도감賑恤都監은 대개 일찍이 좌수를 역임한 사람이다】부채나 가죽신 등을 상으로 주며, 감관【즉 군관이다】 2명은 무청武廳의 적당한 직을 주고, 촌감【각 면의 기민도유사】 10여 명은 부채·빗·담뱃대 등의 물건을 상으로 주고, 향갑【각 면의 풍헌·약정】 10여 명은 역시 부채나 빗 따위의 물건을 준다. 진리 2명은 각각 부채와 빗을 주고 내년에 좋은 자리에 차임差任할 것을 완의完議로 정한다. 진휼에 동원된 관노 2명은 각각 부채를 주고 내년에 좋은 자리에 차임할 것을 완의로 정하며, 진례賑隸【창고 사환】 4명은 각각 보리 1석을 주고, 죽 끓이는 일을 담당한 여종 5명은 각각 보리 1석과 치맛감 20척尺을 준다.

○ 200석 이상의 권분을 낸 자에게는 각각 부채 하나를 주고 조정의 상전賞典을 기다리게 한다.

○ 50석 이상 100석까지 권분을 낸 자에게는 각각 부채 하나를 주고 조정의 상전을 기다리게 하되, 만일 조정의 처분이 없으면 본 고을에서 상을 주기로 하여 그 소원에 따라 혹 향임【별감·창감 등】을 시키고 혹 군임【파총·별장 등】을 시킨다. 다만 이때는 말하지 않는다. ○ 20석, 30석, 40석의 권분을 낸 자에게는 각각 조그만 부채 하나씩을 주고 바로 그날로 그의 소원에 따라 향임【창감에 지나지 않아야 한다. 그 윗자리는 남겨두어 50석 이상을 낸 자에 대비한다】을 시키거나 군임【파총에 지나지 않아야 한다. 그 윗자리는 남겨두어 50석 이상 낸 자를 대비한다】을 시킨다. ○ 10석 이하의 구휼미를 낸 자에게는 각각 조그만 부채 하나씩 주되 진리를 시켜 글을 보내 전해준다. 모름지

기 관인을 찍은 관첩이라야 생색이 날 것이다.

『속대전』에 나와 있다.[16] "기민을 개인적으로 진휼해서 많이 살린 자와 자기 곡식을 내어 관청의 구휼미를 도운 자는 그 많고 적음에 따라 차등을 두고 상을 준다." ○ 『대전통편』에 나와 있다.[17] "각 도에서 진휼 곡식을 자진해서 바치려고 하는 사람에 대하여 50석 이상은 기록하여 보고하고 50석 이하는 해당 도에서 상을 준다." ○ 법은 비록 이와 같으나 조정에서 만일 처분이 없으면 200석 이상 낸 자는 수령이 힘을 다하여 그 공에 보답하되, 만일 동지同知·첨지僉知[18]의 직함이나 좌수·별감 같은 자리가 모두 그의 원하는 바가 아니라면 좋은 책 한 질【칠서七書 또는 『소미통감少微通鑑』】을 사서 차등을 두어 상으로 준다. ○ 50석 이상 100석까지 낸 자로서 향임을 원하지 않는 경우 역시 서적【『소미통감』 또는 『사략史略』[19] 등】을 준다. ○ 무릇 곡식을 꾸어준 자는 가을에 응당 곡식을 받을 것이니, 부채 한 자루 이외에는 상을 줄 필요가 없다. 여기서 말하는 것은 관에서 꾸어줄 것을 권했는데 백성이 구휼미를 거저 희사한 경우이다. 비록 10석 이하의 사람이라도 희사하기를 자원한 것이요, 꾸어준 것도 아니고 판매한 것도 아닐 경우에는 이날 상이 없을 수 없으니 부채나 빗이 좋을 것이다. ○ 요즘 수령이 구휼미를 내도록 하는 것을 보면, 처음에는 감언이설로 장차 크게 상을 줄 것같이 하다가 구휼하는 일이 끝남에 미쳐서는 술 한

---

16 『속대전·호전·비황』.

17 『대전통편·호전·비황』.

18 동지同知·첨지僉知: 원래 중추부의 종2품 및 정3품의 벼슬자리였으나, 뒤에 납속納粟 등으로 남발되어 벼슬로서의 실질적 가치가 인정되지 않았다.

19 『사략史略』: 『십팔사략十九史略』의 준말. 이는 중국 원나라의 증선지曾先之가 엮은 것으로 『통감강목절요』와 함께 한문과 중국 역사를 익히는 교과서로 널리 통용되었던 책이다.

잔 권하지 않고 부채 한 자루 주지 않아 마치 똥 닦은 막대기〔乾屎之橛〕 보듯 하며, 버리기를 고기 잡은 뒤의 통발처럼 하여 막연히 잊어버릴 지경에 이르니 그 경박함이 심하다. 『시경』에 "덕 있는 말씀 크고 밝아, 백성들에게 두터운 정 보이시네"[20]라고 하였는데, 백성에게 경박하게 보이면 그 누가 믿겠는가. 이는 크게 옳지 못한 일이다.

주자가 「진제의 공로로 직비각直秘閣[21]으로 승진을 사면辭免하는 글〔辭免賑濟有勞進直秘閣箚子〕」[22]에서 말하였다. "제가 비록 지극히 어리석으나 여기에는 마음에 편치 못한 바가 있습니다. 그것은 남강군에 있을 때 명백히 권유하여 세호稅戶[23] 장세형張世亨은 쌀 5000석을 바쳐 진제하였으니 규정에 따라 응당 승절랑에 보임함이 마땅하고, 진사 장방헌張邦獻은 쌀 5000석을 바쳐 진제하였으니 규정에 따라 적공랑에 보임함이 마땅하고, 대보국학생待補國學生[24] 황징黃澄은 쌀 5000석을 바쳐 진제하였으니 규정에 따라 적공랑에 보임함이 마땅하고, 세호 유사여劉師輿는 쌀 4000석을 바쳐 진제하였으니 규정에 따라 승신랑에 보임함이 마땅합니다. 그러나 그 누구도 규정에 따라 호부에서 내리는 은상恩賞을 입지 못하였으니 아뢰어 시행할 수 있도록 해주십시오. 지금 확인한 바로는 올린 차자箚子 내에 이에 관한 사항을 모두 삭제해버렸으니 제가 속으로 두려워하는 바 어리석은 저의 간절한 정성을 황제께 알려드리지 못하여 의당 은상을

---

20 『시경·소아·녹명지십』.
21 직비각直秘閣: 비각秘閣 소속의 버슬 이름. 비각은 중국 송나라 때 궁정의 문적文籍을 관리하던 관청.
22 「사면진제유로진직비각차자辭免賑濟有勞進直秘閣箚子」: 『주자대전』에 실려 있다. 원 제목은 「사면직비각장삼辭免直秘閣狀三」이다.
23 세호稅戶: 토지를 소유하고 전세를 납부하는 호. 즉 주호主戶를 가리킴.
24 대보국학생待補國學生: 국학생 후보자.

입어야 할 여러 사람들이 여전히 입지 못하고 있으니 저로서는 의리상 삼가 받기 어려운 것입니다. 하물며 지금 여러 지방은 널리 장마와 가뭄이 들어 관가에 비축한 양곡을 이미 다 방출하여 남은 것이 거의 없고 오직 부민이 쌀을 바쳐 진휼하는 것에 의존할 밖에 없습니다. 그런데 이들이 조정의 시행이 이와 같은 것을 본다면 누가 기꺼이 모집에 응하여 나라를 돕고 백성을 구하겠습니까? 겸하여 제가 제거절동상평공사提擧浙東常平公事[25]로 전임되는 은혜를 입었으되, 이 같은 흉년을 당하여 오로지 구황으로 직책을 삼아야 할 터인데, 만약 제가 요청한바 규정에 따라 주어야 할 상이 시행되지 못한다면 전임지인 남강에 식언하는 것이 될 뿐만 아니라 또한 절동 지방의 백성들을 대할 면목이 없습니다. 장래 반드시 일을 그르쳐 위로 밤낮으로 애쓰시는 황제께 걱정을 끼쳐드리게 될 것이라, 제가 만 번 죽더라도 책임을 면할 수 없습니다. 바라옵건대 조정의 자세한 참작을 바라는 뜻에서 특별히 황제께 아뢰어 제가 전에 올린 차자에서 진술한 바를 자세히 파악하여 남강에서 보고했던 장세형 등에게 각각 원래의 규정에 비추어 빨리 문무文武의 관자官資를 내려주신다면 위건의 은명恩命을 반드시 저에게 주시지 않아도 성조聖朝의 명찰한 정사가 위에서 닦아지고 원근의 보고 듣는 사람들이 감격한 바 있어 밑에서 권장이 될 것입니다. 삼가 다시 글을 갖추오니 상서성에 상신하여 지시를 내리시기를 바랍니다." 鏞案 세상 사람들은 생각이 짧고 군자는 지혜가 멀리 미친다. 재상이 필시 신의를 잃으려 하는데 주자가 기어이 괴롭게 간청한 것은, 재상이 모두 어질지 않으려 하기 때문이 아니요, 주자 스스

---

25 제거절동상평공사提擧浙東常平公事 : 절동 지방의 상평창에 관한 공사公事를 담당하는 직책.

로에 말미암음이니 그 지혜가 남다르기 때문이다. '지혜로운 자는 인仁을 행하기를 이롭게 여긴다'[26] 함을 이른 것이다. 수령은 이런 일을 당하면 마땅히 주자의 이 글의 뜻을 본받아 임금께 소疏를 올리거나, 조정에 글을 올려 상전을 시행하도록 청하여 백성들에게 믿음을 세우는 일을 그만두어서는 안 된다.

그 마감磨勘 문서는 겸손하여 자기를 내세우지 않도록 힘쓰고 자신의 긍지와 자랑을 버리도록 하며 자기의 공을 숨기고, 남의 잘한 일은 드러내어 위아래의 함께 듣는 사람으로 하여금 모두 그의 아량에 감복케 하고, 좌우에서 일하는 사람들로 하여금 모두 함께 기뻐하게 하면 또한 좋지 아니한가? 자신이 준비한 양곡은 1000석에 이르더라도 절대로 기록에 올리지 말고 권분한 양곡은 비록 몇 석에 그치더라도 절대로 누락시키지 말 것이다. 희구餼口 중에서 처음에 주다가 뒤에 중단한 것은 기록에서 뺄 것이며 공곡公穀의 포흠을 자진해서 보충한 자는 그대로 용서한다. 처음부터 끝까지 수고를 다한 자는 그 공로가 납속納粟보다 높다고볼 것이며, 겉과 속이 참되고 충실한 자는 그 재주가 관직을 줄 만하다고 볼 것이다. 기구로 사망한 자는 그 실제 숫자를 기록하여 스스로 허물을 밝히고 죄를 청하면 이야말로 군자라고 이를 만하다. 나를 오활하다고 말하지 말라. 지금 사람이나 옛 사람이 마찬가지이다.

큰 흉년 뒤에는 백성들의 기력이 없는 것이 큰
병을 치르고 나서 원기가 회복되지 않은 것과

마찬가지이다. 잘 보살펴서 안집安集시키는 일을
소홀히 해서는 안 된다.

안집의 방도는 ①양식 보조, ②소를 도와주는 것, ③조세를 가볍게 하
는 것[薄征], ④빚 독촉을 하지 않는 것[已責] 등이다. 수령은 때때로 마을
과 들판을 돌아다니면서 질병과 고통을 살펴보고, 원하는 바를 물어서
정성껏 그 뜻을 이루게 해주되, 근본을 북돋우며 흔들지 말고 범하지 말
아서 혹시라도 다칠까 두려워하는 것이 큰 병을 앓고 난 사람을 회복시
키는 방법이다.

범순인이 경주를 다스릴 때의 일이다. 온 고을에 거듭 흉년이 들어 농
사짓는 소를 다 잡아먹었다. 그는 이웃 고을로 가서 소와 곡식 종자를 사
다가 호구戶口를 계산하여 빌려주고 번한蕃漢[27]의 호구들을 아울러 인력
으로 개간, 경작하여 파종을 아주 넓게 하니 드디어 큰 풍년이 들었다.

주자는 「상호를 경계하는 문건戒上戶帖」[28]에서 일렀다. "이제 들건대, 건
도 7년(1171)에 돈놀이하는 세력가들이 가뭄의 피해로 인하여 빚을 갚지
못하는 자들의 돼지와 양을 끌어가고 심지어 그 집으로 들어가 종자와
콩 보리 등속을 뒤져 빼앗으며, 또 지금 살고 있는 집과 뽕나무밭·전답을
억지로 싼값으로 쳐서 변상케 하여, 돌아갈 데가 없게 만들었다. 드디어
터전을 잃고 떠돌이가 되게 하여 시급노 아식 생업으로 돌아가지 못하는
사람들이 있다. 본 군에서는 세 현에 지시, 상호에게 효유하며 상호가 우

---

27 번한蕃漢: 번蕃은 변방의 이민족을 가리키고 한漢은 한족을 가리킨다.
28 「계상호첩戒上戶帖」: 『주자대전·별집·공이』에 실려 있다. 원 제목은 「계약상호체인본군
   관술소민戒約上戶體認本軍寬卹小民」이다.

선 관용을 베풀어서 민력이 조금 소생되기를 기다렸다가 곧 챙겨 받도록 부탁하고, 만일 앞으로도 갚아야 할 인호가 배짱을 부려 갚지 않으면 관에서 바로 다스려 받아주기로 한다." [鏞案] 이런 종류의 문건은 준엄하기 마련인데, 이것은 차분하고도 박절하지 않으니 수령 된 자는 마땅히 본받을 점이다.

단직段直[29]이 택주자사澤州刺史로 있을 때의 일이다. 그곳 백성들이 난리를 피하여 돌아오지 않은 자가 많았다. 단직이 명을 내려 그 토지와 가옥을 친척과 이웃 사람의 가호 앞으로 옮겨주면서 다짐하기를 "원 주인이 돌아오면 마땅히 돌려주라"라고 하였다. 도망갔던 백성이 듣고 돌아오는 자가 매우 많아서, 각기 토지와 가옥을 돌려주어 생업을 할 수 있게 하였으며, 본래 재산이 없는 자는 곡식을 내어 진휼하였다. 그리고 다른 지역 사람에게 강제로 팔려 노비가 된 자는 재물을 내어 속량을 시켰다. 또 한편 시체가 땅 위에 버려져 있는 것은 거두어 묻어주었다. 얼마 지나지 않아 택주는 낙토樂土가 되었다.

김익경金益炅이 나아가 강원도 감사로 있을 때의 일이다. 마침 신해년 (1671)의 기근과 전염병으로 팔도에서 진죽賑粥을 베풀어 오래도록 파하지 않아, 기민들이 먹을 것을 찾아 여기저기 유리하며 얻어먹어 농사로 돌아오지 못했다. 김익경이 조정에 아뢰어 진죽을 파하는 대신 노자와 양식을 주어 돌아가 농사짓게 하였더니 그해 가을에 과연 풍년이 들었다.

구준이 말하였다. "주周나라 선왕宣王[30]이 중흥하게 된 것은 까닭이 있

---

29 단직段直, 1190~1254 : 중국 원나라 인물. 자는 정경正卿이다. 원나라 세조世祖 때 택주자사가 되어 20년 동안 재직하며 선정을 베풀었다.
30 선왕宣王 : 재위 B.C. 827~B.C. 782. 아버지인 여왕厲王에 의해 쇠퇴한 주왕조를 중흥시

다. 만민이 흩어져서 각기 사는 땅에 안착하지 못하는데, 돌아오는 자를 보살펴서 다시 능히 안집을 시킨 데 있었다. 진晉나라 혜제惠帝[31]가 흩어져 무너지게 된 까닭은 6군郡에 거듭 기근이 들어 한천漢川[32]으로 들어간 유민이 수만 호나 되어도 그들을 구휼하지 못한 나머지에 이특李特이 반란[33]에 앞장선 때문이었다."

숙종 7년(1681)의 일이다. 앞서 관서 지방에 해마다 흉년이 들었는데 여섯 고을이 더욱 심하였다. 기민 중에 친족은 있지만 토지가 없는 자, 친족은 없지만 토지가 있는 자, 그리고 친족도 토지도 없어 유리걸식하는 자의 세 등급으로 나누어 혹은 양식을 주고 혹은 조미糶米를 주었다. 그런 뒤에 떠돌며 걸식하는 무리는 모두 탕감해주었다. 이때에 이르러 또 감사의 아룀에 따라 다시 토지가 없는 자를 조사하여 일체 탕감해주니 그 곡식이 1630여 석이었다고 한다. 臣謹案 유민의 안집은 인정仁政의 급선무이다. 요즈음 사례를 보면 백성들의 상처가 회복도 되지 않은 채, 관의 징수와 추심이 날로 급박하니 도망한 자들은 더 멀리 가고 남은 자들도 더 흩어진다. 그래서 남쪽 백성들 사이에 "풍년이 흉년만 못하고 부자가 빈자만 못하고 사는 것이 죽는 것만 같지 못하다"라는 말이 유행하고 있다. 집과 마을이 한번 비면 다시 채워질 수 없고 논밭이 한번 묵으면 다시 일구어지지 않는다. 얻는 바는 터럭만 하고 잃는 바는 산더미 같

킨 임금.

31 혜제惠帝: 재위 290~306. 이때 팔왕의 난과 흉노의 자립이 있었고 또 기근이 거듭되어 유민 폭동이 일어났으나 이를 수습하지 못하여 결국 민제愍帝 때 흉노에게 멸망당했다.

32 한천漢川: 중국 호북성湖北省 중부의 평원 지역. 남북조시대에 이곳이 한수가 흐르는 땅이어서 붙여진 명칭.

33 이특李特의 반란: 중국 서진 혜제 2년(291) 3월 익주에서 일어난 반란. 형주자사에게 패하였다.

다. 근본이 이미 쓰러졌으매 국가가 장차 어디에 의지하겠는가? 조정이
마땅히 걱정할 바와 수령이 마땅히 힘쓸 바는 안집하게 하는 일보다 급
한 것이 없을 것이다.

익성공翼成公 황희黃喜가 강원도 관찰사로 있을 때 영동嶺東에 큰 흉년
이 들었다. 그가 마음을 다해 진휼하여 백성들이 굶주려 죽는 자가 없었
다. 영동 백성들이 삼척의 진장을 베풀었던 곳에 비를 세우고 대를 쌓아
소공대召公臺[34] 라고 일컬었다.

---

34 소공대召公臺: 중국의 소공召公의 이름을 따온 것. 소공은 주나라 문왕의 아들로 이름은
  석奭이다. 주나라의 기초를 만들었으며, 특히 지방관으로 가는 곳마다 선정을 베풀어 후
  세에 길이 추앙을 받았다.

解官六條

遞代

수령직은 반드시 교체가 있게 마련이다. 교체되어도 놀라지 않고 벼슬을 잃어도 연연해하지 않으면 백성들이 존경할 것이다.

수령직 교체 명목으로는 모두 20가지가 있다. 1)과체瓜遞【6년·3년의 과기瓜期[1]가 차는 것】, 2)승체陞遞【현에서 군으로, 부府에서 목牧으로 승진하는 따위】, 3)내체內遞【경관직으로 옮겨지는 것】, 4)소체召遞【삼사三司·각원閣院[2]의 직으로 임금의 소명을 받는 것】, 5)환체換遞【다른 고을과 서로 바꾸는 것】, 이 다섯 가지는 순체順遞[3]라 하는 것이다. 6)피체避遞【상관과 친척 관계여서 피해야 할 경우】, 7)혐체嫌遞【상관과 선대에 꺼릴 만한 관계가 있는 경우】, 8)내체來遞【새 수령이 갑자기 지방으로 좌천되어 오는 경우】, 9)소체疏遞【상소하여 임무 교대를 빌어 임금의 윤허를 입는 것】, 10)유체由遞【말미를 받아 본가에 돌아가서는 임지로 돌아오지 않는 경우】, 이

---

1 과기瓜期: 지방 수령의 임기를 말함. 과한瓜限이라고도 한다. 중국 춘추시대 제나라 양공襄公이 연칭連稱과 관지부管至父를 규구에 보내어 그곳을 지키게 했는데, 오이가 익을 무렵(음력 7월)에 보내면서 이듬해 오이가 익을 무렵에 교체해주겠노라고 언약한 고사에서 유래된 말.
2 각원閣院: 규장각·승정원 등을 가리킴.
3 순체順遞: 순조로운 조건에 의한 임무 교대란 뜻.

다섯 가지는 경체徑遞[4]라 하는 것이다. 11)폄체貶遞【고과에서 중·하등을 맞은 경우】, 12)출체黜遞【다른 관원의 장계로 파면되어 쫓겨나는 것】, 13)박체駁遞【대간臺 諫의 탄핵을 당한 자의 경우】, 14)나체拿遞【수령으로 부임하기 전의 일이나 수령으로 있으면서 저지른 공죄公罪로 잡혀와서 파면되는 것】, 15)봉체封遞【암행어사에 의해 봉고 파직封庫罷職 당한 경우】, 이 다섯 가지는 죄에 걸려 체직된 것이다. 16)사체 辭遞【예우하지 않음으로 인하여 상사에서 글을 올려 자리에서 물러나게 하는 것】, 17)투 체投遞【상사와 다투어 관인을 던지고 곧바로 돌아가는 것】, 18)병체病遞【신병이 실로 깊은 자의 경우】, 19)상체喪遞【부모의 상을 당한 경우】, 20)종체終遞【수령으로 재직 중 죽는 경우】, 이 다섯 가지는 불행히 체임되는 경우이다. 표류한 외국인이 섬에 닿거나, 범인이 경계【서북 지방의 국경】를 넘어가거나, 조운선이 침몰 하거나, 옥에 갇힌 죄수가 도망을 가거나, 국마國馬를 손실하거나【분양마 分養馬를 고의로 잃은 자 또한 죄에 걸려 파면된다】, 공삼貢蔘이 퇴짜를 맞거나, 검 시檢屍가 잘못되었거나, 상번군上番軍이 기한을 어겼거나【상번군이 물에 막 혀 날짜를 대지 못하는 경우】 하는 등 전혀 예상하지 못한 일이 일어나면 죄에 걸려 파면되지 않는 수가 없다. 대저 일개 미미한 수령직으로도 체임되 거나 파면되는 사단이 이처럼 많으니 관직이란 과연 믿을 수 있는 것이 겠는가. "벼슬살이는 머슴살이"라는 우리 속담이 있으니, 아침에 승진했 다가도 저녁에 쫓겨날 수 있을 만큼 믿을 수 없음을 이른 말이다. 그런데 수령으로서 친박힌 지는 괸아를 자기 집으로 알아 오랫동안 누리려 생각 하고 있다가, 하루아침에 위에서 공문이 오고 저가邸家에서 통보가 있으 면 어쩔 줄 몰라 하기를 마치 큰 보물이라도 잃어버린 것같이 한다. 처자

---

4 경체徑遞: 영전이나 좌천이 아니면서 임기 중도에 자의 또는 타의에 의한 갑작스런 임무 교대란 뜻.

는 서로 쳐다보며 눈물 흘리는데 아전과 종들은 몰래 훔쳐보고 비웃는다. 관직을 잃는 것 말고도 잃는 것이 많으니, 어찌 한심하지 않은가? 그러므로 옛날의 현명한 수령은 관아를 여관으로 여겨 이른 아침에 떠나갈 것처럼 항시 문서와 장부를 깨끗이 해두고 행장을 꾸려놓아 마치 가을 새매가 가지에 앉아 있다 훌쩍 날아갈 듯이 하고, 한 점의 속된 애착도 마음에 품지 않는다. 교체한다는 공문이 오면 즉시 떠나고, 활달한 마음가짐으로 미련을 두지 않았으니, 이것이 맑은 선비의 행실이다. 실로 이와 같을진대 비록 어사가 도끼를 가지고[5] 일을 파헤치고, 차관差官이 일산을 날리며 내려와서 봉고封庫를 하더라도 어찌 족히 나의 털 하나라도 움직일 수 있겠는가. 수령이 정사하는 여가에 일념으로 일깨움이 오직 여기에 있다면 일을 당하더라도 당황하지 않게 될 것이다.

왕환지王渙之[6]는 "수레를 탈 때에는 항상 전복되어 떨어지리란 마음으로 대처하고, 배를 탈 때에는 항상 전복되어 빠지리란 마음으로 대처하며, 벼슬할 때에는 항상 뜻밖의 일을 당하리라는 마음으로 대처할 것이다"라고 말했다. 案 이는 매우 절실한 말이다.

양성재楊誠齋는 벼슬살이를 할 때 서울에서 본가까지 돌아갈 만한 노자를 계산해 상자에 넣어 침실에다 두고, 가족들에게는 물건을 하나도 사지 못하도록 경계시켰으니 돌아가는 짐에 누가 될까봐서였다. 날마다 짐

---

5 도끼는 옛날 형구刑具의 하나로, 출정하는 장군에게 왕이 하사함으로써 군의 생살여탈을 임의로 할 수 있는 권능을 부여하였다. 여기서는 왕명을 띠고 외지로 파견된 어사가 왕을 대신해 지방관을 조사하고 신문 또는 일정한 처벌을 할 수 있는 권한의 상징물로서의 도끼를 뜻하는데, 실물을 소지했던 것 같지는 않다.

6 왕환지王渙之, 1060~1124 : 중국 송나라 사람. 자는 언주彦舟이다. 20세 전에 과거에 급제하여 철종哲宗 원우 연간에 태학박사가 되었다. 나중에 왕안석의 신법에 반대하여 원우당적元祐黨籍에 들어 홍주洪州·월주越州 등지로 좌천되었다.

꾸리기를 재촉하는 사람처럼 지냈다. ○ 정선鄭瑄이 말하였다. "그 이름은 잊었지만 어떤 경조윤京兆尹이 가족을 데려오지 않고 지닌 것이라고는 오직 낡은 상자 하나뿐이었다. 매일 새벽에 일어나면 장막을 걷고 자리를 말며, 식사가 끝나면 그릇을 씻고 수저를 챙겨 넣으며, 막대로 낡은 상자를 청사 앞에 받쳐두어 항상 여관에 든 사람이 떠나가려는 것같이 하였다. 세력가를 공격하고 환관을 청을 거부하는 등 어디에도 두려운 것이 없었다".

우훈禹訓[7]이 산음현감山陰縣監으로 도임하는 날 그의 행장이 한 바리도 차지 않았다. 임기가 만료될 무렵 마침 공사公事로 이웃 고을에 있었는데, 체임 소식을 듣고는 곧바로 떠났다. 案 이야말로 호쾌한 선비다.

벼슬을 버리기를 헌신짝처럼 하는 것이 옛사람들의 뜻이었다. 교체됨에 슬퍼하는 태도를 보이면 부끄럽지 않은가

한나라 왕양王陽[8]이 익주자사益州刺史가 되어 관내를 순행하다가 공래산邛郲山 구절판九折阪[9]에 이르러 탄식하기를 "아버지가 물려주신 몸으로 이런 험한 곳을 자주 오르랴" 하고는 나중에 병을 핑계하고 떠나버렸

---

7 우훈禹訓: 조선 세종 때 인물로 다른 사적은 알려진 것이 없다.
8 왕양王陽: 중국 한나라 때 인물. 여기에 나오는 고사와 관련해서 후세 사람들이 험한 길을 '왕양도王陽道'라고 불렀다 한다. 왕존王尊은 왕양의 자손이다.
9 공래산邛郲山 구절판九折阪: 중국 사천성 성도成都 쪽에 있는 지명. 구절판의 구절은 구절양장九折羊腸의 준말로 험한 지형을 표현하는 말이다. 지명을 임공臨邛이라 했으며, 그곳에 청계고진淸溪古鎭이 있다.

다【왕존王尊이 익주자사가 되어서는 이곳을 급히 내려왔다】. 案 우리나라 사람들은 제주목사로 임명되기를 구하니 왕양에게 부끄러움이 있다.

도잠陶潛이 팽택령彭澤令으로 있을 때의 일이다. 군수郡守가 독우督郵를 파견해 고을에 이르자 아전이 "띠를 매고 보십시오"라고 말했다. 도잠은 "내 다섯 말의 쌀 때문에 허리를 꺾어 시골 아이를 섬겨야겠느냐" 하고 탄식하며 인끈을 끌러놓고 「귀거래사歸去來辭」를 읊었다. 案 독우란 속현을 감독하는 관원인데, 본래 소리小吏에서 승진하여 독우가 되기 때문에 '시골 아이'라고 말한 것이다. '다섯 말의 쌀'이란 우리가 먹는 한 달 분량의 양식을 뜻하는 것이지, 팽택령의 한 달 녹봉이 다섯 말에 그친다는 말은 아니다.

고려의 최재崔宰가 양주襄州를 맡아 다스릴 때의 일이다. 어떤 강향사降香使[10]가 존무사存撫使[11]를 욕보이는 것을 보고 최재는 "장차 나에게도 미칠 것이다" 하고는 벼슬을 버리고 떠났다. ○ 설위薛緯[12]가 만경현령萬頃縣令으로 있을 때의 일이다. 그는 사람됨이 청렴하고 조심스러웠는데, 감사의 잘못된 견책을 받자 홀笏을 던지고 떠나며 시를 남겼다. "두어 해 고을에서 홀로 거문고 탔거늘, 뜻은 높은 산 깊은 물에 있었다네. 세상에 종자기鍾子期를 만나기 어려우매 누가 백아伯牙의 마음을 누가 알아주랴."[13]

---

10 강향사降香使: 왕명으로 산천 및 사원에 기도를 드리는 임무를 띤 사자. '강향'이란 향을 내려준다는 뜻에서 붙여진 말이다.

11 존무사存撫使: 고려시대에 각 도에 두었던 2품급의 관원.

12 설위薛緯: 자는 중민仲敏, 호는 백정栢亭, 본관은 순창淳昌이다. 벼슬은 성균관 대사성에 이르렀다. 지방관으로 있으면서 청렴하고 근신하다는 평을 들었다.

13 "거문고를 탔다"는 것은 지방의 수령으로 있는 것을 뜻하는 말이며, 백아와 종자기의 고사는 지기지우知己之友를 가리켜서 쓴다. 백아는 종자기가 죽자 지음知音을 잃었다 하여 연주를 중지했다. 즉 자기를 이해할 사람이 없다는 의미를 담고 있다.

평소에 장부를 정리해두어서 내일이라도 곧 떠날 수
있도록 하는 것이 맑은 선비의 기풍이다. 마감장부를
깨끗하고 분명하게 하여 후환이 없도록 함은
지혜로운 선비의 행실이다.

    수령은 평소에 관아를 여관처럼 여겨야 한다. 월말마다 자신이 장부를
정리해보아서 채무나 결손이 없고【여러 아전들의 맡은 바에 가하전加下錢이 없
어야 한다】, 또 혼란스런 것이 없으면【마땅히 써야 할 몫을 미리 떼어놓은 것을 가
리킴】 저보邸報가 닿더라도[14] 그달의 장부만 닦으면 될 것이니 불과 몇 시
각에 끝날 일이다. 마감장부는 아주 간단히 끝나게 된다. 중기(重記, 인계문
서)【군읍에서 전수하는 부력簿曆】로 말하면 마땅히 부임하는 처음에 즉시 닦아
정리하게 하고 오직 수십여 줄만 비워놓고 새로 추가할 것을 대비해두
면【자신이 도임한 뒤에 별도로 작성해서 남기는 것】 저보가 닿고나서 새로 갖추어
정리해도 불과 몇 시각이면 끝날 것이다. 부력도 극히 쉬운 일이다. 그날
바로 떠나는 것은 너무 성급해 보이므로 다음 날 이른 새벽에 시원하게
귀로에 오르면 또한 좋지 않겠는가. 매양 폄체나 봉체를 당한 자들을 보
면 고개를 늘어뜨리고 기운을 잃어 꼴이 말이 아니어서 마치 비에 푹 젖
은 깃발처럼, 끈 떨어진 꼭두각시처럼 된다. 그래서 이청吏廳에 기거하여
기공寄公[15] 같은 신세가 되고 부보와 저사식은 노청(奴廳, 관노들의 서소)으
로 나가서 포로 같은 신세처럼 보인다. 한편으로 장부를 정리한다, 한편

---

14 저보邸報는 조보朝報와 같은 말로 관보에 해당하는 것이다. "저보가 닿는" 것은 수령이
    갈리는 것을 의미한다.
15 기공寄公: 망명을 해서 다른 나라에 몸을 의탁해 있는 제후를 이르는 말.

으로 행장을 꾸린다고 부산을 떨지만 백 가지 일이 두서가 없다. 신영리新迎吏에 수행 하인을 가려 뽑으니 호기로운 노속과 건장한 군졸, 좋은 말과 선명한 장신구는 모두 다 이 신영 행차로 돌아간다. 가련타, 이 기공에겐 문 앞에 길게 소리를 뽑는 문졸 하나 없고 창 밖에는 포흠을 받아내려는 아전들이 다가서 있다. 온 읍내로 소문이 돌아 업신여기고 비웃는 소리가 빗발친다. 그런 중에도 관인합官印盒을 단단히 쥐고서 또 도둑질하고 농간 부릴 계교를 꾸미는가 하면, 향임·이임을 바꾸어 차임하여 차첩에 도장을 찍어 값을 받아내고 창고에 남은 곡식에서 이리저리 지급 항목을 충당하고 남은 몫을 다투어 거둬들일 궁리를 하며, 욕하고 꾸짖는 소리가 사방에서 울려도 못 듣는 체한다. 열흘이 지나고 한 달이 지나도 떠나갈 줄을 모르고 있다가 새 수령이 당도하면 자기의 속사정을 하소연하고 자기에게 못되게 굴고 흉포했던 자들을 지목해 설욕을 도모한다. 아아! 어떻게 차마 이런 짓을 할 것인가. 그러므로 '관아를 여관으로 여긴다'라고 말했으니, 언제고 훌쩍 날아갈 듯해야 할 것이다. 평소에 장부를 정리해두고 행장을 꾸려 기다리고 있으면 이런 때를 당해 참으로 깨끗하고 상쾌한 선비의 모습이 될 것이다.

어떤 탐욕스럽고 미련한 수령은 이미 창고에 있는 공화公貨에 우선 즐겨 포흠을 지고 신관에게 갈 녹봉까지 마음대로 끌어다 쓴다. 새 수령이 도임하고 나서 온갖 것들이 적발되어 혹은 위로 감사에게 고발을 당하여 죄가 겹겹이 생겨나기도 하고, 혹은 아래로 유리由吏【전임 수령의 수리首吏를 유리라 한다】를 독촉하여 원한이 소급해 맺히기도 한다. 이 때문에 명예가 떨어지고 추악한 소문이 나게 된다. 도대체 재물이 무엇이기에 제 몸을 바쳐 이 지경에 이른단 말인가. 장부를 마땅히 청렴하고 정확하게 작성하고 신구관의 경계를 넘나듦이 없어야 뒤에 재앙이 없을 것이다.

국전國典에 "신관쇄마가新官刷馬價는 주·부는 20필, 군·현은 15필로 정하여 길의 이수里數를 헤아려서 돈으로 지급한다"[16]라고 나와 있다['부임 6조'(제1부)에 자세히 나온다]. 그런데 구관이 돌아갈 때에 공적으로 지급하는 규정이 없는 것은 녹봉의 나머지로 충분히 행장을 갖출 수 있다고 여기기 때문이다. 지금은 돌아가는 구관이 민호民戶에서 쇄마전을 강제로 징수하여[남방에서는 흔히 전결田結에 붙여 징수한다], 많은 경우 400~500냥, 적은 경우 300여 냥이 된다. 잘못된 선례를 답습하여 당연한 것으로 여기니 이 어찌 부당하지 않는가. 수령이 마땅히 스스로 헤아려보아 평소에 워낙 옥처럼 투명하게 해오다가 뜻밖에 급히 교체되어 실제로 가족을 데리고 집으로 돌아갈 방도가 없는 경우에는 그래도 좋다. 그러나 나의 돌아갈 행낭이 말을 세내고 행장을 꾸리기에 충분하다면 어찌 이런 법에 없는 재물을 병든 백성, 홀아비·과부로 어렵게 사는 백성에게까지 토색해낼 것인가. 결단코 징수하지 말 일이다[지금 세상에도 쇄마전을 징수하지 않는 맑은 선비가 더러 있다]. ○ 국전에 "외관外官으로서 본인이 사망한 경우 및 부모의 상이나 아내의 상을 당한 경우에는 모두 상수미喪需米[17]를 지급하되 차등을 둔다"[18][뒤에 '수령의 재임 중 사망'(제12부 제5조)에 자세히 나온다]라고 하였는데, 어찌 또 민부전民賻錢[19]을 받는단 말인가. 수령 스스로 헤아려서 사정상 낭패를 보아 가진 것이라곤 하나도 없어 운구運柩하여 돌아갈 망노가

---

16 『속대전·호전·외관공급外官供給』에 나온다. 『경국대전』에는 없었던 규정.
17 상수미喪需米: 관리 본인이 죽거나 친상·처상을 당했을 때 나라에서 치상治喪의 경비로 지급하는 쌀.
18 『속대전·호전·외관공급』.
19 민부전民賻錢: 수령의 상사喪事에 관내 백성들에게 부의로 거두는 돈.

없으면 그래도 괜찮다. 그런데 나의 돌아갈 행낭이 상여를 차려 길을 떠나기에 충분한데도 또 기어이 하민下民들에게 돈을 구걸한다면 시체를 빙자하여 가산을 불리는 짓이 된다. 상을 당한 사람이 차마 못할 일이다.

후한後漢의 양병楊秉이 자사 이천석刺史二千石으로 있으면서 녹봉을 날짜를 계산하여 받고 남은 녹봉은 자기 집 문에 들여놓지 않았다. 그래서 아전이 돈 100만을 가져다주니 그는 문을 닫고 받아들이지 않았다.

남북조시대 양梁나라의 악법재樂法才[20]가 건강령建康令이 되어 녹봉을 받지 않았는데도 떠날 때가 되자 모인 것이 거의 100금金이나 되었다. 그것을 대고臺庫[21]에 실어 보내니, 무제武帝는 "청백하기가 온 나라의 모범이 될 만하다"라고 하였다.

송나라 완장지阮長之[22]가 무창태수武昌太守로 있다가 임해태수臨海太守로 옮겼는데 관에 있을 때 항상 낡은 솜옷을 입었다. 시도時都【시도는 무창을 가리킴】의 전록田祿[23]은 망종을 경계로 하여 이날에 앞서 관을 떠나는 자는 1년 동안의 녹봉이 모두 후임자에게로 돌아갔다【신관이 정월 이래의 녹봉을 아울러 다 수령한다】. 완장지는 무창군을 떠날 적에 신관이 아직 당도하지도 않았는데 망종 하루 전날 인끈을 풀어놓고 떠났다【하루 뒤에 인끈을 풀어놓으면 응당 녹봉을 수령할 것이다】. 그가 출발할 적에 친구들이 혹 기물器物을 작별의 선물로 주었다. 그는 받아서 곧 간수해두었다가 후에 돌아가서 모

---

20 악법재樂法才 : 중국 남조南朝 때 사람. 자는 원비元備이다. 건강령建康令, 상서우승, 강하태수江夏太守를 지냈다.
21 대고臺庫 : 국고를 가리키는 말.
22 완장지阮長之, 379~437 : 중국 남조 때 사람. 자는 무경茂景이다. 남조 송에서 벼슬했는데, 제부참군諸府參軍을 지냈으며 임해태수臨海太守에 이르렀다.
23 전록田祿 : 수령에게 배당되는 현지 전토의 소출로 받는 녹봉.

두 돌려보냈다[본전本傳[24]에 "완장지는 일생 동안 캄캄한 실내에서도 자기 양심을 속이지 않았으며, 다스리는 고을마다 모두 은혜로운 정사가 있었다"라고 하였다]. 案 이는 맑은 선비의 행실이니 마땅히 힘써서 본받을 일이다.

『남사南史』에 일렀다. "주수지朱修之[25]가 형주자사荊州刺史로 있다가 형주를 떠나는 날 형주에 있은 이래 등불로 쓴 기름과 자기의 말과 소가 먹은 관가의 풀과 곡식을 계산하여 자기 돈 60만 전錢을 내어 갚았다."

채번옹蔡樊翁이 나의 부친[휘 재원載遠이다]의 묘갈명墓碣銘[26]에서 다음과 같이 기록했다. "군君이 진주晉州에서 병이 깊었는데 좌우에 보살필 자가 없었고 세 아들이 중도에서 분곡奔哭하였다.[27] 아전들이 장부를 챙겨보니 두서를 찾을 수 없어 어찌해야 할 줄을 몰랐다. 마침 베갯머리의 작은 상자에서 손수 기록한 문서 한 장이 나왔는데 각 방房의 포흠과 잉여를 하나하나 조목별로 죽 적어놓은 것이었다. 저것과 이것을 대조하여 각각 보완, 그에 따라 맞추어보니 남고 모자라는 것이 하나도 없었다. 그의 지방관으로서의 규모가 끝까지 신중하고 치밀함이 이와 같았다."

『다산필담』에 실려 있다. "예전에 어떤 사람이 영암군수가 되어 주리(廚吏, 주방 담당 아전)의 돈 수백 냥을 갚지 않고 떠났다. 주리가 나주까지 따라가서 호소하였으나 듣지 않았다. 이에 주리는 요여腰輿[28] 앞으로 나

---

24 본전本傳: 『송서宋書·양리열전良吏列傳·원장지전阮長之傳』을 가리킨다.

25 주수지朱修之: ?~464; 중국 남송 때 사람. 자는 공조恭祖이다. 벼슬은 황문시랑黃門侍郞을 거쳐 좌호상서左戶尙書, 영군장군領軍將軍에 이르렀다.

26 묘갈명墓碣銘: 『번암집樊巖集』 권53에 「통훈대부진주목사정공묘갈명通訓大夫晉州牧使丁公墓碣銘」이란 제목으로 수록되어 있다.

27 분곡奔哭: 부모의 병환이 위중하다는 급보를 듣고 달려가는 것을 이르는 말. 당시 약현若鉉·약전若銓·약종若鍾·약용若鏞의 네 형제 중에서 세 형제가 분곡을 하였는데, 진주에 도착하기 전에 부친이 돌아가셨다.

28 요여腰輿: 혼백이나 신주를 모시고 가는 작은 가마.

가 엎드려 신주에 대고 '신주대감님 잡수신 것을 안전案前【하리下吏가 수령을 일러 안전이라 한다】께서 갚지 않고 가십니다. 비옵건대 명을 내리시와, 즉시 갚도록 하옵소서' 하며 계속 쫓아가서 장성長城 땅에 다다랐다. 관장은 어쩌지 못해 갚아주고 갔다."

부로들이 수령을 교외에서 전별연餞別宴을 베풀어 떠나보내며 마치 어린아이가 어미를 잃은 듯 인정이 말에 나타나면 또한 인간 세상의 지극한 영광이다.

한나라 유총劉寵[29]이 회계태수會稽太守로 있다가 돌아올 때이다. 긴 눈썹에 머리가 새하얀 부로 몇이 산골에서 내려와 각기 100전씩을 싸서 전별금으로 바치며 "밝은 사또께서 부임한 이래로 밤에는 개 짖는 소리가 들리지 않고 백성들이 아전을 모르고 지냈습니다"라고 말하는 것이었다. 유 태수는 "부로들께서 수고하셨습니다" 하고 한 분마다 대전 하나씩만 가려서 받았다. ○ 양나라 동양태수東陽太守 사원謝譓[30]이 임기가 차서 떠날 때 사람들이 돈 1만 전을 보내자, 100전만을 남겨두면서 "액수가 유총이 받은 것보다 많아 부끄럽게 생각합니다"라고 말하였다. ○ 유린劉麟[31]이 소흥紹興을 맡아 다스렸는데 그곳은 한나라 유총이 다스렸던 고장이었다. 재임 중에 청렴하고 정확하여 50일 만에 고을이 크게 잘 다스려졌

---

29 유총劉寵: 중국 후한 모평牟平 사람. 자는 조영祖榮이다. 회계태수를 거쳐 사도司徒에 이르렀다.
30 사원謝譓: 중국 남북조시대 양나라 때 사람. 벼슬은 사도우장사司徒右長史에 이르렀다.
31 유린劉麟, 1475~1561: 중국 명나라 무종武宗 때 관인. 자는 원서元瑞, 호는 남원南垣이다. 공부상서를 지냈다.

다. 역적 유근劉瑾[32]이 유린에게 앙심을 품고 신분과 지위를 박탈하여 서민으로 만들었다. 소흥 백성들이 서로 다투어 노자를 바치자 유린은 "나의 치적이 유총에 미치지 못하거늘 감히 1전인들 받을 수 있겠소"라고 하였다. 그가 떠나고 나서 그곳 사람들이 그의 초상화를 그려놓고 소유사小劉祠를 지었다.

진晉나라 등유鄧攸는 오흥군吳興郡을 맡아 다스릴 때 은혜로운 정사가 있었다. 그 고을을 떠나는 날 사람들이 그의 배에 매달려 300리까지 따라와 전송하며 차마 작별하지 못하였다. 군에는 일찍이 송영전送迎錢 수백만이 있었으나 등유는 떠나면서 1전도 받지 않았다. 案 고을에 송영전이 있었다고 한 것은 지금의 이른바 읍례邑例[33]와 같다.

화자어華子魚[34]가 회계에서 서울로 돌아올 때에 빈객들이 전별금으로 준 것이 수백 금이었다. 화자어는 거절하지 않고 모두 받고 나서 가만히 표시를 해두었다. 떠나기에 임하여 물건들을 다 모아놓고 물건을 준 사람들에게 "나는 본래 여러분이 주시는 것을 거절할 마음은 없었소. 그런데 받은 것이 너무 많아서 수레 한 대에 싣고 먼 길을 가고 보면 '옥을 품은 것이 죄가 되게 할 수 없으니'[35] 여러분은 잘 헤아려주기 바라오"라고 타일렀다. 여러 사람들이 이에 각기 바쳤던 것을 도로 찾아갔다.

---

32 유근劉瑾, 1451~1510 : 중국 명나라 때 인물. 무종 때 환관으로서 태감太監에 올랐다. 권력을 농단하며 엄청난 부를 축적하다가 마침내 죽임을 당했다.

33 읍례邑例 : 읍사례의 준말. 지방의 고을에서 관행적으로 행해오는 여러 가지 일. '읍사례'라고 해서 고을마다 정리해놓은 책자도 있었다.

34 화자어華子魚 : 중국 위나라 인물인 화흠(華歆, 157~231)을 가리키는 것 같다. 화흠은 자가 자어子魚, 예장태수豫章太守를 거쳐 상서령尙書令·태위太尉를 지냈다.

35 죄가 없는 사람이 보옥寶玉을 가지고 있어 죄인이 된다는 말. 중국 주나라 속담에 "필부에게 죄가 없으나 옥을 품은 것이 죄다[匹夫無罪 懷玉其罪]"라고 하였다.

최정崔挺[36]이 광주자사光州刺史로 있을 때의 일이다. 액현掖縣[37]의 어떤 노인이 자진하여 "일찍이 임읍林邑[38]에 사신으로 갔다가 좋은 옥을 얻어 바다에 있는 섬 속에 감추어둔 지 거의 60년이 되었다오. 이제 밝은 정사를 만났으니 그것을 바치고 싶소"라고 하였으나 최정은 받지 않았다. 교체되어 떠날 무렵에 노인과 아이들까지 비단 등속을 보내왔으나 일체 받지 않고 물리쳤다.

적부복翟溥福[39]이 남강부를 맡아 다스릴 때 선정이 많았다. 연로하여 사직하기를 원하자 시랑侍郞 조신趙新[39]이 일찍이 강서 지방을 순무하면서 "적군翟君은 이 지방에서 제일 어진 수령이다. 어찌 그의 사직을 들어줄 수 있겠는가" 하고 널리 공표하였다. 적부복이 여러 날을 두고 간청을 하니 그제야 허락하였다. 고을을 하직하는 날 부로들이 다투어 금과 비단을 선물했으나 일체 받지 않았다. 뭇 백성이 떠나는 배를 부여잡고 눈물을 흘렸다. 그래서 그곳의 호숫가에 사당을 세워 제사를 지냈으며, 또 백록서원白鹿書院[40]에 배향이 되었다.

나의 친구 한익상韓益相[41]은 가난한 선비이다. 벼슬살이로 객지를 떠돌

---

36 최정崔挺, 445~503 : 중국 후위後魏 사람. 자는 쌍근雙根이다. 광주자사를 거쳐 나중에 북해왕北海王의 사마司馬가 되었다. 그가 죽자 광주의 옛 아전치고 슬퍼하지 않는 이가 없었으며 동상을 주조해두고 제사 지냈다.

37 액현掖縣 : 중국 산동성의 내주萊州에 있던 고을 이름. 광주는 같은 산동성의 지명이다.

38 임읍林邑 : 미상. 지금의 베트남 남부에 임읍이라고 일컬어진 곳이 있었다.

39 조신趙新, 1381?~1461 : 중국 명나라 사람. 자는 일신日新, 호는 양재養齋이다. 경사에 널리 통했고 벼슬은 이부상서吏部尙書에 이르렀다.

40 백록서원白鹿書院 : 중국 강서성에 있는 주자를 받드는 서원. 중국의 4대 서원으로 손꼽힌다.

41 한익상韓益相, 1767~1846 : 초명은 매권邁權, 자는 치문稚文, 호는 자오自娛·백졸百拙, 본관은 청주淸州이다. 순조 7년(1807)에 문과에 급제, 전적典籍을 거쳐 경성판관·무안현감 등을 지냈으며, 강원도 관찰사가 되었다. 저술로 『자오집自娛集』 6책이 있다.

아 수십 년 동안 갖은 고생을 다했다. 만년에 경성판관鏡城判官이 되자 친구들이 모두 그의 살림이 좀 윤택해질 것으로 생각하고 축하하였다. 그런데 경성부에 부임해서도 한결같이 청렴결백하게 하였으며, 녹봉으로 받은 돈 5~6만 전을 내어서 기민을 진휼하고 요역을 감해주었다. 하찮은 일로 파직되어 돌아오는데 관내 백성 5000여 호의 부로들이 교외에 나와 전송하며 호마다 베 1필씩을 걷어 노자로 주었으나 모두 물리치고 받지 않았다. 집에 돌아와 보니 아궁이에 불을 때지 않은 지가 사흘이나 되었어도 끝내 후회하는 빛이 없었다.

수나라 조궤趙軌[42]가 제주별가齊州別駕로 있다가 부름을 받아 조정으로 들어가게 되었다. 부로들이 눈물을 훔치며 "별가께서 재직하는 동안 물과 불조차도 백성에게 폐를 끼치지 않았으니 감히 술을 차려 전송하지 못합니다. 별가께서 맑기가 물과 같으니 한 잔의 물을 따라 올릴까 하옵니다" 하니 조궤가 받아 마셨다.

허응규許應逵[43]는 동평수東平守로 있으면서 정사가 매우 볼만하였으나 동료의 중상을 입어 논핵論劾을 당해 갈려 가게 되었다. 아전과 백성들이 달려와 전송을 하는데 울음이 끊이지 않았다. 그는 느지막이 여사旅舍에 이르렀는데 하인에게 "지방관이 되어 가진 것이라곤 하나도 없고 단지 백성의 눈물 얼마를 떨어뜨리게 만들었구나"라고 말했다. 하인은 탄식하며 "나리, 수머니에 돈 한 푼도 늘어 있지 않으니 눈물이나 잘 싸가지고

---

42 조궤趙軌: 중국 수나라 사람. 젊어서 학문을 좋아하고 행실이 검속하여 문제文帝가 제주별가에 임명하였다.
43 허응규許應逵: 중국 명나라 사람. 자는 백점伯漸, 호는 홍천鴻川이다. 벼슬은 산서안찰사山西按察使에 이르렀다.

가서, 친구들 송별하는 인사나 차리십시오"라고 말하였다. 그는 손뼉을
치며 웃었다.

정백자가 진성령晉城令이 되어 백성을 자식처럼 여겼다. 일의 시비곡직
을 가리려는 자들이 어쩌다 소장도 지니지 않고 곧바로 관아의 뜰에 와
서 아뢰려고 하면 선생은 자상히 일러주며 귀찮아하지 않았다. 고을에
있는 3년 동안 백성들이 부모처럼 사랑하여, 떠나는 날엔 울음소리가 들
에 울렸다.

유관현柳觀鉉이 경성판관으로 부임하여 을해년 기근에 지성으로 진휼
하고 병자년 봄에 판관을 그만두고 돌아왔다. 온 부의 사민들이 길을 메
워 전별하고, 기민으로 진휼을 받은 사람들은 각자 한 됫박이나 한 홉의
곡식을 모아 길가에 전별연을 차려 행차가 나아갈 수 없을 정도였다. 귀
문관鬼門關[44]에 이르니, 기민이었던 장정 수십 명이 뒤를 따르며 "밝으신
사또의 은덕을 갚을 길이 없사오니 남여(籃輿: 가마의 일종) 메는 일꾼 노릇
이라도 하겠습니다"라고 하였다. 유 판관이 "메고 갈 인부가 따로 있으니
너희들은 수고할 것 없다"라고 했으나, 그들은 인부를 제치고 다투어 남
여를 메고 가서 평탄한 길에 이르러 유 판관이 말에 오르고 나서야 눈물
을 닦으며 하직하고 돌아갔다.

이시현李時顯이 개령開寧[45] 현감으로 있을 때, 당시 나라 안에 큰 기근이
들어 길에 쓰러져 죽은 시체가 널려 있었다. 그가 잘 조처하여 떠돌며 빌
어먹던 사람들이 집으로 돌아오게 되니 이웃 고을에서도 그를 본받았다.
성주星州로 옮겨서 부임하자 개령의 아이와 늙은이까지 나와 산야를 뒤

---

44 귀문관鬼門關: 함경북도 경성 땅에 있는 험준한 고개.
45 개령開寧: 지금의 경상북도 김천시에 속한 고을.

덮었으며 가마를 부여잡고 울며 "사또가 아니었으면 우리들은 모두 굶어 죽은 귀신이 되었을 것입니다"라고 말하였다.

남두첨南斗瞻[46]이 영암군수로 있을 때의 일이다. 당시 누차 나쁜 수령을 겪고 나서 영암의 부고府庫가 빈 상태였다. 그가 도임하던 처음에는 아침 저녁의 지공支供도 민간에서 꾸어다 하였다. 남 군수가 마음을 단단히 먹고 수습하여 드디어 고을 재정이 풍족하게 되었다. 그가 어머니를 모셔 오기 위해 서울에 올라가려 하니 백성들은 혹시 돌아오지 않을까 염려하여 그가 탄 말을 에워싸고 둘러서서 "사또께서 귀중한 행장은 남겨두어 다시 돌아온다는 뜻을 보이소서"라고 하였다. 그런 관장을 얻은 것을 기뻐하고 행여 잃을까 염려함이 이와 같았다.

돌아오는 길에 거친 자를 만나 꾸짖고 욕하는 소리를
듣게 되어서 나쁜 소문이 멀리까지 퍼지는 것은
세상의 더없는 치욕이다.

『북사北史』에 일렀다. "청주靑州 풍속이 야박하고 고약하여 태수가 경내에 들어오면 모두 벽돌을 품고 머리를 조아리며 그 뜻을 살펴보다가 임기가 차서 집으로 돌아가게 되면 벽돌을 들고 치려 하니 인정의 향배가 손바닥 뒤집는 것보다 빨랐던 것이다. 이러므로 서울의 민요에 '옥 안에 죄수가 없으면 거기에는 청주 사람이 없다'라고 하였다. 이연실李延實이 청주를 맡아 나가자 임금이 '그곳은 벽돌을 품고 있으니 의당 좋은 마

---

46 남두첨南斗瞻, 1590~1656: 자는 여앙汝仰, 호는 성와醒窩, 본관은 의령이다. 광해군 8년 (1616) 증광문과에 병과로 급제, 벼슬은 호조참의에 이르렀다.

음을 쓰도록 하라'라고 하였다."

양숙보楊叔寶[47]가 미주眉州에 부임하여 일을 보기 시작한 지 3일 만에 큰 연회를 벌였다. 악공이 구어口語[48]를 바치는데 그 끝 구절에 "사민士民에게 알리노니 모름지기 경하하자. 재성災星이 떠나고 복성福星이 왔다네"라고 하였다. 태수가 기뻐 배우에게 "치어致語는 누가 지었느냐?"라고 물으니, "이 고을에 예부터 내려온 관례에 이 한 수의 시가를 쓰게 되어 있습니다"라고 대답하였다.

『다산필담』에 실려 있다. "해남현海南縣 북쪽 30리 지점에 석벽이 한길에 임해 있다. 매양 탐관이 돌아갈 적이면 아전이나 백성이 그 석벽 위에 몸을 숨기고 내려다보며 돌아가는 원님의 죄상을 낱낱이 소리쳐 외워댄다. 원님 행차를 호위하는 자들은 이 소리가 들려 시끄러울까 걱정하여 그곳에 이르러서는 빨리 통과한다. 이 석벽을 '질치암疾馳巖'[49]이라고 부른다."

---

47 양숙보楊叔寶 : 미상.
48 구어口語 : 어떤 의식에서 구송口誦으로 바치는 말.
49 질치疾馳 : 급히 달린다는 뜻이다.

제 2 조 돌아가는 행장

歸裝

맑은 선비의 돌아갈 때의 행장은 모든 것을 벗어던진 듯 조촐하여 낡은 수레와 야윈 말인데도 그 산뜻한 바람이 사람들에게 스며든다.

한나라 장감張堪이 어양태수漁陽太守로 있을 때 어진 마음으로 아랫사람에게 은혜를 베풀었고 위엄은 능히 간사한 무리를 제압하였다. 공손술公孫述[1]이 패망하였을 때 보니 보화가 산적하여 그 물화가 족히 10대를 이어 부를 누릴 만한 것이었다. 그런데 장감은 사직하고 돌아가는 날 허름한 수레에 베 행낭뿐이었다. 황제가 듣고 감탄하였다. ○ 후한의 공분孔奮이 고장姑藏을 맡아 다스리다가 돌아올 때 아무런 재물도 없이 수레 하나로 길을 떠났다.

육장원陸長源[2]이 여주태수汝州太守로 있을 때 청백으로 자세를 지켰다.

---

1 공손술公孫述, ?~36 : 중국 후한 무릉茂陵 사람. 자는 자양子陽이다. 왕망王莽에 반기를 들어 스스로 촉왕蜀王이라 칭하고 성도成都에 도읍을 정했으며, 천자로 일컫기까지 했다. 후에 광무제光武帝에게 패해 죽임을 당했다.
2 육장원陸長源, ?~799 : 중국 당나라 오현吳縣 사람. 자는 영지泳之이다. 여주자사를 지냈고 어사중승에 이르렀다. 본문에 나온 육장원의 조부는 태자첨사太子詹事를 지낸 육여경陸餘慶이다.

후에 그 고을을 떠날 때 수레를 두 채 동원했다. 이에 탄식하기를 "나의 할아버지는 위주魏州[3]에서 돌아오실 때 수레가 한 채였는데 책이 반을 차지했었다. 나는 할아버지에 멀리 미치지 못하는구나"라고 하였다.

한나라의 시묘時苗[4]가 수춘령壽春令이 되었는데 처음에 누런 암소가 끄는 수레를 타고 부임하였더니 한 해 남짓에 그 소가 송아지 한 마리를 낳았다. 떠남에 미쳐서 그 고을 부로들에게 "이것은 너희 고을에서 출생한 것이니 나의 것이 아니다" 하고 그곳에 남겨두고 갔다.

범중엄은 은혜가 구족九族에게까지 융숭하여 가깝고 멀고 간에 두루 미쳤는데 사직하고 가는 날에 행장을 갖추지 못하고 초라한 말 한 필을 팔아 떠나게 되었다.

허자許鎡가 가선령嘉善令으로 있을 때 고을살이가 청백하였다. 돌아감에 미쳐 형편을 헤아려보니 수레를 사용할 만한 돈이 없어 마침내 나귀 한 필을 타고 떠났다.

극암克菴 진도陳韜[5]가 높은 벼슬에 이르고서도 자기 부친이 남긴 의복만 입었고 손님이 왔을 때 질그릇에 나물 반찬으로 마주 대해서도 겸연쩍은 기색이 없었다. 하남을 맡아 다스리고 있다가 부고訃告를 듣고 돌아오는데 행장이 단출하여 수레 한 채뿐이었다. 다시 광동廣東으로 부임함에 이르러는 나귀를 타고 도성문을 나갔다.

---

3 위주魏州: 중국 후위 때 설치한 고을. 하북성河北省 대명현大名縣 동쪽에 있다.
4 시묘時苗, 150~220: 중국 후한의 거록鉅鹿 사람. 자는 덕주德胄이다. 벼슬은 전농중랑장典農中郞將에 이르렀다. 청백하기로 이름이 높았고 건안建安 때 수춘령壽春令이 되었다.
5 진도陳韜: 극암克菴은 진선陳選의 호이며, 진선의 아버지의 이름이 원도員韜이다. 원문이 "진극암도陳克菴韜"인데 "진극암선원도자陳克菴選員韜子"의 착오인 듯하다. 진선 (1429~1486)은 중국 명대의 인물로 자는 사현士賢, 시호는 충민忠愍이다. 천순天順 연간에 진사가 되어 하남부사河南副使·광동좌우포정사廣東左右布政使를 역임했다.

고려 유석庾碩은 안동부사安東府使로 있을 때 선정이 많았다. 최이崔怡와 송국첨宋國瞻[6]에게 미움을 받아 무함을 입어 암타도嚴墮島[7]로 유배를 가게 되었다. 떠나는 날 늙은이와 어린아이들까지 길을 막고 "하늘이여! 우리 사또 무슨 죄 있나요? 사또가 가버리면 우리는 어떻게 살아갑니까" 하고 울부짖으며 가지 못하게 붙들었다. 압송별초押送別抄[8]가 꾸짖고 고함을 쳐서야 길이 열렸다. 그의 부인이 자녀를 거느리고 돌아가는데 사사로이 준비한 말이 3필뿐이어서 걸어가는 사람까지 있었다. 고을 사람들이 하루 더 묵기를 간청했으나 듣지 않았고 마부와 하인을 내어서 호송하려 하자 부인이 사양하기를 "가장이 유배를 갔으니 그 처자도 모두 죄인이다. 어찌 인마人馬를 번거롭게 하겠는가"라고 했다. 고을 사람들이 굳이 청했으나 끝내 받아들이지 않았다. 사람들은 "참으로 우리 사또님의 배필이로다"라고 감탄하였다.

고려 최석崔碩[9]【충렬왕 때 사람】이 일찍이 승평昇平[10]부사가 되었다. 승평의 옛 습속이 매번 수령이 갈려 돌아갈 때 반드시 말 8필을 바치되 가장 좋은 놈을 골라가도록 하였다. 그가 돌아감에 미쳐서 고을 사람들이 관례를 따라 말을 바쳤다. 그는 웃으며 "말은 서울까지 갈 수 있으면 된다.

6 송국첨宋國瞻, ?~1250 : 고려 후기의 문신. 고종 때 최이崔怡(혹은 최우崔瑀)의 정방政房에 참여하였으나 원칙을 지키다 최이의 미움을 샀다. 본관은 진주鎭州이다.
7 암타도嚴墮島 : 지금의 전라남도 신안군에 속해 있는 섬인 암태도로 추정됨.
8 압송별초押送別抄 : 별초는 고려 때 특수 군대를 가리키는 말인데, 여기서는 죄인 호송을 맡은 군인.
9 최석崔碩 : 고려 충렬왕 때 승평부사를 지낸 인물. 팔마비八馬碑에 대한 사적 이외에 다른 행적은 전하지 않는다. 팔마비에 대한 사적은 『신증동국여지승람』에 자세하다. 또한 『승평지昇平誌』에 의하면 정유재란 때 이 비가 파괴되어 광해군 때 이수광이 승주부사로 부임해와 복원하고 「중건팔마비음기重建八馬碑陰記」를 지었다고 한다.
10 승평昇平 : 전라남도 순천의 옛 이름. 일명 승주昇州.

하필 고를 것이 있겠는가" 하고 서울 집에 도착하자 그 말들을 모두 돌려보냈다. 고을 사람들이 받으려 하지 않자 그는 또 "어찌 내가 물욕이 있으면서 안 받으려 한다고 생각하는 것이냐? 나의 암말이 너희 고을에 있을 때 마침 망아지를 낳았는데 그것을 가지고 왔다. 이는 나의 욕심이다. 지금 너희들이 말들을 돌려받지 않으려는 것은, 혹시 내가 물욕이 있음을 엿보고서 겉으로 사양하는 줄 생각하는 것이 아닌가" 하고 그 망아지까지 함께 돌려보냈다. 이로부터 그 습속이 드디어 없어졌다. 고을 백성들이 비석을 세우고 팔마비八馬碑라 불렀다〔『고려사』에는 "승평의 고사로 매양 태수가 바뀌어 돌아갈 때 말 8필을 주고, 쉬(倅, 부관)에게는 말 7필, 법조法曹[11]에게는 말 6필을 주되 마음대로 골라간다'라고 나와 있다〕. 『승평군지昇平郡志』에 실려 있다. "세월이 오래 되어 그 비석이 넘어진 것을 후에 최원우崔元祐[12]가 다시 세우고 시를 지었다. '승평 땅 오고가느라 철이 바뀌고 전송 영접에 농시農時를 빼앗아 부끄럽다. 후세에 전할 만한 공덕이 없다 하지 말아라. 최 사또의 팔마비를 내 다시 세웠노라.'" 案 이 사적으로 미루어 신구관쇄마가新舊官刷馬價라는 것은 근래에 새로 생긴 것이며, 우리나라에서 유래가 깊은 법은 아니다.

> 상자와 농은 새로 만든 것이 없고, 옷감과 주옥은 그 지역 산물이 없어야 맑은 선비의 돌아가는 행장이다.

---

11 법조法曹: 고려시대 지방 관직으로 사록司錄 또는 서기書記를 가리키는 것으로 추정된다.
12 최원우崔元祐: 고려 충목왕忠穆王 때 사람. 서해도西海道 안렴존무사按廉存撫使를 역임했다.

위나라 배잠裵潛[13]이 연주자사兗州刺史로 있을 때 호상(胡牀, 교의) 하나를 만들었는데 떠날 때 벽에 걸어두었다.

명나라 헌예軒輗가 절강의 헌사憲使[14]로 있을 때 관에서의 생활이 청렴하고 까다로웠다. 천순天順 연간(1457~1464)에 그는 대사구大司寇[15]로 발탁되어 말미를 청하여 임금께 하직인사를 드릴 때 임금이 그에게 "전에 절강염사浙江廉使가 임기를 마치고 돌아가는 행장이 겨우 대로 만든 농짝 두 개뿐이었다고 하더니 바로 너인가?" 하고 물어서, 그는 머리를 조아려 사례하였다.

이중李重[16]이 강우얼부江右臬副[17]로 있다가 임지를 떠나는 날에 한 가지 물건도 가지고 가지 않기로 맹세하였다. 그의 부인에게 귀고리 한 쌍이 있었는데 임기 중에 마련한 것이었다. 그는 그 사실을 알고 가져가 물에 던져버렸다. 고향에 돌아간 지 한 해 남짓에 우연히 보니 그의 하인이 잠자는 곳에 주유상朱油牀 한 벌이 놓여 있었다. 그것이 전임지에 있을 때의 물건임을 알고서 대노하여, 그 하인에게 명령해 전임지로 지고 가서 돌려주게 하였다.

김명중金命中[18]이 풍덕豊德[19]군수로 있다가 교체되어 돌아왔는데 집안

---

13 배잠裵潛, ?~244 : 중국 삼국시대 위나라 사람. 자는 문행文行이다. 상서령을 지냈다.

14 헌사憲使 : 중국 송대 이후 여러 도의 사법과 농사를 장려하는 임무를 맡은 관직.

15 대사구大司寇 : 원래 중국 주나라의 관직인데 여기서는 형부상서의 별칭으로 쓴 것이다.

16 이중李重, 253~300 : 중국 서진西晉 사람. 자는 무증茂曾, 시호는 성成이다. 벼슬은 상서이부시랑尚書吏部侍郎에 이르렀다.

17 강우얼부江右臬副 : 강우는 중국 양자강 서쪽 지역인 강서성 일대. 얼부는 지방 장관의 부관副官을 가리킨다.

18 김명중金命中 : 조선 세종 때 문과 급제한 인물. 기사관記事官으로 세종실록의 편찬에 참여하였다.

사람이 내아에서 깔던 자리를 걷어가지고 왔다. 어느 날 대청에 깔아놓은 것을 보고 비로소 그 사실을 알았다. 그는 노하여 책망하고 즉시 반송하도록 하였다. 그의 이웃 친구가 말리면서 "반송하는 것은 지나치게 모난 일이 아닌가. 그대가 집에 놓아두고 싶지 않다면 차라리 나에게 주게"라고 말하자, 김명중은 웃으며 그 친구에게 주었다.

육귀몽陸龜蒙[20]이 고소(姑蘇, 소주蘇州의 별칭)에 살고 있었다. 문 앞에 큰 돌이 하나 놓여 있는데, 그의 먼 조상 중에 속續이란 분이 울림鬱林[21] 수守로 있다가 돌아올 때 행장이 가벼워 배가 물에 뜨기 어려워서 이에 돌 하나를 실어 배에 무게를 주었다 한다. 사람들이 이 돌을 '울림석'이라고 불렀다.

홍규洪規[22]가 회계태수로 있다가 돌아오는데 실을 물건이 없었다. 그는 다른 사람들이 자기의 청백함을 알지 못하게 하기 위하여 배에다 흙을 싣고 돌아왔다.

채군모蔡君謨가 일찍이 오전吳牋[23]에 기록하기를 "이급李及이 항주를 맡아 있을 때 백집白集[24] 1부를 구입한 것을 종신토록 한스럽게 여겼다"라고 했다. ○ 송나라 능충凌冲[25]이 함산현含山縣을 맡아 있을 때 털끝만큼도

___

19 풍덕豊德: 지금의 개성직할시 개풍군 지역으로 세종 때 해풍군과 덕수현이 합쳐져 풍덕군이 되었다.
20 육귀몽陸龜蒙 ?~881: 중국 당나라 때 장주長洲 사람. 육경六經의 대의大義에 통하고 『춘추』에 밝아 많은 저술을 남겼다. 송강松江의 강보리江甫里에 은거하여 호를 강호산인江湖散人·천수자天隨子 라고 하였다.
21 울림鬱林: 중국 광서성廣西省에 있는 지명.
22 홍규洪規: 미상.
23 오전五牋: 중국 강소성 지방에서 생산되는 종이로 문인들 사이에 애용되었다.
24 백집白集: 백거이白居易의 문집을 가리킴. 『백씨장경집白氏長慶集』
25 능충凌冲, 976~1094: 중국 송나라 때 관인. 자는 호령顥靈이다.

함부로 취한 것이 없었다. 임기를 마치고 돌아갈 때 행장 속에 벼루 하나가 들어 있었다. 그는 그것을 보고서 "내가 부임할 적에 있었던 물건이 아니다"라 말하고 돌려주도록 명했다.

구양재歐陽載[26]가 광남동로廣南東路 전운사轉運使로 있을 때의 일이다. 전임 전운사들이 녹봉 대신 시박물市舶物[27]을 받아 그 이득이 세 배나 되었다. 그는 "내가 어찌 이익을 바라겠는가"라며 탄식하고 바로 돈으로 봉급을 받았다. 임기가 참에 허름한 배 한 척으로 돌아가는데 시박물은 하나도 없었다.

제주목사로 있던 이약동李約東[28]이 돌아갈 때 가죽 채찍 하나만 가졌을 뿐이었는데, "이 역시 제주도의 물건이다"라 말하고 관아의 문루門樓에 걸어두었다. 제주도 사람들이 그 가죽 채찍을 보물처럼 보관하여, 목사가 새로 부임할 때마다 내다 걸었다. 세월이 흘러 채찍이 낡아버리자 고을 사람들이 처음 채찍을 걸었던 곳에 그 사적을 그림으로 그려 사모하는 뜻을 표현했다. ○ 이약동이 바다를 건너올 적에 넓은 바다 한가운데서 배가 갑자기 기울고 맴돌며 위태롭게 되자, 그는 "나의 행장에 떳떳치 못한 물건은 하나도 없거늘, 혹시 막객(幕客, 비장) 중에 나를 속이고 욕되게 할까 하여 신명이 경고하는 것이 아닐까?"라고 말했다. 당초에 제주의 장사將士들이 그가 유장儒將으로 천거되었기에 갑옷 한 벌을 싸서 몰래 배

---

26 구양재歐陽載, ?~1026 : 중국 송나라 때 관인. 자는 측지則之이다. 벼슬은 상서공부낭중尚書工部郎中에 이르렀다. 구양수區陽脩의 족부族父로, 묘지명을 구양수가 썼다.

27 시박물市舶物 : 해외 무역품. 중국 송나라 때 시박사市舶司를 광주廣州·천주泉州·명주明州·수주秀州 등지에 두어 해외 통상을 관장케 했다.

28 이약동李約東, 1416~1493 : 자는 춘보春甫, 호는 노촌老村, 본관은 벽진碧珍, 시호는 평정平靖이다. 문종 때 문과에 급제, 이조참판에 이르렀다.

행하는 사람에게 맡기고 바다를 건넌 다음에 아뢰려고 하였는데 이에 이르러 그 일을 사실대로 아뢰었다. 그가 갑옷을 물에 던지니 그제야 파도가 자고 배가 제대로 움직였다. 지금 그곳을 투갑연投甲淵이라고 부른다.

이광李洸이 영흥부사永興府使로 있다가 길주목사吉州牧使로 승진하였다. 그가 영흥을 떠날 때 몸에 딸린 물건이라고는 책 상자 등속뿐이었다. 겨울에 사냥을 해서 얻은 사슴가죽 수백 장이 있었는데 관에서 관장하는 물건이 아니었다. 고을 사람들이 모두 챙겨가도록 청했으나 받지 않고 물리치기에 억지로 청하여 비로소 한 장만 받았다. 그가 길주를 떠날 때에도 그렇게 하였는데 영흥에서 받았던 사슴가죽 한 장마저 관물로 남겨두었다.

한지韓祉가 지방관으로 있을 때의 일이다. 구관쇄마는 관례가 18필이었는데, 그는 교체되어 올 때 실을 물건이 없어 2필만으로 돌아왔다. 나머지는 그 값을 여러 비장裨將에게 나누어주면서 "쇄마를 줄이면 이름을 낚는다는 혐의를 살 것이다"라고 말했다. 여러 비장들이 많이들 달마撻馬[29]를 구입하였는데 떠나올 무렵 주수主帥에게 누를 끼칠까 두렵다 하며 다 함께 팔아버릴 것을 의논하였다. 한지가 그 사실을 듣고 "말을 사는 것은 으레 있는 일이다. 어찌 버릴 것인가" 하고 명하여 모두 끌고 오도록 했다.

하늘이 낸 물건을 물이나 불 속에 던져버림으로써
자신의 청렴결백을 과시하는 등의 행동은 천리天理에

---

29 달마撻馬 : 몽고 지방에서 들여온 명마名馬.

맞지 않는 짓이다.

이면李勉[30]은 영남절도사嶺南節度使로 있을 때 청렴과 근면으로 부하들을 거느렸다. 부름을 받고 돌아올 때 배에 들어가서 가솔들이 가지고 가는 물건들을 모두 찾아내어 강에 던져버리고 "오은지吳隱之[31]로 하여금 나를 비웃게 하지 마라"라고 하였다.

송나라 공기孔覬가 고을살이를 할 때 일이다. 두 아우가 고향으로 돌아갈 적에 짐이 배로 10여 척이나 되었는데 모두 비단·종이·자리 등속이었다. 공기는 강 언덕에 모아놓고 불을 지르게 하고 "명색이 사류士流에 참여하여 어찌 고향으로 돌아가면서 장사치 짓을 하는 데 이르러서야 되겠는가"라고 하였다.

건국공汧國公 이면이 영남절도사로 있다가 임무를 마치고 돌아올 때 석문石門에 이르러 배를 멈추고 가솔들이 가져오는 무소뿔·상아 등속을 모두 찾아내어 강물에 던져버리고 떠났다. 案『예기』에서 "재화는 땅에 버려지는 것이 나쁠 따름이요, 반드시 자기만 가질 것은 아니다"[32]라고 하였다. 공기와 이면 두 사람은 어찌 그 물화를 강가의 빈민들에게 나누어주지 않았는가? 잘못된 처사이다.

---

30 이면李勉, 717~788: 중국 당나라 때 인물. 자는 현경玄卿, 벼슬은 절도사검교사공동평장사節度使檢校司空同平章事에 이르렀고, 건국공汧國公의 봉을 받았다.
31 오은지吳隱之: 중국 동진東晉의 인물로 행실이 청렴결백하여 이름이 높았으며, 특히 광주자사로 부임할 때 탐천貪泉의 고사가 유명하다. 이에 대해서는 1권 184~185면 참조.
32 『예기·예운禮運』.『목민심서』에 다산이 인용한 것과 『예기』의 원문은 약간의 차이가 있다. 인용문은 "화악기기어지貨惡其棄於地, 불필자취不必自取."『예기』의 원문은 "화악기기어지야貨惡其棄於地也, 불필장기不必藏己."인데 '자취自取'와 '장기藏己'는 글자는 다르지만 뜻은 같다.

송나라 장지재張之才[33]는 양성현陽城縣[34]을 맡아 다스릴 때 청백하고 신중하며 백성을 사랑하였다. 임지를 떠남에 이르러 탕묘湯廟에 하직하는 시를 지었는데 이러하다. "고을살이 이곳으로 와서 네 번의 봄을 넘겼다. 저 하늘에 부끄럽지 않고 우리 백성에게 부끄럽지 않으니 신령께서 앎이 있으면 응당 나를 믿으시라. 돌아갈 때 역시 올 때 가난 그대로일세." ○ 군자는 "이 시는 자기 자랑에 가깝다"라고 한다.

이계수李桂遂[35]가 금산군수錦山郡守가 되어 고을살이 6년에 스스로를 돌보는 데는 박하였다. 임기가 차서 서울로 돌아올 때 그 고을 사람들이 시를 지어 전송하되 "청렴한 절조는 지금에도 드물고 옛날에도 드물어라. 백성의 고혈 털끝만 한 돈도 앗아가지 않았다네"라고 하였다.

돌아올 때 떳떳치 못한 물건이 하나도 없이 맑고 소박함이 옛날과 같은 것이 으뜸이고, 방편方便을 마련하여 종족들을 넉넉하게 해주는 것은 그 다음이다.

양성재가 강동江東 지방의 조운을 맡았을 때 봉급으로 받은 돈이 1만 민緡이 되었다. 그 돈을 관고 속에 그대로 두고 돌아갔다. 그의 아들 동산東山노 오양五羊[71]을 지킬 때 봉급 7000민으로 하호를 대신해 조세로 바

---

33 장지재張之才: 중국 송나라 때 사람. 자는 차문次文이다. 소성紹聖 연간(1094~1098) 초에 현령을 지냈다.

34 양성현陽城縣: 중국 하남성에 있던 고을 이름. 이곳은 은殷의 옛 땅으로 은나라를 세운 탕왕을 모신 사당인 탕묘湯廟가 있었다.

35 이계수李桂遂: 세종 때 과거에 급제, 벼슬은 판사判事에 이르렀다. 본관은 용안龍安이다.

쳤다. 그의 집은 짧은 서까래에 흙 섬돌이라 시골 사람의 집 같았으나 삼대가 되도록 증축하거나 장식하는 일이 없었다. 사양숙史良叔[37]이 여릉령廬陵令으로 있다가 임기가 찰 무렵 양씨의 집을 찾았다. 문에 들어서나 마루에 올라서나 눈에 보이는 것이 존경할 만하고 본받을 만한 것 아님이 없었다. 그래서 화공畫工에게 명하여 그 집을 그려가지고 돌아갔다.

양정화楊廷和[38]는 매양 벼슬을 하다가 돌아오면 고향 사람들을 위하여 한 가지씩 은혜로운 사업을 베풀었다. 처음 돌아와서는 수리水利를 일으켜 마른 논 1만 경에 관개를 했더니 그 고장 사람들이 은덕으로 여겨 학사언學士堰이라고 칭했다. 두 번째 돌아와서는 패방牌坊[39]을 세울 비용을 희사하여 고을의 성곽을 수축하였다. 그 공사가 끝나자 적병이 이르러 수만 명의 생명을 온전히 살릴 수 있었다. 또 다음에 돌아와서는 의전義田[40]을 성곽 서북에 설치하여 종족들을 넉넉하게 살 수 있게 하였다. 대개 세 번 돌아오매 이로운 사업을 일으킨 것이 세 가지였다. ○ 참판 윤광안尹光顔이 경상도 감사로 있다가 돌아와서 의장(義莊, 의전義田)의 전답, 서책 등을 마련하여 종족들이 도움을 입도록 하였다.

---

36 오양五羊: 중국 광동성廣東省 광주廣州의 별칭. 오양五羊의 전설에 유래한 지명이다.

37 사양숙史良叔, 1161~1244: 중국 송나라 사람인 사미충史彌忠. 양숙良叔은 그의 자이다. 함녕위咸寧尉로 있다가 돌아올 때 행장이 무거워 그의 부친이 부끄럽게 여기며 펼쳐보니 모두 책뿐이었고, 여릉령廬陵令으로 있을 때도 유능하다는 칭송을 받았다.

38 양정화楊廷和, 1459~1529: 중국 명나라 사람. 자는 개부介夫, 호는 석재石齋. 성화成化 연간에 진사가 되어 벼슬은 태자태사太子太師, 화개전대학사華蓋殿大學士에 이르렀다. 저서에 『양문충공삼록楊文忠公三錄』이 있다.

39 패방牌坊: 패루牌樓. 지역의 표시, 정표旌表, 혹은 미관을 위해 세운 것. 이 경우 패루와 성곽을 연계시킨 것이다.

40 의전義田: 일정한 농지를 마련하여 거기서 세금을 거두는 것으로 친족을 돕고 빈민을 구제한다는 뜻에서 의전義田이라 한 것이다.

정선은 다음과 같이 말하였다. "자기의 포부를 들어서 천하의 백성에게 베푸는 것을 사업事業이라 하고, 일가 사람들에게 베푸는 것을 산업産業이라 하며, 천하의 사람들을 해쳐서 자기 일가 사람들을 이롭게 하는 것을 원업冤業이라 한다. '산업'으로 '사업'을 삼으면 사람들이 원망하고, '산업'으로 '원업'을 지으면 하늘이 벌줄 것이다." ○ 정선은 또 말하였다. "의롭지 못한 재물을 많이 얻으면서 생긴 원한의 빚을 자손에게 갚도록 하는 것은 복이 아니다. 조상의 사당을 세우고, 종족들을 넉넉하게 해주며, 궁한 친척들을 구제하는 것은 실로 아름다운 일이다. 그러나 성급하게 다 좋게 하려는 마음이 있으면 법을 거스르는 일이 반드시 심해질 것이다. 어찌 덕을 쌓고 상서로운 기운이 서리도록 해서 벼슬이 오래감에 따라 스스로 윤택해져 오랫동안 누리게 되는 것과 같겠는가?"

願留

수령이 떠나는 것을 매우 애석히 여겨 길을 막고
유임을 원하는 일은 역사책에 그 광휘 光輝가 전해져
후세에 빛나는 것이니, 이는 걸시늉만으로 되는 일이
아니다.

후한의 제오륜第五倫이 회계태수로 있을 때 그 부인이 손수 밥을 지었
다. 교체되어 돌아갈 때 백성들이 말고삐를 붙잡고 "우리를 버리고 어디
로 가십니까?" 하며 울부짖었다. ○ 맹상孟嘗이 합포태수合浦太守로 있다가
돌아갈 때 아전과 백성들이 수레를 붙잡고 만류하여 행차가 나아갈 수
없게 되자 상선商船에 의탁하여 밤에 떠났다.

이원굉李元紘[1]이 윤주潤州를 다스려 은혜로운 정사를 펴다가 교체되어
떠날 때 아전과 백성들이 길을 막고 만류했는데 까마귀와 까치도 떼를
지어 날며 수레를 옹위했다.

후한의 후패侯霸[2]가 회양태수淮陽太守로 있다가 부름을 받아 서울로 가

---

1 이원굉李元紘, ?~733: 중국 당나라 사람. 자는 대강大綱, 시호는 문충文忠이다. 조주자사·
태자첨사太子詹事 등을 역임하였다.
2 후패侯霸, ?~37: 중국 후한 때 사람. 자는 군방君房이다. 상서령·대사도大司徒 등을 역임하

게 되었다. 백성들이 울부짖으며 사자使者의 수레를 막고 멍에를 붙잡으며 수레 앞에 드러누워 1년 더 유임시켜주길 빌었다. 그리고 젖 먹이는 여인들에게 아기를 버리라는 말까지 나왔는데 후 사또가 가고 나면 아기를 온전히 기를 수 없기 때문이었다.

당나라 요원숭姚元崇이 형주荊州를 맡아 다스리다가 교체되어 가는 날 백성들이 말 머리를 둘러싸고 길을 막아 떠나지 못하게 했다. 그가 말을 타자 백성들은 채찍과 등자를 모두 잘라 그를 만류했다.

당나라 유관劉寬이 평릉령平陵令으로 있다가 임기가 차서 떠날 때 백성들이 수레를 붙잡고 바퀴를 막으며 길을 가득 메웠다. ○ 안비顏斐가 경조윤으로 있다가 평원태수平原太守로 옮기게 되자 아전과 백성들이 울부짖으며 길을 막고 붙들어서 하루에 수십 리 밖에 가지 못하였다. 그가 떠난 후 비를 세우고 송가頌歌를 지었다.

당나라 원자袁滋[3]가 화주자사華州刺史로 있을 때 정사가 맑고 간소했다. 임기가 차서 양오릉楊於陵[4]이 대신 오게 되었는데 원자가 떠날 때 늙은이들이 길을 막고 가지 못하게 했다. 양오릉이 사람을 시켜 "나는 원공의 정사를 함부로 바꾸지 않겠다" 하고 타이르자, 사람들이 모두 늘어서서 절하며 눈물을 흘렸다. 이에 떠날 수 있었다.

증자고曾子固가 제주齊州를 맡았을 때의 일이다. 마침 조정에서 변법變法[5]

였다.

3 원자袁滋, 749~818: 중국 당나라 사람. 자는 덕심德深이다. 중서시랑평장사中書侍郎平章事를 역임했다.

4 양오릉楊於陵, 753~830: 중국 당나라 사람. 자는 달부達夫이다. 호부상서戶部尚書, 태자소부太子少傅 등을 역임했다.

5 변법變法: 중국 북송 때 왕안석의 신법을 가리킨다.

을 시행코자 사방으로 사신을 내보냈다. 그는 새 법을 적절하게 잘 시행했기 때문에 백성들이 동요하지 않았다. 임기가 끝나자 고을 사람들이 다리를 끊고 성문을 닫아 그를 막고 만류하므로 밤에 틈을 타서 떠났다.

증치요曾致堯[6]가 수주壽州를 맡아 다스리면서 은혜로운 정사를 베풀었다. 그가 떠나게 되자 수주의 사람들이 여러 날 동안 그를 막고 만류하므로 한 필 말에 졸개 두 명을 데리고 몰래 떠났다. 그가 다른 고을을 통과할 때까지 수주의 백성 중에 쫓아오는 자가 있었다.

요개공姚盖恭이 경성현頃城縣을 맡아 고을을 잘 다스렸다. 그가 떠날 때 백성들이 길을 막고 유임하기를 빌어 조정에서 새서璽書[7]를 내리고 곡식과 비단을 상으로 주었다. ○ 양계종楊繼宗이 가흥부嘉興府를 맡아 다스릴 때 하인 한 명만 데리고 있어서 마치 나그네 같았다. 9년으로 임기가 만료되었을 때 고을의 늙은이와 어린아이들이 길을 막고 만류했다.

진일陳鎰[8]이 섬주陝州를 맡아 다스린 10여 년 동안 백성들이 그를 좋아하였다. 그의 수염이 아름다웠으므로 그를 봉자야鬅子爺[9]라고 불렀다. 한때 의논할 일이 있어 조정에 돌아가게 되었는데 백성들에게 갈려 간다고 잘못 전해져서 길을 막고 유임하도록 비는 자가 수천 명이나 되어 거리를 다닐 수 없을 정도였다. 그가 틀림없이 다시 돌아온다고 타이르니 비로소 흩어졌다.

---

6 증치요曾致堯, 947~1012 : 중국 송나라 사람. 자는 정신正臣이다. 예부낭중禮部郞中 등을 역임했다. 저서에 『선부우익僊鳧羽翼』『위신요기爲臣要紀』등이 있다.
7 새서璽書 : 임금의 어새御璽가 찍혀 있는 문서.
8 진일陳鎰, 1389~1456 : 중국 명나라 사람. 자는 유계有戒, 호는 백헌伯軒이다. 좌도어사左都御史 등을 역임했다.
9 봉자야鬅子爺 : 수염 많은 할아버지라는 뜻.

유철兪橄[10]이 예천군수醴泉郡守로 부임한 지 얼마 안 되어 고을이 잘 다스려지고, 보리 한 대에서 이삭 둘이 피는 상서로운 일이 생겼다. 그가 사임하고 돌아갈 뜻이 있어서 부모를 뵈러 가서 오랫동안 돌아오지 않자, 고을 사람들이 날마다 그의 집 앞에 가서 돌아오기를 간청하였다. 그가 "고을에 관아의 물건을 사사로이 쓴 사람이 많은데, 내가 채찍질하고 독촉하는 것을 좋아하지 않기 때문에 사임하려 한다"라고 말하자, 백성들이 서로 권고하여 한꺼번에 다 반환했다.

유정원이 자인현감慈仁縣監으로 있을 때의 일이다. 휴가를 받아 돌아갈 채비를 하면서 벼슬을 버릴 뜻이 있었다. 그러자 고을 사람들이 사흘 밤낮 동안 관아의 문을 지키며 돌아가지 않았다. 그는 가족을 머물게 하여 다시 올 뜻을 보이고는 돌아가 세 번이나 사직장辭職狀을 올렸다. 감사가 "백성들의 마음이 황황하여 마치 어머니를 잃은 아이 같은데 사私를 따르고 공公을 버림은 옳지 않다"라고 하며 허락하지 않았다. 그가 할 수 없이 돌아오니 고을 사람들이 멀리까지 나와 환영하였다.

김희채金熙采가 장련현감長連縣監으로 있으면서 인자하게 다스리다가 안협安峽으로 전임되자 고을 사람들이 열 겹으로 길을 막았다. 그는 밤을 타서 몰래 빠져나갔다['재난을 구함'(제4부 제6조)에 자세히 나와 있다].

백성들이 대궐로 달려와서 유임해주기를 청원하면
허락하여 백성의 뜻을 따르는 것이 옛날에 선善을

---

10 유철兪橄, 1606~1671 : 자는 방숙方叔, 호는 취옹醉翁, 본관은 기계杞溪이다. 경기도 관찰사·대사헌 등을 역임했다.

장려한 큰 방법이었다.

후한의 구순寇恂[11]이 영천태수穎川太守로 있다가 조정에 올라가서 집금오執金吾[12]가 되었다. 임금을 따라 영천을 지나간 일이 있었는데 백성들이 길을 막고 그를 1년 더 유임시켜주기를 소원하였다. 이에 임금은 다시 임명했다.

후한의 양군陽君이 번양령繁陽令으로 있다가 관직을 놓고 훌쩍 떠났다. 아전과 백성들은 글을 올려 곡식 1만 곡을 운반하여 관장을 도와 빈민을 진휼하기를 청하며 그가 돌아오기를 빌었다.

충호种暠[13]가 양주涼州[14] 태수로 있다가 조정에 불려 가자 아전과 백성이 대궐에 나아가 1년 더 유임시켜주기를 청원했다. 그가 한양태수漢陽太守로 옮길 적에는 이적夷狄의 남녀 수십 명이 전송하여 한양 지경까지 따라와서 작별하느라 서로 읍揖을 하여 10리에 끊이지 않았다.[15]

---

11 구순寇恂, ?~36: 중국 후한 때 사람. 자는 자익子翼, 시호는 위威이다. 하내河內, 영천穎川, 여남汝南 등의 태수를 지냈다.
12 집금오執金吾: 중국 한대의 관직. 금오봉金吾棒을 들고 궁문을 호위하여 붙여진 명칭. 황제를 호위하고 법 집행을 맡았다.
13 충호种暠, 103~163: 중국 후한 때 인물. 자는 경백景伯이다. 시어사侍御史, 상서尚書, 대사농大司農 등을 역임했다.
14 양주涼州: 원문에 "양주梁州"로 나와 있는데 양주涼州의 오기로 보인다. 『후한서後漢書·충호전种暠傳』에 의거해서 바꾸었다. 양주涼州는 중국 서쪽 변경인 감숙성의 옛 이름이다.
15 이적夷狄이란 소수민족을 가리킨다. 양주 지역은 변경이어서 소수민족이 많이 거주하고 있었다. 그리고 "충승이 서로 읍揖을 하여 10리에 끊이지 않았다"라고 한 대목이 『후한서』 본전에는 "충여상읍사种與相揖謝, 천리부득승거千里不得乘車"라고 나와 있다. 번역하면 "충승이 서로 읍을 하여 인사하고 천 리를 수레를 타지 않았다"라는 말이 된다. 다산이 인용하면서 바꾼 것으로 추정된다.

수나라 위덕심魏德深[16]이 귀향貴鄉을 다스리다가 관도館陶[17]로 옮기게 되자 귀향 땅의 부로들이 대궐로 나아가 그의 유임을 청함에 조령詔令을 내려 허락했다. 백성과 선비들이 노래하고 환호하며 길을 메우고 경사났다고 하였다.

당나라 이군석李君奭[18]이 예천령醴泉令으로 있으면서 정사에 인화人和를 이루었다. 황제가 고을의 서쪽으로 사냥을 나갔다가 위수渭水 쪽으로 차츰 다가가게 되었다. 마침 마을의 불사佛祠에서 부로 수십 명이 재齋를 올리는 것을 보고 연유를 물었더니, 부로들이 "예천현령 이군석이 남다른 정사를 폈는데 임기가 다 찼으므로 저희들이 유임하기를 소원하여, 관부로 나아가 교체되지 않기를 청하고 겸하여 이처럼 부처님께 비는 것입니다"라고 아뢰었다. 황제는 말없이 환궁하여 어의御扆[19] 위에 이군석이란 이름을 크게 써놓았다. 중서성中書省에서 두 번이나 예천현령 후보 명단을 올렸으나 황제는 번번이 지워버렸다. 다음 해에 회주자사懷州刺史가 비게 되어 누구를 기용할까 여쭙자 어필御筆로 "예천현령 이군석이 좋다"라고 썼다.[20] 안팎에 아무도 추측하지 못한 일이었는데 후에 비로소 이 일이 알려졌다【당나라 선종宣宗 때의 일이다】.

이중방이 기주통판으로 있었는데 기주 사람들이 유임하기를 소원하자

---

16 위덕심魏德深 : 중국 수나라 때 인물. 지방관으로서 선정을 한 사실이 기록되어 있다.
17 귀향貴鄉·관도館陶 : 중국 하북성에 있었던 고을 이름.
18 이군석李君奭 : 중국 당나라 때 사람. 대중大中 연간(847~859)에 예천령을 거쳐 회주자사懷州刺史로 발탁되었다.
19 어의御扆 : 임금의 거처에 치는 병풍.
20 회주懷州는 중국 하남성 심양시沁陽市에 있었던 지명이며, 예천醴泉은 섬서성에 있었던 고을 이름이다. 황제는 예천령으로 있던 이군석을 그곳에 1년 더 유임시켰다가 회주자사로 영전시킨 것이다.

1년 더 유임할 것을 허락했다. 그해 말에 그가 떠나려 함에 기주 사람들이 밤에 몰래 관부에 들어와 참호를 파서 나가기 어렵게 만들어놓았다. 그는 백성들을 타일러서야 떠날 수 있었다.

송나라 왕윤규王允規[21]가 하청河淸을 맡아 다스렸는데 승려와 사인士人 등이 유임을 청하여 "사또가 부임한 이래 열 가지 뛰어난 정사가 있어서 민심을 크게 얻었습니다"라고 아뢰었다. 황제는 심관원審官院[22]에 명하여 그의 성명을 기록케 했다.

범충范衷[23]이 수창지현壽昌知縣으로 있을 때 묵은 땅 2600묘畝를 개간하고 346구區에 수리水利를 일으켰다. 정통正統 5년(1439)에 3회의 고과에서 가장 우수한 평가를 받았다. 그가 옮겨 가게 되자 고을 사람들이 그의 덕을 칭송하며 머물기를 청하니 어사가 보고해서 조정이 허락했다.

고려 왕해王諧가 진주부사로 있을 때 아전들은 두려워하고 백성들은 마음으로 복종했다. 그가 동도유수東都留守[24]로 전임되자 진주 백성들이 울면서 그의 유임을 청원했다. 조정에 "우리 왕 사또를 1년만 유임시켜주옵소서"라고 간절히 빌어 드디어 유임이 되었다.

고려의 이유백李惟伯[25]이 교주交州【지금의 회양淮陽】판관으로 있을 때 동북로東北路 감창사監倉使[26]가 "이유백은 성지城池를 보수하고 기계(병기兵器

---

21 왕윤규王允規: 중국 송대 인물로 구체적인 사적은 미상.

22 심관원審官院: 중국 송대에 관리를 심사하여 발탁·선임하던 관서. 동서로 나누어 심관동원審官東院은 주로 문신을, 심관서원審官西院은 주로 무신을 담당했다.

23 범충范衷: 중국 명나라 때 인물. 자는 공숙恭肅이다. 해주지현 등을 역임했다.

24 동도유수東都留守: 동도는 경주를 가리킴. 고려 때는 경주의 지방장관을 유수라고 칭했다.

25 이유백李惟伯: 고려 문종文宗 때 인물. 이 사적은 『고려사高麗史·식화食貨·농상農桑』에 실려 있다.

26 동북로東北路 감창사監倉使: 동북로는 함경도와 강원도 일부 지역을 가리키며, 감창사는

를 가리킴)를 정비한 것이 여러 군郡 중에서 제일입니다"라고 아뢰었다. 그가 관할하고 있는 연성連城·장양長楊[27]의 아전과 백성들이 "이유백은 농사를 권장하고 백성을 잘 진휼했으니 임기가 차서 마땅히 교체되어야 하나 유임시켜주기를 청원합니다"라고 아뢰었다. 임금이 가상히 여겨 상서이부(尙書吏部, 인사 담당 부서)에 회부했다.

강수곤姜秀崑이 고창현감으로 있다가 어떤 일로 견책을 받아 파면되었는데 고을의 부로들이 길을 막고 감사에게 그의 유임을 청원하였다. 민간에서 다투어 군량미를 내어 그의 벌책을 면제받도록 하려고 했다. 그래도 되지 않아 모두들 친척을 잃은 듯 슬퍼했다.

명성이 퍼져 혹 이웃 고을에서 수령으로 모시기를
빌거나 두 고을에서 서로 수령으로 모시기를
다툰다면 이는 어진 수령의 빛나는 값어치이다.

상민尙悆[28]은 부임하는 고을마다 잘 다스린다는 명성이 있었다. 채주蔡州에 태수가 비게 되었는데, 중앙의 사자가 내려오자 그 주의 사람들이 "원컨대 상민을 3년만 보내주십시오"라고 청원했다.

송나라 두연杜衍이 건주乾州를 맡아 다스릴 때의 일이다. 1년이 못 되어 인무사가 그의 지직을 살펴 그에게 봉상부鳳翔府까지 임시로 맡게 했다.

양곡 관리를 맡은 관직명.

27 연성連城·장양長楊: 연성은 강원도 회양의 옛 이름. 장양은 회양의 관할 지역이었다.

28 상민尙悆: 미상. 중국 송나라 때 인물로 상자소(向子韶, ?~1128)와 상자민(向子忞, 1097~1165) 형제가 있는데, 상자소의 사적이 본문에 나오는 내용과 비슷한 것이 있다.

두 고을의 백성이 경계에서 다투기를, 한쪽은 "이분은 우리 사또인데 너희가 왜 빼앗아가느냐?"라 했고 또 한쪽은 "이제는 우리 사또인데 너희가 왜 상관하느냐?"라고 했다.[29]

이정악李挺岳이 서산군수瑞山郡守로 있을 때의 일이다. 당시에 임금이 해마다 온천에 행차했는데【현종顯宗 때이다】 비록 행차에 따르는 모든 것을 간략히 하라는 명이 있었음에도 여러 고을의 노력과 비용이 적지 않았다. 이정악은 모든 일을 재량껏 잘 처리하여 임금의 행차가 가까워져도 아전과 백성들이 이 사실을 모를 정도였다. 조정에서는 그를 파주목사坡州牧使로 제수했다. 서산 사람들은 자애로운 어미를 잃은 듯이 "어찌 여기서 빼앗아 저기에 주는가"라고 억울함을 호소하기도 했다.

수령이 오래 있어도 다들 편안해 하기도 하며, 나이가 늙어도 유임시키려 노력하기도 하는데 오직 백성의 뜻에 따르고 법에 구애받지 않는 것이 치세의 일이다.

송나라 유강劉綱[30]이 영주寧州를 맡아 다스린 지 34년이나 되었는데 백성들이 매양 그의 유임을 바랐기 때문이다. 인종仁宗이 술과 음식을 내리니 그곳 사람들이 영광으로 여겼다. 정통 연간(1436~1449)에 늙음을 이유로 사직을 청하자 백성들이 길을 메우고 울며 전송했다. 그가 죽음에 영주의 백성들이 적인걸狄仁傑의 사당에 함께 모셨다.

---

29 건주乾州와 봉상부鳳翔府는 중국 섬서성에 있던 지명으로 두 지역은 서로 맞닿아 있었다. 함양咸陽에서 가까운 지역이다.
30 유강劉綱: 중국 명나라 사람. 자는 정봉正峯이다. 편수관編修官 등을 역임했다.

사성조史誠祖[31]가 문상지현汶上知縣으로 있을 때의 일이다. 그는 정사가 청렴하고 공평하며 너그럽고 간결했다. 영락永樂 7년(1409)에 성조成祖가 북쪽으로 순행하다가 어사를 파견하여 군현 수령의 어질고 어질지 못함을 살펴보게 했는데 돌아와서 사성조의 치적이 제일이라고 보고했다. 이에 황제는 새서 10줄을 내려 위로하고 특별히 제령지주濟寧知州로 발탁하였으며 아울러 문상현의 일도 그대로 보게 했다.[32] 그리고 술 한 동이와 금으로 수놓은 옷 한 벌, 돈 1000관을 상으로 내렸다. ○ 그는 그 후 여러 번 관직을 옮기게 될 때마다 백성들의 청으로 유임되어 29년을 재임하다가 마침내 임지에서 죽었다. 사민들이 슬피 울며 성 남쪽에 장사 지내고 철따라 제사를 받들었다. 案 요순시대의 제도에는 관리를 9년에 3번 고과하여 비로소 내치고 올리고 하였는데 한나라 이래는 6년으로 기한을 삼아 역대 왕조가 이에 따랐다. 우리나라 군현의 수령 역시 6년으로 만기를 삼았는데 품계가 높은 수령은 3년으로 만기를 삼고 관찰사는 2년으로 만기를 삼았다. 명나라의 제도는 주현의 관장이 대부분 9년이 만기인 바【앞의 여러 조에 보인다.】 이것은 실로 관직에 따라 사람을 뽑고 제도적으로 백성을 편안케 하는 훌륭한 법이다. 하물며 유강과 사성조는 백성들의 호소로 오랫동안 재임하여 30년에 이르렀으니 이는 참으로 고금에 탁월하고 상하를 미덥게 하는 원대한 계책이다. 근세의 전관들은 생색내는 데 급급하여 내신臺班으로서 수령으로 나가는 자는 겨우 1년이 지나면 곧 내직內職으로 옮겨 앉힌다. 이 때문에 관리 된 자는 장구한 계획이 없이 오직 백성의 껍질을 벗겨 재물을 긁어냄으로써 제 집안을 위한 계책

---

31 사성조史誠祖: 중국 명나라 사람. 순리循吏로 이름이 있었다.
32 문상汶上·제령濟寧: 둘 다 중국 산동성에 있는 지명으로 서로 가까운 지역임.

을 삼으니 명나라의 법에 비하면 거리가 먼 것이다.

곽남郭南이 상숙현常熟縣을 맡아 다스리다가 정통 12년(1447)에 늙어서 물러나자 고을의 부로들이 도로 유임시켜주기를 빌었다. 황제가 이를 허락했다. 案 수령의 차임差任 연한법年限法이 당하관은 64세를 한도로 하고 당상관은 67세를 한도로 하는데 대개 70세 전에 6년·3년의 임기를 마치도록 하기 위함이다. 그러나 사람의 정력이 혹 서로 크게 차이가 나기도 하니, 평소에 명성과 치적이 드러난 사람이 있으면 상신相臣과 전관이 특별히 주청하여 차임해 보내는 것도 타당할 것이다.

백성들이 사모하고 명성과 치적이 빼어나서 같은
고을에 다시 부임하게 된다면 이 역시 역사책에
이름이 빛날 것이다.

한나라 황패黃霸가 영천태수로 있을 때의 일이다. 황제가 수레를 덮는 일산을 하사하여 특별히 한 발 정도 높이도록 했으며, 별가주부別駕主簿[33]의 수레는 앞머리에 비단 장식을 설치하여 그의 덕망을 나타내도록 하였다. 그는 밖으로 너그럽고 안으로 밝아서 아전과 백성들의 마음을 얻었고 해마다 인구가 증가하여 치적이 천하에 제일이었다. 조정에 불려와서 경조윤이 되었다가 얼마 후 어떤 일에 관련되어 재차 영천태수로 부임, 전후 8년에 걸쳐 아주 잘 다스렸다. 案 황패는 영천을 두 번, 위상魏相[34]은

---

33 별가주부別駕主簿: 중국 한대의 관직명으로 자사가 주를 순행할 때 수행하는 일을 맡았다.
34 위상魏相, ?~B.C. 59: 중국 한나라 사람. 자는 약옹弱翁, 시호는 헌憲이다. 벼슬은 어사대

하남河南을 두 번, 구순은 하내河內를 두 번 다스렸다. 또 진번陳蕃의 낙안
樂安, 도간陶侃의 형주荊州, 곽급郭伋[35]의 병주幷州도 재임한 사례이다. 혹
은 백성들의 호소로 인하여, 혹은 그 명성과 치적을 살펴서 각기 한 지역
을 재차 위무하고 편안케 한 것이다[송나라의 장영은 익주를 두 번 맡았다].

양습梁習[36]이 병주자사幷州刺史로 있을 때의 일이다. 고을의 호족들을
불러들이니 변경이 다 편안케 되었다. 겸하여 숨은 선비들을 천거하여
모두 세상에 드러내 이 일을 무제武帝가 아름답게 여겼다. 문제文帝가 즉
위하자 양습이 병주 땅에 칭송이 높다 하여 다시 병주자사로 제수하였는
데 치적이 천하에 제일이었다.[37]

서영徐榮[38]이 고성현藁城縣을 맡아 다스리다가 친상親喪을 당하여 관직
을 떠났다. 복을 마치자 고을 사람들이 새 현령을 파하게 하고 서영을 다
시 보내주기를 간청하므로 황제가 허락했다. 임기가 차서 다시 유임하기
를 소원하자 역시 허락하였다[이하 모두 『명사』에 실려 있다].

강언민康彦民[39]이 천태현天台縣을 맡아 다스려 치적이 드러났다. 영락
초에 파직되어 돌아갔는데 홍희洪熙 원년(1425)에 어사가 순찰하여 천태
현에 이르자 백성 200여 명이 "강언민이 청렴하고 공평하여 치적이 있으

부御史大夫 등을 지내고 승상에 이르렀다.

35 곽급郭伋, B.C. 59~47: 중국 후한 때 사람. 자는 세후細侯이다. 상서령, 영천태수 등을 역
  임했나.
36 양습梁習, ?~230: 중국 삼국시대 위나라 사람. 자는 자우子虞이다. 벼슬은 대사농에 이르
  렀다.
37 여기서 무제武帝와 문제文帝는 중국 삼국시대 위나라의 조조曹操와 조비曹조를 가리킨
  다. 이들의 제위는 사후에 추존을 받은 것이다.
38 서영徐榮: 중국 명나라 사람. 『명사明史』에 나오는데, 본 기사 외의 다른 기록은 보이지
  않는다.
39 강언민康彦民: 중국 명나라 사람. 파릉군수巴陵郡守 등을 역임했다.

니 그를 천태현으로 돌아오게 하여 백성의 여망을 달래어주기를 빕니다"라고 하였다. 어사가 이 사실을 보고하니 선종宣宗은 감탄하며 "강언민이 천태현를 떠난 지 20여 년이 지났는데도 백성이 그를 생각하고 있다니 선정을 베푼 줄 알겠노라" 하고, 이에 그를 강령현령江寧縣令에 제수했다.

사곤謝袞【자는 자양子襄】이 청전靑田[40]지현으로 있는 9년 동안 고과가 으뜸이었다. 그가 관직을 옮기게 되자 고을 사람들이 몰려가 상관에게 재임을 간청하였다. 상관이 조정에 보고함에 황제가 아름답게 여겨 즉시 처주지부處州知府로 발탁, 청전현까지 함께 다스리게 했다. 그가 처주를 맡아 다스리자 명성과 치적이 더욱 드러났으며, 호랑이가 숨고 황충이 사라지는 기적이 있었다. 또 도살될 소가 도망쳐 그의 앞에 와서 머리를 숙이며 호소하는 것 같기에 녹봉을 덜어서 그 값을 치러주고 돌려보냈다.

만관萬觀이 엄주嚴州를 맡아 다스린 9년 동안에 공적을 고과해보니 그가 천하에 제일이었다. 상喪을 당해서 그곳을 떠났는데 상제를 마칠 즈음에 엄주의 백성이 나라에 장주章奏를 올려 그가 다시 돌아오기를 청원했으며, 금구金衢의 백성 역시 장주를 올려 그를 임명시켜주기를 청원하였다. 조정에서는 특이하게 여겨 그를 평양平陽[41]에 전보했는데 요堯임금 사당에서 지초芝草가 났다 한다.

설신薛愼이 장청현長淸縣[42]을 맡아 다스리는 중에 친상을 당하여 관직을 떠났다. 홍희 원년에 장청의 백성들이 그가 상제를 마치게 된 줄을 알

---

40 청전靑田: 중국 절강성 서남부에 있는 지명. 처주處州(지금의 절강성 여수시麗水市)와는 서쪽으로 인접해 있다.
41 평양平陽: 중국 산서성에 있는 지명으로 요堯임금의 도읍지.
42 장청長淸: 중국 산동성에 있는 지명.

고 서울로 몰려가서 다시 그를 보내주기를 소원하였다. 이부상서 건의蹇義[43]는 "교대한 지가 벌써 오랜데 백성의 뜻대로 한다면 또 바꾸어야 합니다"라고 반대했다. 황제는 "나라에서 수령을 두는 것은 오직 민심을 얻고자 함인데 여러 번 바꾼들 무슨 문제가 있겠느냐"라 하고는 그를 다시 장청현으로 돌아가게 했다.

고려의 최척경崔陟卿[44]이 탐라령耽羅令으로 있을 때 백성에게 이로운 일을 일으키고 폐단을 제거하여 백성들이 모두 편안히 여겼다. 그가 떠남에 탐라 사람들이 난을 일으켰다. 전라도 안찰사가 "탐라 사람들이 '영令과 위尉[45]가 탐학하고 포악하기 때문에 반란을 일으켰다' 하며, '만약에 최척경을 영으로 맞게 되면 무기를 버리겠다'라고 합니다" 하고 급히 아뢰었다. 임금이 재상에게 "이같이 어진 이가 있으면 어찌 기용하지 않으랴" 하며 그를 불러 비단을 내리며 즉시 탐라령을 제수했다. 탐라 사람들이 그가 온다는 말을 듣고 즉시 가벼운 배를 마련하여 영접했다. 그가 경계에 들어올 시각에 모두들 창을 버리고 늘어서서 절하며 "사또가 오시니 저희들은 다시 살아났습니다"라고 하였다. 그리하여 전처럼 안도했다.

고려의 이백겸李伯謙[46]이 일찍이 제주목사가 되어 선정을 베풀었다. 충숙왕忠肅王 때 제주의 도적 괴수 사용使用과 금성金成 등이 도당을 모아

---

43 건의蹇義, 1363~1435: 중국 명나라 사람. 자는 선지宣之이다. 중서사인, 이부상서 등을 역임했다.

44 최척경崔陟卿, 1120~1186: 고려 중기의 문신. 전주全州의 이속吏屬으로 과거에 급제하여 벼슬이 예부시랑禮部侍郞·비서감祕書監에 이르렀다.

45 영令·위尉: 여기서 영令은 탐라령耽羅令, 즉 제주목사. 위尉는 그 부관.

46 이백겸李伯謙, 1264~1321: 본관은 청주淸州이다. 충렬왕 때 과거에 급제하여 해주목사海州牧使·동지밀직사사同知密直司事 등을 역임했다.

성주星主와 왕자王子[47]를 쫓아내고 반란을 일으켰다. 이를 토벌하려 했으나 적임자를 구하기 어려웠다. 도적 무리들이 모두 "이백겸·송영宋英[48]이 다시 오시면 우리들이 어찌 감히 배반하리오"라고 했다. 이에 이백겸과 송영을 보내어 무마하니 얼마 안 가서 도적이 평정되었다.

고려의 채정蔡靖[49]이 경주의 서기書記를 맡은 적이 있었다. 그 후 경주 사람들이 영주 사람들과 함께 난을 일으켰다. 조정에서 안무사를 보내기로 의논했으나 적임자를 구하기 어려웠다. 그러던 중 경주 사람들이 채정을 사모해 마지않는다는 말을 듣고 그를 유수부사留守副使로 임명했다. 그가 한 필 말을 타고 내려가자 경주 백성이 그가 온다는 말을 들은 후 반란이 잠잠해졌다.

유성증兪省曾[50]이 나주목사로 있으면서 선정을 베풀었다. 선조宣祖 때 고을 사람들이 대궐에 나아가 글을 올려 그를 재임시켜주기를 간청하자 특명으로 다시 제수했다.

상喪을 당해 돌아간 자가 백성들이 놓지 않기 때문에 혹 기복起復[51]하여 도로 임명되기도 하고 혹 상을

---

47 성주星主·왕자王子: 성주星主는 제주도의 토호인 고高씨의 봉호封號이며, 왕자王子는 양良씨의 봉호임. 이 봉호는 신라시대 때 받은 것이라 전해진다.

48 송영宋英, ?~1322: 고려 후기의 무신. 동지밀직사사 등을 역임했다.

49 채정蔡靖, ?~1217: 고려의 문신. 음성陰城의 향리 출신으로 과거에 급제하여 벼슬이 추밀원부사樞密院副使에 이르렀다.

50 유성증兪省曾, 1576~1649: 광해군에서 인조 때 동부승지·강원관찰사·예조참의 등을 역임했다.

51 기복起復: 부모의 상을 당한 경우 벼슬을 그만두고 물러나 있는 것이 당연한 일인데 특별히 벼슬자리에 불려나오는 것을 지칭하는 말.

마치고 다시 제수되기도 한다.

항충項忠[52]이 섬서안찰사陝西按察使로 있을 때 일이다. 마침 섬서 지역에 큰 기근이 들어서 그는 조정에 아뢴 뒤 미처 회보도 기다리지 않고 창고를 열어 진휼하니 백성들이 그 은혜에 감격하였다. 그의 계모가 돌아가셨다는 말을 듣고 그곳 백성이 대궐에 나아가 그의 유임을 간청하였다. 이에 조서를 내려 복제를 중단하고 임지로 복귀하도록 했다. 다음 해조정으로 불려나가 대리경大理卿이 되었는데 섬서 사람들이 다시 대궐에나아가 유임시켜주기를 소원하니 황제가 허락했다. 군사와 백성 모두 그가 다시 오는 것을 기뻐하여 향을 피우고 영접했다.

손호孫浩[53]가 영락 연간(1403~1424)에 소양邵陽[54]을 맡아 다스리다가 상을 당하여 관직을 떠나게 되었다. 안찰사가 그의 선정을 칭송하매 선종이 가상히 여겨 즉시 기복을 명하였다.

장경張璟[55]이 평산현平山縣을 맡아 다스리다가 임기를 마칠 때가 되자, 사민士民이 유임을 청원하매 영종이 특명으로 품계를 올려 다시 유임케했다. 경태(景泰, 1450~1456) 초에 모친상을 당하여 떠났는데 사민의 소망에 따라 거상居喪을 그만두고 다시 정사를 보도록 했다.

유영劉永[56]이 형주지부荊州知府로 있다가 부친상을 당했는데 군사와 백

---

52 항충項忠, 1421~1502 : 중국 명나라 사람. 자는 신신藎臣, 시호는 양의襄毅이다. 섬서순찰사, 병부상서 등을 역임했다.
53 손호孫浩 : 중국 명나라 사람. 진주지부辰州知府 등을 역임했다.
54 소양邵陽 : 중국 호남성湖南省에 있는 지명.
55 장경張璟 : 중국 명나라 사람.『명사』에 보이는데 본 기사 외에는 다른 기록이 없다.
56 유영劉永 : 중국 명나라 사람. 자는 극수克修이다. 형주지부荊州知府 등을 지냈다.

성 1만 8000여 명이 유임시켜주기를 간청하매 영종이 거상을 그만두고 정사를 보도록 명했다.

성옹盛顒이 속록읍束鹿邑을 맡아 다스릴 때의 일이다. 고을의 호족들이 그가 온다는 말을 듣고 "이 사람은 일찍이 석총병石總兵[57]을 탄핵한 자이니 가히 범할 수 없다"라고 하며 서로 경계하여 말했다. 얼마 안 되어 모친상을 당하여 떠나게 되자 백성들이 만류해도 듣지 않았다. 고을 사람들은 성옹이 복을 마치기를 기다려 대궐에 몰려가 빌었고, 그는 재임할 수 있게 되었다.

창선暢宣[58]이 태안현泰安縣을 맡아 다스리다가 모친상을 당하여 떠남에 백성들이 사사使司[59]에 호소했다. 인종이 복을 마치면 다시 부임하라고 명을 내렸다. 인종이 죽고 그가 복을 마쳤는데 이부吏部에서 그 일을 주청하매 황제는 "백성들이 원하는 바요 감사가 말을 하니 마땅히 좇아야 하겠거늘, 더구나 선제先帝의 명이 있었으니 더 말할 것이 있느냐" 하고 그대로 들어주었다.

유백길劉伯吉[60]이 탕산현碭山縣을 맡아 다스리다가 친상을 당하여 떠났다. 복을 마치자 탕산의 백성들이 대궐 밑에서 기다리며 그의 재임을 간절히 바랐다. 이부에서 "신임 수령이 이미 탕산에 부임한 지 2년이 되었습니다"라고 하니, 임금이 "신임자가 전임자보다 나으면 백성들이 다시 생각지 않을 것인데 그가 떠난 지 오래되었어도 생각하고 있으니 신임자

---

57 석총병石總兵: 중국 명나라 때 관인이나 자세한 것은 미상.
58 창선暢宣: 중국 명나라 사람. 효성이 지극했다고 한다.
59 사사使司: 중국 명나라 관제로서 포정사布政使의 장.
60 유백길劉伯吉: 중국 명나라 사람. 『명사』에 나오는데 본 기사 외에는 다른 기록이 없다.

보다 그가 낫다는 것을 알겠다"라고 하고 드디어 교체시켰다.

선화宣和[61]가 여산礪山[62] 현감이 되어 은혜와 위엄을 아울러 행하니 아전과 백성들이 마음으로 따랐다. 부친상을 당하여 관직을 떠났는데 복을 마치자 고을 사람들이 글을 올려 도로 부임하게 되었다.

은밀히 아전들과 모의하고 간악한 백성을 선동하여
대궐에 나아가 유임을 청하는 것은 임금을 속이고
윗사람을 기만하는 짓이다. 그 죄가 매우 크다.

유적劉迪이 영령永寧의 세과대사稅課大使[63]로 있다가 임기가 다 되었는데, 양을 잡고 술을 마련해 부로들을 초대하여 유임케 해달라고 요청했다. 백성들이 대궐에 나아가 아뢰어 유임해주기를 호소했는데 일이 발각되어 선종이 노하여 그를 옥리獄吏에게 보냈다. ○ 왕취王聚가 한중漢中의 동지同知[64]로 있을 때 역시 잔치를 베풀고 속리屬吏들에게 유임해주기를 주청하도록 부탁했는데 지부知府가 위에 사실을 아뢰니 선종이 노하여 속리와 함께 죄를 주었다. 이후로 고을 백성들이 유임해주기를 주청하면 대개 담당 부서에 회부하여 사실을 조사케 했다고 한다. 案『명사·순리전循吏傳』에서는 "선종 때에 순리循吏·양리良吏를 가장 중히 여겼는데

---

61 선화宣和: 조선 세종 때 사람. 용인현감 등을 지냈다.
62 여산礪山: 지금의 전라북도 익산시에 속한 지역.
63 세과대사稅課大使: 중국 명나라 때 북경의 숭문문崇文門과 각 부에 설치하여 세과稅課를 관장한 세과사稅課司의 관원.
64 동지同知: 중국 명대의 관명. 지부知府에 소속된 부직副職으로 각 지방의 소금, 양곡에 관한 업무부터 치안, 수리사업까지 다양한 사무를 관장했다.

이부상서 건의蹇義가 수령을 선택하는 데 더욱 신중하여, 자기의 마음을 미루어 다른 사람을 밝게 살폈다"라고 하였다. 마욱馬旭[65]·양신楊信[66] 등 10여 명이 모두 9년 동안의 고과에서 가장 우수했는데, 백성들이 그들의 유임을 바라자 곧 품계를 올려 유임시켰다. 그 기풍이 영종 때까지 미쳐서 지방관들의 정사가 순후하여 고을 주민들이 유임을 주청하면 대개 허락하였다. 그러나 그 사이에 간사한 짓을 하는 자들이 있었으니 유적·왕취와 같은 경우가 그렇다.

---

65 마욱馬旭 : 중국 명나라 사람.『명사』에 나오는데, 본 기사 외에는 다른 기록이 없다.
66 양신楊信, 1422~1477 : 중국 명나라 사람. 자는 문실文實, 시호는 무의武毅이다. 총병總兵 등을 역임했다.

乞宥

수령이 형식적인 법규에 걸린 것을 백성들이 슬프게
여겨 임금에게 호소하여 용서해주길 바라는 것은
옛날의 좋은 풍속이었다.

『주례·하관사마夏官司馬·사훈司勳¹』에 나와 있다. "민공民功은 용庸, 사
공事功은 노勞, 치공治功은 역力이라고 한다."² 이는 요순시대의 옛 법전
에서 "수레와 옷으로 공功을 드러낸다〔車服以庸〕"는 그것이다. 소사구小司寇
의 팔의八議의 법³에는 "넷째 의능議能, 다섯째 의공議功, 일곱째 의근議勤
이다"⁴라고 하였다. 이른바 10대에 이르도록 용서해주어 능력 있는 자를
권장하는 것이었다. 천하에서 공功이니 능能이니 하는 것은 백성을 다스
려서 편안하게 하는 것보다 좋은 것이 없다. 진정 백성이 수령을 사랑하

---

1 사훈司勳: 『주례』의 관직명으로 하관夏官에 속하는데, 공적을 따져서 농지를 상으로 주는
　일을 맡음.
2 공功의 대소에 6등급이 있었다. 왕업王業을 이루는 데 도움을 준 왕공王功을 훈勳, 국가
　를 보전한 국공國功을 공功, 후직后稷처럼 백성에게 법을 시행한 민공民功을 용庸, 우禹
　임금처럼 힘써 나라를 안정시킨 것을 노勞, 고요皋陶처럼 법을 제정하여 질서를 바로 세
　운 것을 역力, 한신韓信이나 진평陳平처럼 적을 물리친 것을 다多라고 하였다.
3 팔의八議의 법: 신분을 따져서 죄를 감면하는 여덟 가지의 조건을 말한다. 팔벽八辟이라
　고도 한다.
4 의능議能은 재능을, 의공議功은 공훈을, 의근議勤은 관직에 힘씀을 따지는 것이다.

고 받드는 정이 진실하고 거짓이 없어, 호소하는 소리가 슬퍼 감동할 만하면 수령이 지은 죄가 비록 깊고 무겁더라도 그 죄를 용서해줌으로써 백성의 뜻을 따르는 것이 또한 바람직하지 않겠는가. 근세에는 붕당朋黨이 형성되어 넘어뜨리고 모함하여 한번 배척을 당하고 나면 그의 죄를 용서해달라고 청원하는 백성 역시 법망에 걸려들어 그 죄가 예상할 수 없게 된다. 그런 탓에 백성들은 아무리 수령이 죄에 걸린 것을 안타깝게 여기고 탄식한 나머지 목숨을 바쳐서라도 그의 죄를 대신해주고 싶더라도 끝내 감히 자기 뜻을 나타내는 말을 한마디도 하지 못하니, 세태가 날로 더러워지고 비루해짐이 이와 같다. 이미 그 다스림을 받은 고을 백성은 그래도 수령을 용서해달라고 빌기가 쉬운 일이다. 혹 유배되어 간 곳에서 백성들이 그 이름을 듣고서 대궐에 나아가서 그곳의 지방관으로 임명해줄 것을 청원하는 사례가 때로 있다. 그러나 모두 다 죄의 그물망을 두려워하여 아무도 감히 먼저 움직이지 못하는 실정이다. 이 어찌 슬프지 않은가. 마땅히 법을 만들어, 무릇 백성이 호소하는 경우에는 저촉된 일이 깊고 무겁더라도 감형을 허락함으로써 능력 있는 자를 권장해야 할 것이다. 만일 간사한 꾀를 부려 백성을 움직여 왕을 속이는 일이 있다면 그것은 판별하기 지극히 쉬우니, 이런 일은 걱정할 필요가 없다.

조광한趙廣漢이 경조윤이 되어서 호족들을 위엄으로 억누르고 부정을 귀신같이 적발하였다. 뒤에 어떤 일에 연좌되어 정위(廷尉, 법관)의 옥에 갇혔는데, 대궐 앞에 나가서 울부짖는 아전과 백성들이 수만 명에 이르렀다. 어떤 사람은 "신臣은 살아 있어도 지방행정에 도움될 것이 없으니 원컨대 제가 조 경조를 대신해 죽고 그가 목민의 일을 할 수 있도록 해주시기를 바랍니다"라고 하였다. 그럼에도 조광한은 끝내 죽었다. 백성들이 그를 추모해 지금에 이르도록 칭송하고 있다.

한나라 때 위상이 하남태수河南太守로 있으면서 간사한 짓을 금지하였더니 세력가들이 두려워 굴복하였다. 그런데 무고한 사람을 함부로 죽였다고 위상을 고발한 자가 있어 이 일로 유사有司에 회부되었다. 하남의 수졸戍卒로 서울에 있던 자들 2000~3000명이 대장군【곽광霍光[5]이다】의 앞을 막고, 자기들이 수자리를 1년 더 살고【수졸로 1년을 더 살겠다고 빌었다】 태수는 속죄해주기를 청원하였다. 하남의 노약자 1만여 명은 대궐 앞에 지켜 서서 임금께 글을 올리려고 하였다. 대장군은 드디어 위상을 정위의 옥에 회부했으나, 곧 사면을 받아 나오게 되었고 뒤에 다시 하남태수가 되었다.

왕존王尊이 경조윤이 되어 한 달 만에 도적이 평정되었다. 그는 광형匡衡[6]을 탄핵한 일로 좌천되고 병으로 면직되었다. 호현湖縣[7]의 삼로三老[8] 공승흥公乘興 등이 글을 올려 그의 훌륭함을 칭찬하고 "도적의 난리가 모두 제거되고 호강과 간사한 자들이 처벌을 받았는데도 간사하고 교활하다고 하여 그를 내쳤습니다. 왕존 한 사람 몸으로 3년 동안에 한편으로 어질었다, 다른 한편으로 간사했다 하다니 어떻게 이럴 수 있겠습니까"라고 변호하였다. 이 글이 위로 올라가자 황제는 왕존을 다시 서주자사徐

---

5 곽광霍光, ?~B.C. 68 : 중국 전한前漢 무제 때 인물. 자는 자맹子孟이다. 장수로서 흉노의 정벌에 공을 세웠다. 대사마대장군大司馬大將軍에 오르고 박륙후博陸侯에 봉해졌으며, 권세를 누렸다.

6 광형匡衡 : 중국 서한 때 사람. 자는 치규稚圭이다. 낙안후樂安侯에 봉해졌고 벼슬은 태자소부·승상丞相에 이르렀다.

7 호현湖縣 : 지금의 중국의 하남성 영보시靈寶市에 속한 옛 지명. 서한 때는 경조윤에 소속되어 있었다.

8 삼로三老 : 향에서 나이가 많고 존경 받는 어른(3권 261면 주 76 참조).

州刺史로 임명하였다.

진晉나라 왕온王蘊[9]이 오군태수吳郡太守가 되었는데, 흉년이 들어 진휼하였다. 조정에서 그에게 죄를 씌워 면직시키자, 사족과 서민들이 대궐에 나아가 그의 억울함을 호소하였다. 황제는 그를 특별히 진릉태수晉陵太守로 좌천시켰다.

고두남高斗南[10]이【이하는 『명사』에 실려 있다】 정원지현定遠知縣으로 있을 때 재능과 식견이 정치하고 민첩하여 선정이 많았다. 마침 영주지부永州知府 여언성余彦誠[11] 등 9명과 함께 어떤 일에 연좌되어 차례로 징계를 당하였다. 고을의 부로들이 급히 대궐로 달려가서 고두남의 선정을 열거하여 아뢰니 태조가 가상히 여겨 고두남에게 옷과 보초寶鈔[12]를 하사하고 고을로 돌아가게 했다. 호소하러 온 부로들에게도 노자를 내려주었다. 고두남은 임지에 다시 돌아온 뒤에 치적이 더욱 두드러졌다. 얼마 뒤 천하의 청렴한 관리 여러 명이 천거되었는데 그 역시 들어 있었다. 황제는 그의 이름을 「창선방彰善榜」「성정기聖政記」에 올려 권장하는 뜻을 드러냈다.

여언성이 안륙주安陸州[13]를 맡아 다스릴 때, 조세 납부기한을 어긴 일로 체포당하게 되자 고을 부로들이 대궐 앞에 엎드려 여언성을 유임해주기를 호소하였다. 태조는 연회를 베풀어 칭찬하고 본직으로 돌아가게 했는

---

9 왕온王蘊, 329 304 : 중국 동진東晉 때 인물. 자는 숙인叔仁이다. 오흥태수吳興太守 좌장군 左將軍 등을 지냈고 건창현후建昌縣侯에 봉해졌다.
10 고두남高斗南 : 중국 명나라 때 사람. 자는 공극拱極이다. 신흥지주新興知州를 지냈다.
11 여언성余彦誠 : 중국 명나라 때 사람. 안륙지주安陸知州·하동염운사河東鹽運使 등을 역임했다.
12 보초寶鈔 : 중국 명나라 태조 홍무 8년(1373)에 발행한 지폐이다. 대명통행보초大明通行寶鈔의 약칭.
13 안륙주安陸州 : 중국 호북성에 있는 고을.

데, 부로들도 그 연회에 같이 참석하였다.

정민鄭敏[14]이 제동지현齊東知縣으로 있을 때에 일찍이 어떤 일에 걸려서 체포되었다. 고을 백성 수천 명이 대궐 앞에 엎드려 용서해주기를 간청하였다. 황제는 잔치를 열어 그들을 위로하고 정민을 복직시키면서 초(鈔, 돈) 100정鋌과 옷 세 벌을 하사하였다. 몇 년이 지나 임기가 차서 조정으로 올라갔는데, 고을 사람들이 다시 서울로 달려가서 그의 재임을 소원하매 황제가 그 청을 들어주었다.

주영周榮[15]이 영벽승靈璧丞으로 있을 때에 범죄에 연루되어 형부刑部에 체포당해 하옥되었다. 고을의 노인들이 무리 지어 대궐로 가서 그의 어짊을 칭송하였다. 이에 황제는 그에게 초鈔 80정과 비단옷 두 벌을 하사하고, 예부禮部는 주영과 고을 노인들에게 잔치를 베풀어주고 돌아가게 했다. 그는 얼마 후에 발탁되어 영벽지현에 오르고 뒤에 하남포정사河南布政使가 되었다.

이상李湘[16]이 동평주東平州[17]의 지주로 있을 때였다. 성조成祖는 만년에 자주 북방을 정벌하여 산동山東의 장리長吏[18]로 하여금 백성을 독려하여 군량을 운송하도록 하였는데, 길이 멀어 사망하는 자가 많았으나 오직 동평주 사람들은 그런 일이 없었다. 어떤 간사한 자가 이상이 백성의 재물을 가렴한다고 포정사에 무고하였다. 이에 고을 백성 1300명이 순안어

---

14 정민鄭敏: 중국 명나라 태조 때 사람. 자세한 행적은 전하는 것이 없다. 이 기사는 『명사·순리전』에 실려 있다.
15 주영周榮: 중국 명나라 태조 때 사람. 자는 국화國華이다.
16 이상李湘: 중국 명나라 성조 때 사람. 자는 영회永懷이다. 회경지부懷慶知府를 지냈다.
17 동평주東平州: 중국 산동성에 있는 고을.
18 장리長吏: 600석 이상의 녹을 받는 관리를 가리키지만 일반적으로는 수령을 뜻한다.

사巡按御史[19]와 포정사 및 안찰사에 호소하여 힘써 그의 억울함을 밝혔고, 고을 노인 70명은 다시 대궐에 달려가 울면서 간사한 자가 그를 무함한 사실을 폭로하였다. 또 고을 노인 90명은 이상을 따라가 억울함을 호소하였다. 황제는 이 사건을 형조에 내려 사실을 조사하여 그를 복직시키고 간사한 자는 법으로 처벌하였다.

공공조孔公朝[20]가 영양현寧陽縣을 맡아 다스리다가 영락 연간에 어떤 일에 연루되어 수자리로 쫓겨났다. 고을 백성들이 여러 차례 대궐에 나아가 원래대로 복직시켜주기를 간청하였으나 번번이 받아들여지지 않았다. 선덕宣德 2년(1427)에 조서를 내려 어진 인물을 구하였는데, 공공조를 천거하는 자가 있었다. 영양 사람들이 이 소식을 듣고 서로 이끌고 대궐로 올라가서 아뢰었다. 임금이 "공공조가 영양을 떠난 지 이미 20여 년이 되었는데도 백성들이 청원하기를 그치지 않으니 그는 양리良吏가 아니겠는가. 벼슬을 주도록 하라"라고 하였다.

곽완郭完[21]이 회령지현會寧知縣으로 있을 때에 어떤 간사한 자가 무고하여 체포되었다. 그 지방 노인들이 대궐 앞에 엎드려 그의 억울함을 호소하면서 복직시켜주기를 간청하였는데, 황제 또한 허락하였다.

범희정范希正이 조현지현曹縣知縣으로 있을 때에 간사한 아전이 뇌물을 받은 일을 조사하여 서울로 압송하였다. 그 아전이 도리어 다른 일로 범희정을 부함하여 범희정이 체포를 당하게 되었다. 조현 백성 800여 명이

---

19 순안어사巡按御史: 중국 명대에 설치된 관직으로, 각 성을 순행하여 그 지역의 정세와 민간의 풍속을 살폈다.
20 공공조孔公朝: 중국 명나라 성조 때 사람.
21 곽완郭完: 중국 명나라 때 사람.

서울로 올라가 통정사通政司[22]에게 "범희정은 청렴하고 유능한 어른인데 간사한 아전의 무함에 걸려든 것입니다"라고 밝혔다. 시랑侍郎 허확許廓[23] 이 마침 공무로 조현을 지나갔는데, 조현의 부로 200여 명이 길을 막고 이마를 조아리며 "나라에서 우리의 어진 사또를 빼앗았습니다"라고 호소 하였다. 이 일이 보고되자, 황제는 범희정을 석방하고 고을로 돌아가게 하였다.

귀안승歸安丞 고빈高彬, 조현주부曹縣主簿 유욱劉郁, 형산주부衡山主簿 기유정紀惟正, 점화전사霑化典史 두호杜護[24] 등은 유사하게 어떤 일에 연좌되 었으나 고을 백성들이 용서를 빌어 각기 관직이 회복되었다. 기유정은 곧 발탁되어 섬서陝西의 참의參議[25]가 되었다. 그 이후 주현州縣의 좌이(佐 貳, 부관)로 있다가 관하 백성들의 요청에 의해서 내직으로 특진된 자가 수십 명이 되었다. 案 부관의 직에는 승丞, 사史, 주부主簿, 위尉 등이 있 다. 우리나라에는 이런 관직이 없다. 그러므로 수령이 고을을 다스림에 방자하여 두려움이 없고 제 마음대로 하니, 백성이 날로 더 어려워지는 것은 이 때문이다. 한유는 「남전현승청벽기藍田縣丞廳壁記」[26]를 지어 "승좌 (丞佐, 보좌관)는 권한이 없어 있으나 마나 하다"라고 심하게 말했지만, 『명 사』의 기록을 보면 승좌의 직책에 있으면서 민심을 크게 얻어 치적이 크 고 뚜렷한 사례가 헤아릴 수 없이 많다. 조정의 권장 여하에 달려 있는

---

22 통정사通政司: 중국에서 내외의 장주章奏를 관장한 관아. 통정사通政使의 관직이 있었다.
23 허확許廓: 중국 명나라 때 사람. 자는 문초文超이다. 공부시랑·병부상서를 지냈다.
24 고빈高彬·유욱劉郁·기유정紀惟正·두호杜護: 미상.
25 참의參議: 중국에서 명나라 때 포정사에 참의가 있어 책도독양도분수도冊道督糧道分守道 따위를 감독하였고, 통정사에도 통정사의 차관으로 참의가 있었다.
26 「남전현승청벽기藍田縣丞廳壁記」: 중국 당나라 한유가 쓴 기문記文 (2권 340면 주 16 참조).

것이다. 우리 조선 초에는 경소京所·향소鄕所라는 명칭이 있었는데, 모두 빈좌賓佐로서 정사를 보좌하는 임무였다. 경소에는 경상卿相이 많아서 이들이 서울에 있으면서 관장하기도 했지만, 향소는 유품儒品[27]으로서 고을에 있는 자가 차지하였는데, 본래 빈좌이기 때문에 좌수라고 이름하였다. 지금은 천한 족속이나 간활한 백성이 좌수가 되어 아전과 더불어 농간하여 기만하고 은폐하기를 만 가지로 자행하고 있다. 마땅히 그 이름부터 바꿔서 주부主簿라는 명칭을 주고 따로 경관京官을 뽑아서 승좌로 차임함으로써 명나라의 옛 제도를 따라야 할 것이다.

이성항李性恒이 연풍현감延豊縣監으로 있을 적에 마침 조정에서 염초焰硝를 제조하라는 명이 내려왔다. 얼마 후에 왕명을 따르지 않은 자들을 조사했는데, 이웃 고을에서는 더러 적당히 꾸며서 면하려고 하였지만, 그는 "그렇게 하면 군부를 속이면 안 된다는 의리가 어디에 있겠는가"라 말하고, 드디어 스스로 사실대로 밝힘으로써 파면되어 떠났다. 아전과 백성들이 이를 듣고 다투어 대궐에 나아가 울부짖으며 용서해주기를 청원하였다.

이영휘李永輝가 안협현감安峽縣監으로 있다가 부당한 죄목으로 파면되었다. 온 고을 사람들이 경악하여 서로 모여 도사都事에게 그의 억울함을 호소하며 말 머리를 막고 물러나지 않았다. 그가 고을을 떠남에 부로들이 수레를 부여잡고 통곡하며 고을 경계를 벗어나서까지 송별을 나온 자가 수백 명에 이르렀다.

---

27 유품儒品: 유생품관儒生品官. 군포는 납부하지만 군적에는 오르지 않는 지방의 유생. 그러나 과거시험에 합격하지 못하면 기보병騎步兵 등으로 충당되는 신분이었다.

隱卒

수령이 재임 중에 사망하자 그의 인품에 감복하여
아전과 백성이 애도하며 상여에 매달려 울부짖고
오래도록 잊지 못하는 것은 어진 사람의 뜻있는
마침이다.

한나라 한연수韓延壽가 좌풍익左馮翊[1]으로 있을 때 은혜와 신의가 두루
미쳤다. 뒤에 어떤 일에 연좌되어 기시棄市[2]의 형을 받게 되었다. 아전과
백성 수천 명이 전송하여 위성渭城[3]에 이르렀는데, 늙은이 젊은이 할 것
없이 수레바퀴를 붙들고 다투어 술과 안주를 바쳤다. 한연수는 이를 거
절하지 못해 한 사람 한 사람 올리는 대로 받아 마신 술이 한 섬을 넘었
다. 연사掾史[4]로 하여금 전송 나온 사람들에게 일일이 사례하게 하면서
"아전과 백성들을 먼 길까지 고생시켰구나. 이제 죽어도 한이 없다"라고
말했다. 백성들이 눈물을 흘리지 않는 이가 없었다.

---

1 좌풍익左馮翊: 한나라 때 수도 근처에 두었던 관직명이자 지역명.
2 기시棄市: 역적을 비롯한 나라의 중죄인을 처형하여 그 시체를 저자에 내거는 것.
3 위성渭城: 지금의 중국 섬서성 함양시 한 구역에 이름으로 남아 있는 지명. 좌풍익에서 멀
  지 않은 곳이다.
4 연사掾史: 전한과 후한의 군국郡國 제조諸曹에 두었던 속관. 후세의 지방 서리胥吏.

후위의 설총薛聰[5]이 제주자사齊州刺史로 있을 때 정사를 간략하고 조용하게 하기에 힘썼다. 그곳에서 불행히 죽었는데 아전들이 추모하여 그가 앉았던 평상을 남겨두어 유애(遺愛, 사랑하는 수령의 남은 자취)로 삼았다.

후한의 왕환王渙이 낙양령洛陽令으로 있을 때 몸가짐이 공정하며 명민하게 관찰하여 감추어진 농간을 잘 적발하였고 겉으로는 무서워 보였으나 안으로 자비로워 사람들이 모두 좋아하고 따랐다. 마침내 임지에서 죽으니 백성들은 눈물을 흘리지 않는 이가 없었고 그를 위하여 사당을 세워 시를 짓고 음악을 연주하며 제사를 지냈다. 태후가 이를 가상히 여기고 조칙을 내려 그의 아들을 낭중郎中[6]으로 삼았다.

양나라의 임방任昉이 의흥태수義興太守로 있을 때 일이다. 임기를 마치고 돌아오는데 입을 옷이 없었다. 진군장군鎭軍將軍 심약沈約[7]이 아래위 옷 한 벌을 보내어 맞이하였다. 뒤에 신안태수新安太守로 있을 때도 정사를 청렴하고 간결하게 하였다. 임지에서 죽었는데 가난하여 염을 하기 어려울 지경이었다. 유언으로 신안의 물건은 한 가지도 가져가지 말라 하여, 잡목으로 관을 만들고 입던 옷을 빨아서 염을 하였다. 온 고을이 몹시 애석해하였다【양진楊震이 잡목으로 관을 만들도록 유언한 것은 대개 관 만드는 데 쓰는 널판 여섯 개를 아무 나무나 섞어서 만들라고 한 뜻이다】.

---

5 설총薛聰: 중국 우위後魏 사람. 자는 연시延智이나. 원문에는 한나라 사람으로 나와 있는데, 그의 선조가 한나라에서 대대로 벼슬을 했기 때문에 세상 사람들이 한나라 사람이라고 일컬었다.
6 낭중郎中: 중국의 관직. 한대에는 상서尙書의 보좌역으로서 상서랑尙書郎이라고도 하였다.
7 심약沈約, 441~513: 중국 남북조시대 남조 양나라 인물. 자는 휴문休文, 시호는 은隱이다. 무제武帝 때 상서령에 이르렀다. 장군이었지만 학자로서도 이름이 높았다. 성운학에 관심이 많아 『사성보四聲譜』를 짓기도 했다.

주무숙周茂叔이 남창南昌을 맡아 다스릴 때 일이다. 한 번은 병을 얻어 하루 밤낮을 꼬박 지낸 다음에야 비로소 소생하였다. 친구인 반흥사潘興嗣[8]가 그 집안의 살림살이를 둘러보니 낡은 고리짝 하나에 돈이 수백에도 차지 않았다.

채군산蔡君山이 태강주부太康主簿로 있다가 그곳에서 죽었다. 고을 사람들이 그의 가난을 딱하게 여겨 돈 이백천二百千을 부의로 내놓았다. 그의 부인 정程씨는 눈물을 흘리며 "우리 집이 본래 벼슬을 청렴하게 했는데 이것으로 내 남편을 더럽힐 수 없다"라 말하고 거절하여 받지 않았다.

전본충錢本忠이 길수지현吉水知縣으로 있으면서 청렴하다고 이름이 났는데 과오가 있어 견책을 받아 파직되었다. 부로들이 달려가 울면서 유임시켜주기를 간청하고 고을 사람 호광胡廣이 힘써 보증하여 다시 부임하게 되었다. 백성들은 전본충이 다시 돌아온다는 소식을 듣고 모두 나와 영접하여 마을이 텅 비었다. ○ 전본충은 영락 연간에 임지에서 죽었다. 백성들이 슬퍼하며 그를 그리워하여 길수 땅에 장사 지내게 하였다. 그래서 다투어 흙을 짊어지고 와서 봉분을 만들었다. 그가 민심을 얻은 일이 사성조와 같았다.

증천曾泉이 쫓겨나 범수汜水의 전사典史[9]로 보임되었다. 그는 강등, 좌천되었음에도 해이한 마음이 없이 토지를 개간해 곡식을 거둬들이고 벌목을 하여 영선營繕에 대비하였으며, 상인들이 서로 통하게 하고 포흠을 채워놓으니 관에는 비축이 있고 백성들은 부세로 인한 소요가 없었다.

---

8 반흥사潘興嗣, 1023?~1100 : 중국 송나라 사람. 자는 연지延之, 호는 청일거사淸逸居士이다. 벼슬이 강주자사江州刺史에 이르렀다.
9 전사典史 : 중국 명·청 때 지현의 속관.

선박을 만들고 관곽을 마련하며, 백성의 기용器用을 넉넉히 해주었고 혼사와 상사에 어려운 자는 모두 도와주었다. 증천이 사망한 날에 늙은이 어린이 할 것 없이 항곡巷哭[10]을 하였다. 정통 4년(1439)에 하남참정河南參政이 글을 올려 증천이 선정을 베푼 사실을 갖추어 보고했다. 또 "신이 범수를 순행해보니 증천이 죽은 지 이미 3년이 되었는데도 백성들이 그의 은혜를 생각하여 그의 말을 할 때면 곧잘 눈물을 흘리니 옛날의 순리라도 이보다 나을 수 있겠습니까. 청컨대 그의 관직을 회복해주고 조칙을 내려 포상해주옵소서"라고 아뢰었다. 황제는 그의 말에 따랐다.

진강陳鋼이 검양지현黔陽知縣이 되어 선정을 베푼 것이 많았다. 병이 깊이 들자 백성들이 다투어 신명께 호소하기를 자기의 수명을 감하여 사또의 목숨을 더해주십사 하고 빌었는데 이윽고 병이 나았다. 모친의 상을 당하여 고향에 돌아가 그곳에서 죽었다. 검양 사람들이 사당을 세워 제사를 지냈다.

정적丁積이 신회지현新會知縣이 되어 갑수전甲首錢[11]을 감면해주었다. 마침 큰 가뭄이 들어 규봉圭峰 정상에 단을 쌓고 아침저녁으로 단 아래 엎드려 기도한 지 8일 만에 큰 비가 내렸다. 정적은 병을 얻어 마침내 죽었다. 사민이 길에 모여 우는 중에 어떤 노파가 밤새 유난히 슬프게 울기에 누군가 물었더니 대답이 이러했다. "내년에 우리 집이 갑수甲首가 되는 해인데 정 사또가 돌아가셨으니 우리는 살아갈 길이 없게 되었나오."

---

10 항곡巷哭: 벼슬아치가 죽었을 때 백성들이 그 은혜를 생각하여 골목마다 울음이 터져 나오는 것을 이르는 말.

11 갑수전甲首錢: 백성들이 요역에 충당하기 위해 관에 바치는 돈을 균평전均平錢이라 하였는데 탐관들이 균평전으로는 부족하다 하여 갑수甲首에게 당월전當月錢이란 명목으로 추가 징수한 것이다.

장종련張宗璉이 상주常州를 맡아 다스릴 때 정사가 청렴하고 관대하였다. 어사 이립李立이 내려와서 군적軍籍을 조사하는데 불법으로 횡포하게 굴자 마음에 울분이 쌓여 장종련이 마침내 등창이 나서 죽었다. 상주 사람들로 상복을 입고 장례에 참석한 사람이 1000여 명에 이르렀으며, 군산君山에 그를 위한 사당을 세웠다.

우겸于謙이 하남순무사河南巡撫使로 있을 때 청사가 마군교馬軍橋의 서쪽에 있었다. 천순 초년에 우겸이 무함을 당하여 개봉開封에서 죽었다. 부로들이 이 소식을 듣고 눈물을 흘리며 다 함께 옛 청사에 나아가 위패를 모시고 울었다. 뒤에 청사 옆에 사당을 세우고 제사 지냈다. 이몽양李夢陽이 이를 위해 기문을 지었다. 뒤에 항주에서도 우겸을 오자서伍子胥·저수량褚遂良·악비岳飛와 함께 배향하여 사충사四忠祠라고 불렀다.

해서海瑞가 남경도어사南京都御史로 있다가 재임 중에 죽었다. 첨도僉都[12] 왕용급王用汲[13]이 찾아가니 갈포 휘장에 해어진 대광주리가 가난한 선비도 견디지 못할 지경이었다. 탄식하고 눈물을 흘리며 상자를 열어보니 10여 금이 들어 있을 뿐이었다. 사대부들이 돈을 갹출해서 장례를 마련하였으며, 사민들이 곡을 하고 상인들도 여러 날 문을 열지 않았다. 그의 상여가 강가로 나가자 밥 한 그릇 국 한 그릇을 차려서 제사를 드리는 것이 수백 리에 끊이지 않았다.

모길毛吉[14]이 광동부사廣東副使로 있을 때 유적流賊의 난이 일어나서

---

12 첨도僉都: 첨도어사僉都御史의 준말. 부도어사副都御史의 아래 직위.

13 왕용급王用汲, 1528~1593: 중국 명나라 진강晉江 사람. 자는 명수明受이다. 벼슬이 남경 형부상서南京刑部尙書에 이르렀다.

14 모길毛吉, 1426~1465: 중국 명나라 때 인물. 성화成化 초에 신회新會의 유적流賊을 격파하고 전사했다.

적을 죽이고 자신도 전사하였다. 처음에 그가 출동을 할 적에 관은官銀 1000냥을 내어 군량미로 충당케 하였는데, 위관(委官, 담당관) 서문徐文이 이 은을 맡아 반을 지출한 상태였다. 서문은 모길이 돌아갈 곳이 없는 것을 민망하게 여겨서 남은 은을 은밀히 그 겸복(傔僕, 집안 관리인)에게 넘겨주어 상구喪具를 마련토록 하였다. 이날 밤에 겸복의 처가 문득 마루로 나오더니 좌석에 바로 앉아 행동거지를 모길처럼 하고 좌우를 돌아보며 "하헌장夏憲長을 모셔 오너라"라고 했다. 이에 온 집안이 놀라 어찌할 바를 몰랐다. 이윽고 하헌장이 나오자 일어서 읍을 하더니, "나 모길이 나라의 은혜를 입었는데 불행히 적에게 죽었으니 실로 여한이 없소. 다만 서문에게 주었던 관은을 이미 나의 집으로 보냈으니 나는 지하에서 오욕을 지게 되었습니다. 원컨대 빨리 이곳으로 돌려보내 나를 욕되게 하지 말아주시오"라 말하고 곧 땅에 쓰러졌다. 조금 뒤에 그 여자는 깨어났다. 案 이 이야기는 허황해서 믿을 수 없는 것 같다.

곽은郭垠[15]이 담양부사潭陽府使가 되어 요역과 부세를 가볍게 하여 정사가 맑고 인자하였다. 그런데 재직 중에 갑자기 죽으니 사람들이 모두 슬퍼하며 술과 고기를 끊고 조문하였으며, 상여가 떠나는 날 곡소리가 끊이지 않았다. 선비와 백성들이 서로 의논하여 해마다 기일이 돌아오면 쌀을 모아 재齋를 올려서 명복을 빌었다. 또 곽씨 집안의 문집에 "어물장수가 '남양 백성들이 반드시 사먹지 않을 것이다'라고 하며 담양에 들어가지 않았다"라고 한다[추강秋江 남효온南孝溫[16]이 기록한 것이다]. ○ 곽공의 상

---

15 곽은郭垠: 성종 때 인물. 자는 안부岸夫, 본관은 선산善山이다. 성종 3년(1472)에 급제, 담양부사潭陽府使로 있으면서 선정을 베풀어 승지로 승진되었는데 부임 도중에 죽었다.
16 남효온南孝溫, 1454~1492: 자는 백공伯恭, 호는 추강秋江이다. 문학가로서 『추강집』 『사

행喪行이 귀환할 때에 집기들을 다 돌려보냈는데, 낡은 상자 하나가 눈에 뜨이지 않는 곳에 있었다. 그의 부인은 이것을 보고 놀라 "이것이 어찌 여기에 있는가? 빨리 돌려보내 그 어른의 깨끗한 덕에 누를 끼치지 마라"라고 하였다.

노대하盧大河[17]는 고부군수古阜郡守로 재직 중에 죽었다. 염을 하려고 할 때에 고을에서 수의용으로 비단을 보내왔다. 정읍현감 박충생朴忠生이 와서 염하는 것을 보고 "노공은 평소 사치를 않는 것으로 예를 삼았다"라고 하며 말렸다.

윤형래尹亨來가 회인현감懷仁縣監으로 있을 때 정사를 함에 인자와 용서를 앞세우니 백성이 부모같이 우러러보았다. 그의 병이 위중했는데 어떤 이가 고을을 지나다가 묵게 되어 직접 본 일이다. 한 노파가 지팡이로 땅을 치며 "안타깝다. 어진 원님을 잃게 되다니 우리 백성들은 어떻게 살아갈까" 하고 울었다. 햇곡식이 처음 나오면 백성들이 서로 찾아와 "이건 햇곡식인데 혹시 맛을 보실지요?" 하며 바쳤으나 그는 다 사양하고 돌려보냈다. 그래도 백성들은 머뭇거리며 얼른 떠나지 못했다.

병들어 누워 위독하게 되면 마땅히 곧 거처를 옮길 일이요, 정당(政堂, 동헌)에서 운명하여 다른 사람을 혐오스럽게 해서는 안 된다.

우명행록』『추강냉화秋江冷話』등의 저술을 남겼다. 또한 사육신의 사적을 후세에 전하기 위해 지은 「육신전六臣傳」이 있다. 무오사화 때 부관참시를 당했다.

17 노대하盧大河, 1546~1610: 자는 수오受吾, 호는 이소당履素堂, 본관은 광산이다. 백부伯父 노수신盧守愼에게 학문을 닦았다. 임진왜란 때는 세자를 호종扈從하여 군량운수軍糧運輸에 진력했다.

정당은 공당公堂이다. 만약에 불행히 정당에서 죽게 되면 후임자가 싫어할 것이요, 요사스런 말이 분분히 일어날 것이다. 수령은 병이 들어서 눕게 되거든 병의 상태를 스스로 헤아려보아 깊이 우려할 정도면 마땅히 곧 책방冊房으로 옮겨 거처할 것이다. 병을 참고 버티는 것을 미덕으로 삼아서는 안 된다. 옛 어른들처럼 확고한 정신수양이 되어 있는 사람이라면 굳이 꺼려할 바 아니로되, 나의 도리로서는 정당에서 죽는 일을 응당 조심해서 피해야 할 것이다.

『남사南史』에 실려 있다. "육양陸襄[18]이 양주楊州의 중종사中從事[19]로 나아가게 되었는데 그의 부친이 이 관직으로 죽었기에 굳이 사양하였다. 무제는 허락하지 않고 부사마府司馬와 관사를 바꾸어 거처하도록 하였다."

당나라 이길보李吉甫가 침주郴州에서 요주饒州[20]로 두 고을을 바꾸어 임명되었다. 마침 전임 자사가 잇따라 죽었는데 이길보는 정당을 깨끗이 청소하고 아무 일도 없었던 듯이 일을 보았다.

이위국李緯國이 상원祥原[21] 군수로 있을 때의 일이다. 군의 정당에 귀신이 붙어서 이전의 수령들이 많이 죽었기 때문에 오래 비워둔 채 거처하지 않았다. 그는 부임하자 곧 수리하도록 하고 거처하였다. 거처하기 시작한 첫날 밤에 그가 타는 말이 까닭 없이 죽었다. 그는 의연히 마음을 쓰

---

18 육양陸襄: 중국 남북조시대 남조 양나라 때 사람. 본명은 쇠衰, 자는 사경師卿이다. 부형이 참혹한 화를 당한 일이 있어 종신토록 나물과 포의布衣로 지내고 음악을 듣지 않았다 한다. 벼슬이 탁지상서度支尙書에 이르렀다.
19 중종사中從事: 관직인 듯하나 미상.
20 침주郴州·요주饒州: 침주는 중국 호남성 침현郴縣의 옛 이름. 요주는 강서성 파양현鄱陽縣의 옛 이름.
21 상원祥原: 평안도에 있었던 고을 이름으로 지금의 황해북도에 속해 있다.

지 않았는데 결국 무사하였다. ○ 나중에 이천부사利川府使가 되었다. 이곳 전임관이 관아에서 연이어 셋이나 죽었다. 고을 사람들이 이들을 위하여 위패를 모시고 고을의 정당에서 제사 지냈다. 후임 관장이 부임하면 두려워 피하고 민가에서 기거하였다. 이렇게 한 수령이 여럿이었다. 이위국이 아전에게 "신관이 오면 구관은 물러가는 것이 당연하다. 신도神道라 해도 어찌 인사人事와 다르겠느냐?" 하고 즉시 그 위패를 옮기고 정당에 거처하였다. 案 이는 보통사람이 해낼 수 있는 일이 아니다. 나 스스로 삼가고 피하여 요사스런 말의 빌미가 되지 않는 것이 또한 좋지 않겠는가?

상수미喪需米는 이미 나라에서 내리는 것이 있다. 백성들의 부조를 또 어찌 받겠는가. 유언을 남겨두는 것이 좋을 것이다.

『속대전』에 나와 있다.[22] "지방관이 자신이 죽거나 친상을 당한 자는 상수미를 지급하되 차등을 둔다. ○ 관찰사나 수령이 임지에서 친상을 당하면 호남·영남은 40석, 호서는 30석을 지급한다. 본인의 상은 호남·영남은 40석, 호서는 35석을 지급한다. 해서海西는 친상과 본인의 상 모두 35석을 지급한다. 부인의 상은 본인의 상에 비해 절반을 지급한다. 병사의 상에는 영남·호남이 25석, 호서·해서는 20석을 지급한다. ○ 수사의 상에는 영남·호남이 30석, 호서·해서는 15석을 지급한다. ○ 영장營將의 상에는 호남·영남은 30석, 호서는 15석을 지급한다. 모두 저치미儲置米로 한다."[23]

---

22 『속대전·호전·외관공급』.
23 병사의 상에는~저치미儲置米로 한다: 원문에서는 원주로 되어 있으나, 앞의 문장과 동

案 나라에서 내리는 쌀이 이렇듯 후한 것은 아래 백성들로부터 거두어들이지 않도록 하려는 뜻이다. 갈백葛伯이 소와 양을 제사에 쓰도록 준 것을 받아먹고 제사를 지내지 않았던 것처럼 임금이 주는 것을 숨기고 따로 또 백성의 부조를 거두어서야 되겠는가. 백성들의 부의는 결단코 받아서는 안 된다. 수령이 병으로 자리에 누워 병세가 위독할 것 같으면 곧 마땅히 유언으로 백성들의 부의를 거두지 못하게 하는 것이 옳다. 나의 청백이 철저하다면 나라에서 내리는 것을 가지고 실지로 천 리 길을 운구하여 돌아가는 데는 부족하더라도 내가 죽은 뒤에 승좌들이 모두 의논하여 반드시 일을 처리해줄 것이다. 어찌 꼭 백성에게 거둬들일 것인가.

『속대전』에 나와 있다.[24] "일찍이 승지·관찰사·절도사·방어사防禦使와 동반의 2품 실직實職을 지내고서 외임外任에서 죽은 자에게는 모두 운구할 담군(擔軍, 상여를 멜 인부)을 제공한다. ○ 수령과 변장邊將으로 재임 중에 죽은 자에게는 운구하여 돌아갈 때 가우(駕牛, 상여를 끄는 소)를 제공한다."

案 담군이나 가우를 지급하는 데에는 법에 비록 등급이 있지만 수령의 관을 운반할 때 담군이 지급되지 않는 경우는 없으니 큰길 가운데서 자주 이런 상행喪行을 만나게 된다. 게다가 여기에 규례와 법식까지 있어서 담군 자신들이 휴식하는 장소를 설치하고 이름하여 식견청息肩廳이라 하는데 상사에서 통보가 있으면 받들어 행할 수 있다.

『상구보찬喪具補纂』[25]에 다음과 같이 나와 있다. "천 리를 운구하는 일

일한 『속대전』의 인용이므로 번역에서는 본문으로 취급하였다. 원문에는 병사의 상에 영남과 호남에서 지급하는 쌀이 35석으로 되어 있으나 『속대전』에 따라 25석으로 수정하여 번역하였다.
24 『속대전·예전·상장喪葬』.
25 『상구보찬喪具補纂』: 상장喪葬에 관한 책인 듯하나 미상.

은 지극히 어려우니 관을 만들되 마땅히 좁고 작고 가볍고 얇게 해야 할 것이다. 건조한 재목을 골라 관의 네 둘레와 지판地板은 그 두께를 1치寸 2푼分으로 하고 천판天板은 1치 8푼으로 하면 좋다. 삼천양지參天兩地라는 말이 있는데 이는 관의 두께를 지판은 매양 천판에 견주어 3분의 1을 줄인다는 뜻이다. 관을 좁고 작게 만들면 우선 염한 다음에 소요되는 솜과 옷가지를 줄일 수 있어서 좋다. 광실壙室의 이치를 아는 사람은 이 관을 그대로 매장하는 것이 좋다. 멀리 내다볼 줄 모르고 외양만을 중히 여기는 사람은 산 밑에 이르러 관을 바꾸는데 이 또한 안 될 것은 없겠으나 대저 관이 무겁고 크면 부딪쳐 손상되기 쉽고 땀을 흘리고 숨이 가쁘니 담군이 싫어한다. 성인이 상례를 제정한 것은 사람들로 하여금 싫어하지 않게 하기 위함이다. 상을 당한 자는 마땅히 이 뜻을 알아야 할 것이다."

정사를 잘 한다는 명성이 크게 울리면 항상 기이한 소문이 나서 사람들이 칭송하게 된다.

왕업王業[26]은 자가 자향子香이다. 형주자사荊州刺史가 되어 덕정德政을 베풀다가 지강支江에서 죽었다. 백호 세 마리가 머리를 숙이고 꼬리를 끌며 그 상행을 호위하다가 고을 경계를 넘어서자 홀연히 사라졌다[『진류기구전陳留耆舊傳』[27]].

---

26 왕업王業: 중국 왕망 때 중황문中黃門으로 장안長安을 다스렸다.
27 『진류기구전陳留耆舊傳』: 진류陳留는 지금의 중국 하남성 개봉시에 속한 지명. 이 지방 출신의 훌륭한 인물들에 관한 전기적 기록.

遺愛

죽은 뒤에 백성들이 그리워하여 사당을 지어 제사 지내면, 그 수령에 대한 백성들의 사모의 뜻〔遺愛〕이 있음을 알 수 있다.

한나라 주읍朱邑이 젊었을 때에 동향색부桐鄕嗇夫가 되었는데, 청렴하고 공평하고 가혹하지 않아 일찍이 백성을 매질하거나 욕보이는 일이 없었으며, 노인들과 고아·과부를 돌보아주니 백성과 아전들이 그를 사랑하고 존경하였다. 벼슬이 차차 올라 대사농大司農에 이르러 병으로 죽게 되자 자기 아들에게 부탁하기를, "내가 전에 동향에 있을 때 그곳 백성들이 나를 좋아하였다. 나를 꼭 동향에 장사 지내라. 후세에 내 자손들이 나를 생각함이 동향 사람만 같지 못할 것이다"라고 하였다. 그가 죽자 동향 서쪽의 성곽 밖에 장사 지냈는데, 백성들이 과연 함께 무덤을 만들고 사당을 세워 철 따라 제사 지내기를 중단하지 않았다.

후한의 나형羅衡이 무릉령茂陵令으로 있을 때 정사와 교화가 백성들의 마음에 깊이 젖어들었다. 그가 만년현萬年縣으로 옮기게 되자 백성들이 소와 말을 모두 길가에 매어두고 "이것은 나공羅公의 것입니다"라고 하였다. 훗날 마침내 그를 위해 사당을 세웠다.

양나라 임방이 오흥태수吳興太守로 있을 때 집안의 아녀자들이 보리밥을 먹었으며, 자신이 교체되어 도성에 이르렀는데 의복이 없어 들어올 수 없었다. 심약이 상하의 옷 한 벌을 보내서 맞아들였다. 오흥 백성들이 그를 추모하여 사당을 세우고 제사 지냈다.

한문공韓文公이 조주자사潮州刺史로 있을 때 조주 백성들이 마음속으로 좋아하고 따랐다. 그가 죽은 후에 백성들이 그를 사모하여 조주성 남쪽에 사당을 세우고 음식이 있으면 반드시 제사를 지냈으며, 홍수, 가뭄, 전염병 등으로 소망이 있으면 반드시 거기 가서 빌었다.

유종원柳宗元이 유주자사柳州刺史로 있을 때의 일이다. 정사를 잘해서 관아에는 밀린 조세가 없었고 유랑하는 백성들이 사방에서 돌아와 마을에는 새 집이 지어지고 나루터에는 새 배가 만들어졌다. 한번은 부장部將 구양익歐陽翼 등과 같이 역정驛亭에서 술을 마시면서 "내가 때에 버림받아 이곳에 의탁해서 너희들과 친하게 되었다. 명년에 내가 죽을 터인데 죽으면 신이 될 것이다. 3년 뒤에 나를 위해 사당을 세우고 나를 제사 지내라"라고 말했다. 마침내 그때가 되어 죽었다. 3년 후 초가을 신묘일辛卯日에 그가 고을의 후당後堂에 강림하여 저녁에 구양익의 꿈에 나타나 "나지羅池에 나를 거처하게 하라"라고 말했다. 드디어 사당을 세우고 제사 지내었다.[1] 案 이 일은 황당하여 그대로 믿을 수가 없다.

상방병張方平[2]이 익주자사로 나가게 되었다. 앞서 그 시석에 유언비어

---

1 유주柳州는 중국 광서성에 있는 도시 이름이다. 당나라의 문학가로서 당송팔대가로 손꼽히는 유종원柳宗元이 당시 정치개혁운동에 참여했다가 실패, 처음에 영주永州 땅으로, 다시 유주로 좌천이 되어 여기서 생을 마쳤다. 나지羅池는 유주시의 동쪽에 있는 호수로, 그 주변에 유종원의 사당이 세워져 있다. 「나지묘비羅池廟碑」는 한유의 글로 본문의 내용은 이 비문을 요약한 것이다.

가 나돌았는데, 그가 부임하자 조용해져서 인심이 안정되었다. 이에 정중사淨衆寺에 그의 초상을 그려 안치하였는데 미산眉山 소순蘇洵[3]이 기문을 지었다.

조여우趙汝愚[4]가 신주信州를 맡아 다스렸는데 정사가 잘 이루어져서 혜택이 흡족하게 베풀어졌다. 그 고을 사람들이 성 남쪽에 사당을 세우고 초상을 만들어서 그의 장수를 기원했다. 그가 손님과 더불어 그곳에서 술을 마시다가 그 초상을 치우도록 하였다. 그리고 대신 일배정一杯亭이라고 익살스런 이름을 붙였다.

조예趙豫가 송강지부松江知府가 되어서 아전의 수를 줄이고 백성을 쉬게 하며 부역을 고르게 하고 비용을 절약하고 형벌을 가볍게 하고 조세를 덜어주었다. 정통 연간에 9년의 치적을 고과하였는데, 백성 5000여 명이 연명으로 글을 올려 유임해주기를 청하였다. 순안어사가 황제에게 보고하였더니 품계의 등급을 올려 유임하도록 하였다. 10년 봄에 이르자 뭇 관원들의 치적을 크게 비교하여 이에 뛰어난 자에 대한 은전을 시행하였는데, 조예는 영국지부寧國知府[5] 원욱袁旭[6]과 함께 거기에 들어갔다. 임금이 연회를 베풀고 의복 한 벌을 내려주고 돌려보냈다. 재직 15년 동

---

2 장방평張方平, 1007~1091 : 중국 송나라 사람. 자는 안도安道, 호는 악전거사樂全居士, 시호는 문정文定이다. 참지정사參知政事를 지냈고, 저서로 『악전집樂全集』이 있다.

3 소순蘇洵, 1009~1066 : 중국 송나라 사천성四川省의 미산현眉山縣 출신. 자는 명윤明允, 호는 노천老泉이다. 당송팔대가 중의 한 명이며, 아들인 소식蘇軾·소철蘇轍과 함께 삼소三蘇로 일컬어졌다.

4 조여우趙汝愚, 1140~1196 : 중국 송나라 사람. 자는 자직子直, 시호는 충정忠定이다. 이부상서·우승상을 지냈다.

5 영국지부寧國知府 : 중국 송나라 때 설치한 부府의 이름. 안휘성 의성현宜城縣.

6 원욱袁旭 : 중국 명나라 무주撫州 낙안樂安 사람. 자는 정보廷輔이다. 강진지현江津知縣을 지냈다.

안에 맑고 고요하기가 한결같았다. 고을을 떠나게 되자 늙은이부터 어린 아이까지 수레를 붙잡아서, 그의 신 한 켤레를 남겨 유애의 표지로 삼았다. 후에 주침周忱의 사당에 함께 배향되었다.

김희金熙[7]가 남원부사로 있을 때 백성을 자식같이 여기고 송사의 판결을 물 흐르듯이 하여 재직 몇 년 동안에 온 고을이 편안하게 되었다. 얼마 지나지 않아 그가 병에 걸려 관아에서 죽었는데, 고을 사람들이 매번 기일에 제사 지내기를 그만두지 않았다.

김계희金係熙[8]가 나주목사【세조 때】로 있을 때 은혜로운 정사를 베풀고 학교 교육을 크게 진흥시켰다. 그가 떠난 뒤에는 백성들이 그를 사모하였고, 그가 죽으매 어버이처럼 장사 지냈다. 보寶[9]를 세워 두고 매년 기일이 되면 고을 사람들이 모여 명륜당明倫堂에서 제사 지냈다.

살아 있는 사람의 사당을 세우는 일은 예가 아니다.
어리석은 사람들이 시작해서 서로 따라 습속을
이루었다.

생사당生祠堂의 습속은 서한西漢 시대에 시작되었다. 석경石慶[10]이 제나라 재상으로 있을 때에 그곳 사람들이 그의 집안에서의 행실을 흠모하

---

7 김희金熙: 조선 태종 때의 인물. 지금도 남원에는 그를 기리는 유애묘遺愛廟가 있다.
8 김계희金係熙: 조선 세종·세조 때의 사람으로 자는 회숙晦淑, 본관은 김해이다. 세종 23년 (1441) 문과에 급제, 한성부윤·이조참의 등을 지냈다.
9 보寶: 신라 이래 공공사업을 운영하기 위하여 재단을 설치하고 그 이익으로 경비를 지출하였다. 여기서는 기금이라는 뜻으로 사용되었다. 고려 때 제위보濟危寶는 그 하나이다.
10 석경石慶, ?~B.C. 103: 중국 한나라 사람. 벼슬은 태자태부太子太傅·어사대부御史大夫를 역임하고 승상에 이르렀다. 목구후牧丘侯에 봉해졌다.

여 생사당을 세웠으며, 난포欒布[11]가 일찍이 연나라에서 벼슬하여 그곳 사람들이 그의 청렴하고 공평함을 사모하여 생사당을 세웠다. 이후에 순면荀勉[12]·동회童恢[13]·위희韋義[14]【정사를 잘하여 감옥이 빈 적이 자주 있었다】·왕당王堂[15]·두진杜軫[16] 등의 생사당이 있었고, 당송 이래로 더욱 만연하게 되었다.

진晉나라 육운陸雲[17]이 준의령浚儀令으로 있을 때 백성들이 초상을 그려 고을의 사당에 배향하였다.

당나라 적인걸이 위주자사魏州刺史를 지냈는데, 백성들이 그를 위해 생사당을 세웠다. 뒤에 그의 아들 적경휘狄景暉가 위주사공魏州司功이 되었는데 탐욕스럽고 사나워서 백성들이 고통을 받게 되자 그 아버지의 생사당을 헐어버렸다.

당나라 왕경백王敬伯이 파군巴郡을 맡아 다스릴 때 정사가 청렴하고 혜택을 베풀었다. 아전과 백성이 생사당을 세웠다.

---

11 난포欒布: 중국 한나라 때 인물. 양梁 사람으로, 연나라의 재상을 지냈는데, 연나라와 제나라에서 그를 위해 사당을 세우고 이를 난공사欒公社라 하였다.

12 순면荀勉: 중국 삼국시대 위魏와 진晉 사이에 활동한 순욱(荀勖, ?~289)인 듯하다. '욱勖' 자가 북송 신종의 이름자여서 피휘하여 '면勉' 자로 썼다. 순욱은 자는 공증公曾 또는 공로公魯로 위나라에서 벼슬을 했고 진나라로 교체될 때 거기에 동조하였다. 진나라 무제 때 벼슬이 의동삼사儀同三司에 이르렀다.

13 동회童恢: 중국 후한 때 사람(2권 180면 주 33 참조).

14 위희韋義: 중국 후한 때 사람. 자는 계절季節이다. 광도장廣都長, 감릉甘陵, 진陳의 관장을 역임하였다. 광도廣都 사람들이 생사당을 세웠다.

15 왕당王堂: 중국 후한 때 사람. 자는 경백敬伯이다. 파군태수巴郡太守로 있을 때 서강西羌을 평정하였다. 그곳 사람들이 생사당을 세웠다.

16 두진杜軫, 233~291: 중국 삼국시대 진晉나라 사람. 자는 초종超宗이다. 벼슬이 건위태사犍爲太守에 이르렀다.

17 육운陸雲, 262~303: 중국 동진시대 사람. 자는 사룡士龍이다. 문학가로 이름이 있었으며, 대장군우사마大將軍右司馬를 지냈다. 저서로 『육사룡집陸士龍集』이 있다.

한위공은 그가 역임한 여러 큰 진鎭에 모두 유애가 있었으므로 사람마다 초상을 그려 받들었는데, 유독 위魏 지역 사람들은 생사당에 소상塑像을 만들어놓고 철 따라 받드는 것이 적양공狄梁公에 대비되었다. ○ 송나라 장윤張綸이 태주泰州를 맡아 다스릴 때 바다에 제방을 수축하고 도망간 민호들을 되돌아오게 하였더니, 백성들이 그 혜택을 감사하여 생사당을 세웠다. ○ 고부高賦가 구주衢州를 맡았을 때에는 요괴의 해를 제거하였고 당주唐州를 맡았을 때에는 전답을 개간하여, 이 두 고을에서 생사당을 세웠다.

서구사가 구용지현으로 있었을 때 선정이 많았다. 그가 구용을 떠나자 백성들이 모산茅山에 사당을 지었다. 그는 관직에서 물러나 집에 있은 지 22년, 나이 85세에 병에 걸렸는데, 손을 들어올려 "모산이 나를 맞이하는구나"라 말하고 드디어 죽었다.

진일이 섬주를 다스릴 때 그곳 백성 중에서 병든 자들이 병이 낫기를 기원하며 그의 가마를 메었더니 의약을 쓰지 않고 비는 일을 하지 않고도 병이 나았다. 그가 외출을 하게 되면 사람들이 서로 가마를 메려고 다투어 말려도 그치지 않았다. 진일이 떠나자 많은 백성들이 그의 초상을 그려 붙이고 받들기를 신과 같이 하였다.

상국 이원익李元翼이 평안도 관찰사로 있을 때 청렴하고 인자하며 은혜로운 정사를 많이 베풀어 백성들이 생사당을 세웠다. ○ 이만원李萬元[18] 또한 평양에 생사당이 있었는데, 그때 남긴 초상화가 지금까지 있다. [案] 오늘날에는 고을마다 생사당이 없는 곳이 없어서 아무런 제한이나 규제

---

18 이만원李萬元, 1651~1708: 자는 백춘伯春, 호는 이우당二憂堂, 본관은 연안延安이다. 평안도·함경도·충청도의 관찰사를 지냈다. 연릉군延陵君에 봉해졌다.

가 없으니 이루 다 기록할 수 없는 지경이다.

『설초산담雪樵山談』[19]에서 말하였다. "생사당의 폐단이 해마다 더하고 달마다 늘어난다. 그 영당影堂의 향불이 곳곳마다 줄줄이 뻗어서, 사후에 사당을 세웠다는 말은 오히려 들리지 않는다. 대개 아첨 때문에 이처럼 습속을 이룬 것이다. 무릇 좋은 가문으로 명망이 높아 전도가 크게 기대되는 자에게는 으레 생전에 아첨해서 덕을 보려고 한다. 그 때문에 교활한 아전과 간사한 백성들이 서로 결탁해서 수령이 돌아가 수레에서 내리기도 전에 벌써 사당이 세워진다. 이를 금하지 않고서는 음사淫祠를 없앨 수 없을 것이다. 수령으로 다녀간 자는 생존해 있으니 들어 알지 못하지 않을 터인데, 묵묵히 속으로 기뻐하며 헐어버릴 생각을 하지 않고 있다. 이래서야 되겠는가."

돌에 새겨 덕을 칭송하여 오래도록 보여주려는 것이 이른바 선정비善政碑이다. 스스로 반성해서 부끄러움이 없기가 어려운 일이다.

진晉나라 양호羊祜가 오랫동안 양양襄陽을 다스렸는데 어질고 은혜로운 정사를 많이 베풀었다. 그가 죽으매 백성들이 현산峴山에 비를 세우고 사당을 지었는데, 곧 그가 평소에 쉬고 노닐던 장소였다. 철 따라 제사를 지냈는데 이 비석을 바라보고 눈물을 흘리지 않는 사람이 없었다. 두예가 이 비석의 이름을 타루비墮淚碑라고 하였다.

---

19 『설초산담雪樵山談』: 작자 미상. 내용으로 미루어 다른 것과 마찬가지로 다산 자신의 저작으로 추정된다.

완약阮略[20]은 제국내사齊國內史로 있을 때 교화를 크게 행했다. 그가 마침 관에서 죽자 그 지역 사람들이 비를 세우려 하였으나 당시 관제가 엄격하여 사도司徒 위서魏舒[21] 이하는 누구도 비를 세울 수 없었다. 그 지역 민들이 완약을 흠모해 마지않아서 드디어 모두 함께 금령을 무릅쓰고 비를 세운 뒤 대궐에 나아가 대죄하였다. 조정에서 이 사실을 알고 그의 은혜로움을 찬탄하였다『진류지陳留志』. 案 선정비가 허실이 뒤섞이게 된 것은 벌써 위魏·진晉시대부터라, 이미 폐단이 있었다. 그래서 금령이 엄하여 백성들이 함부로 세우지 못했던 것이다. 돌이켜보건대 선대왕(정조)이 금령을 거듭 엄하게 내려 30년 이래 세운 선정비는 모두 쪼아 없애게 하였다. 그런데 오늘날 이 금령이 다시 해이해져서 학정을 한 수령이 떠나자마자 쇄마전刷馬錢이다, 입비전立碑錢이다 하여 백성의 힘을 거듭 피곤하게 만드니 이 어찌 한심스럽지 않은가. 관장으로 있다가 돌아온 후에 만약 비를 세운다는 말이 들리면 마땅히 선대왕의 옛 조서를 들어서 엄중히 경계하면 혹 추념追念은 하더라도 감히 비를 세우지 못할 것이다.

당나라 송경宋璟[22]이 일찍이 광주廣州에서 은혜로운 정사를 베풀었다. 광주 사람들이 그를 위하여 유애비遺愛碑를 세울 것을 조정에 청하니, 그는 이를 금지시켜 아첨하는 풍속을 혁파하도록 청하였다. 이에 여러 고을 모두 감히 비를 세우지 못하였다.

당나라 방언겸房彥謙이 장갈령長葛令으로 있을 적에 백성들이 그를 자

---

20 완약阮略: 중국 진晉나라 사람. 다른 사항은 알 수 없다.

21 위서魏舒, 209~290: 중국 진晉나라 사람. 자는 양원陽元, 시호는 강康이다. 능의현령凌儀 縣令·상서랑을 지내고 사도司徒에 이르렀다. 당시 사람들이 추앙하였다.

22 송경宋璟, 663~737: 중국 당나라 때 인물. 자는 광평廣平, 시호는 문정文貞이다. 형부상서를 지내고 상서우승상에 이르렀으며 광평군개국공廣平郡開國公에 봉해졌다.

애로운 아버지라고 불렀다. 그가 떠난 뒤에 비를 세워 그의 덕을 칭송하였다.

당나라 유만劉晏이 온령溫令으로 있을 때에 백성에게 은혜로운 정사를 베풀어 이로움을 끼친 것이 마음에 새길 만하였다. 백성들이 모두 돌에 새겨 전하였다.

당나라 위단韋丹이 강서 지역을 맡아 다스릴 때 끼친 덕이 있었다. 선종宣宗이 재상과 더불어 이야기하다가 원화元和 연간(806~820)에 누가 백성을 가장 잘 다스렸는가를 물었다. 주지周墀²³가 "신이 일찍이 강서를 맡아 다스렸는데, 위단이 큰 공덕이 있어서 여덟 고을이 그 혜택을 입었습니다. 그가 죽은 지 40년이 지났는데도 늙은이 어린아이 할 것 없이 그를 사모하고 잊지 않습니다"라고 아뢰었다. 이에 관찰사에게 조서를 내려 위단이 남긴 공적의 실상을 올리게 하고 그 공적을 비에 새기게 했다. 사관으로 있는 두목杜牧으로 하여금 비명碑銘을 짓게 하였다.

석담石潭 이윤우李潤雨²⁴가 경성鏡城 판관으로 나갔는데, 경성은 수천 리 떨어진 외진 변방으로 옛 석막石幕²⁵의 터였다. 그곳은 오랑캐의 습속이 섞여서 다스리기가 더 어려웠다. 그는 정사를 정성으로 하며 사람들의 마음을 잘 헤아려 너그러이 하는 데 힘썼다. 그가 돌아가자 그곳 사람들은 철비鐵碑를 주조해 세워 그를 추모해 마지않았다.

---

23 주지周墀, 796~855 : 중국 당나라 여남汝南 사람. 자는 덕승德升이다. 검남동천절도사劍南東川節度使·검교상서우복야檢校尙書右僕射를 지냈다.

24 이윤우李潤雨, 1569~1634 : 자는 무백茂伯, 호는 석담石潭, 본관은 광주廣州이다. 인조반정 후에 이조정랑을 거쳐 이조참의에 이르렀다.

25 석막石幕 : 지금의 함경북도 두만강 가의 경성鏡城과 경원慶源 일대를 가리키는 말. 북막北漠과 같은 말로 쓰이기도 했다. 여기서는 여진족을 지칭하는 의미로 썼다.

목옹木翁 송선宋瑄[26]이 포천현감이 되었는데, 그곳은 농토의 정사가 잘 다스려지지 않아서 토호들의 겸병兼併이 심해 가난한 백성들이 괴로움을 당했다. 그가 한결같이 법으로 다스리자 토호들이 좋아하지 않았다. 그는 3개월 만에 물러나게 되었는데, 백성들이 유애비를 세웠다.

정언황丁彦璜이 안동부사로 있다가 병 때문에 벼슬을 버리고 돌아가려 하였다. 그곳의 유생과 아전, 백성들이 유임을 청했지만 뜻대로 되지 않으므로 비를 세워 추모하였다. 그에게 문안 드리기를 수십 년 동안이나 그만두지 않았다. 그의 죽음을 듣고서 부의한 뒤 3년 동안 제수를 보냈다.

유정원이 통천군수로 있을 적에 은혜로운 정사가 많았다. 부교리副校理로 임명을 받고 한 필 말로 부름에 응했는데, 백성들이 어른 아이 할 것 없이 말 머리를 붙잡고 소리내어 울며 길바닥에 드러누워 일어나지 않았다. 그는 위로하고 타이르며 떠났다. 후에 고을 사람들이 동비銅碑를 세워 그의 덕을 칭송하였다.

양나라 정양후貞陽侯 소명蕭明[27]이 예주자사豫州刺史로 있을 때 백성이 그의 덕을 말하여 그 지역에 비를 세웠다. 장막을 치고 음식을 차려 사람들을 많이 초청하였는데 소명이 몸소 앞장서 이 일을 주선하였다. 식자들이 비웃으며 "소명이 스스로 비를 세운 것이지 그곳 백성이 세운 것이 아니다"라고 하였다 『남사』. ○ 백향산白香山이 지은 「청석시靑石詩」에 "큰실사의 선성비는 되고 싶지는 않노라. 실제의 행적이 아니라 거짓말

---

26 송선宋瑄, 1544~1629: 자는 중회仲懷, 호는 목옹木翁·양지정養志亭, 본관은 여산礪山이다. 여러 고을의 수령을 지냈다.

27 소명蕭明, ?~556: 중국 남북조시대 남조 양나라의 제5대 황제인 소연명蕭淵明. 시호가 민황제閔皇帝이지만, 흔히 봉호인 정양후貞陽侯로 불린다. 양나라 1대 무제武帝에 의해 정양후에 봉해졌으며, 예주자사豫州刺史를 지냈다.

만 새겨지는걸"이라고 하였으니, 선정비를 믿기 어렵게 된 지 벌써 오래이다. 오늘날 사람들은 갈려 떠날 적에 몰래 돈 수백 냥을 간사한 향소와 교활한 아전에게 맡겨서 유애비를 세우게 한다. 이 돈을 비채碑債라 하니, 이 역시 제 손으로 자기 비를 세우는 짓이다.

『대청률大淸律』에 다음과 같이 나와 있다. "무릇 현임 수령으로 실제 정사의 공적이 없이 스스로 비를 세우거나 사당을 세우는 자는 장 100대에 처하고, 만약 사람을 보내 거짓으로 자기의 선정을 칭송하여 위에 신청케 하는 자는 장 80대에 처하며, 심부름한 자는 각각 감일등하고, 비와 사당은 철거한다."

> 목비木碑를 세워 기리는 것들은 칭송도 있고 아첨도
> 있다. 세우는 대로 즉시 철거하며, 엄중히 금해서
> 치욕이 되지 않게 해야 할 것이다.

『한암쇄화』에서 말하였다. "한 가지 정사가 조금 엄하면 비방이 무리지어 일어나고 한 가지 명령이 조금 편안하면 목비가 잇따라 세워지니 이것이 백성을 피폐케 하는 것이라고 한다. 목비는 수령이 마땅히 금해야 하는 것이다. 비록 만민을 모두 기쁘게 한다 해도 거기에 반드시 원한을 품는 사람이 하나라도 있기 마련이다. 오늘은 새 비碑가 산뜻하지만 내일이 되면 잘못이라 하여 훼손하는 자가 나올 것이다. 이루어지는 것도 이지러지는 것도 없기에 소씨昭氏는 금琴을 타지 않았던 것이다.[28] 목비

---

28 『장자莊子·제물론齊物論』에 나오는 말을 취한 것이다. 소씨昭氏는 소문昭文으로 중국 춘추시대의 유명한 금사琴師였다. 그는 사람들의 평가가 이루어지는 것도 허물어지는 것

는 세우는 대로 없애버리는 것만 같지 못하니, 여러 면에 엄하게 신칙해서 다시는 세우지 말도록 해야만 후회가 없을 것이다.”

판서 이상황李相璜[29]이 충청도 암행어사가 되었을 때의 일이다. 새벽에 괴산군에 닿았는데, 고을에서 5리쯤 미치지 못하여 하늘이 아직 어둑어둑한데 저 멀리 미나리 논에서 한 농부가 소매에서 판목을 꺼내 진흙 속에 거꾸로 집어넣었다가 길가에 세우더니, 또 수십 보를 걸어가서 다시 판목을 꺼내 진흙을 묻혀 세우는 것이었다. 이렇게 하기를 다섯 번이나 하였다. 암행어사가 “지금 무엇을 하시오?”라고 물으니, “이것이 바로 선정비인데, 나그네는 모르오? 이것이 선정비라오”라고 대답하였다. “왜 진흙을 묻히는 거요?”라고 묻자, “암행어사가 왔다고 널리 소문이 나서 이방이 나를 불러 이 목비 10개를 주면서 5개는 동쪽 길에 세우고 5개는 서쪽 길에 세우라 하였지요. 눈 먼 어사가 송덕비를 진짜인 줄 알까 싶어 흙칠을 해서 세우는 것이라오”라고 말하는 것이었다. 암행어사는 사실을 조사하여 먼저 진흙비를 따져 묻고 봉고파직을 시켰다.

떠난 뒤에 사모하여 나무를 심는 것은 사람들의
사랑을 받는 것이다. 이는 감당甘棠의 유풍遺風[30]이다.

도 없기에 금琴을 타지 않는다고 하였다.

29 이상황李相璜, 1763~1841 : 자는 주옥周玉, 호는 동어桐漁·현포玄圃, 본관은 전주全州, 시호는 문익文翼이다. 벼슬은 영의정에 이르렀으며 저서로는 『동어집桐漁集』이 있다.

30 감당甘棠의 유풍遺風 : 감당은 아가위나무이다. 『시경·소남·감당』에 이 감당은 소백召伯이 쉬던 곳이니 잘 보호하라는 구절이 있다. 소백이 지방관으로서 훌륭한 정사를 편 까닭에 그를 사모하여 이 시를 불렀다 한다. '감당의 유풍'이란 훌륭한 수령의 기념물을 유지한다는 의미이다.

신중보辛仲甫³¹가 팽주彭州를 맡아 다스릴 때 도로변에 버드나무를 심으니 보궐류補闕柳³²라고들 하였다. 이순李順의 난을 당하자 백성들이 "보궐류를 상하게 하지 말라"라고 하였다.

당나라 이석李錫³³이 우성령虞城令으로 있을 때 관사에 버드나무 세 그루가 있었는데 그가 왕래하면서 쉬기도 하였다. 후에 사람들이 베지 않고 감당甘棠에 비유하였다.

구준寇準이 귀주歸州 파동현巴東縣을 맡아 다스릴 때 선정이 많았다. 관아의 뜰에 손수 측백나무 한 쌍을 심었는데, 오늘날까지도 백성들이 이것을 감당에 견주어 내공백萊公栢이라고 부른다.

남일南軼³⁴이 칠원현감漆原縣監으로 있을 때 유애가 있었다. 지금까지도 사람들이 그가 심은 나무를 가리켜 남정자南亭子라고 한다.

사모해서 잊지 못하고 수령의 성姓을 따서 아들의
이름을 짓는 데서 백성의 마음을 크게 볼 수 있다.

강조江祚³⁵가 안남태수安南太守로 있을 때, 백성들이 그의 덕을 사모하여

---

31 신중보辛仲甫, 927~1000 : 중국 송나라 효의孝義 사람. 자는 지한之翰이다. 참지정사·태자태부를 지냈다.
32 보궐류補闕柳 : 벼슬 이름. 중국 당나라 때 설치하였는데 좌보궐左補闕은 문하성에 속하고 우보궐右補闕은 중서성에 속한다. 천자에 풍간諷諫하여 그 잘못을 보완토록 하는 일을 맡았다. 송나라 때에는 사간정언司諫正言으로 바뀌었다. 신중보가 이 벼슬을 지냈기에 그를 기념하는 버드나무를 보궐류補闕柳라고 칭한 것이다.
33 이석李錫 : 중국 당나라 때 사람. 천보天寶 연간(742~755)에 벼슬하였다. 이 기사는 이백의 「우성현령이공거사송비병서虞城縣令李公去思頌碑並序」에 실려 있다.
34 남일南軼 : 고려 때 무관. 우왕 7년(1381) 경상도 도순문사로 영주榮州·영해寧海에 침입한 왜구를 격퇴하였다. 뒤에 밀직사密直使가 되었다.

아들의 이름을 강江이라고 지었다.

맹종孟宗[36]이 예장태수豫章太守로 있을 때 백성들이 그의 은혜로운 정사를 생각하여 아들을 낳으면 맹孟으로 이름을 붙였다.

당나라 양성陽城이 도주道州에 있을 때 백성 다스리기를 집안 다스리듯 하였으며, 황제에게 아뢰어 나라에 난쟁이를 바치는 것을 그만두도록 했다. 그 지역 사람들이 감사하여 양陽 자를 써서 아들의 이름을 지었다. ○ 한퇴지韓退之가 양산령陽山令으로 있을 때 백성들이 아들을 낳으면 허다히 그의 성을 가지고 자字를 지었다. 案 장사長沙의 백성은 종宗 자로 이름을 지었고[종경宗慶을 사모해서다], 신식新息의 백성은 가賈 자로 이름을 지었으며[가표賈彪를 사모해서다], 순창順昌의 백성은 유兪 자로 이름을 지었다[유위兪偉를 사모해서다]. 이런 사례는 더 있어서 여기저기에 보인다[앞의 '어린이를 보살핌'(제4부 제2조)에 나와 있다].

떠난 지 오랜 고을을 지나는데 그 고을 백성이
환영하여 간소한 음식이나마 들고 몰려오면 수하의
사람들에게까지 빛이 날 것이다.

한나라 곽급이 일찍이 형주荊州를 맡아 다스렸는데, 후에 그가 그 지역에 들어서자 아이들이 죽마竹馬를 타고 나와 맞이하였다.

---

35 강조江祚: 중국 진晉나라 때 사람. 남안태수南安太守를 역임했다. 본문의 안남태수는 남안태수의 오기인 듯하다.
36 맹종孟宗: 중국 삼국시대 오나라 강하江夏 사람. 자는 공무恭武이다. 사공司空을 역임했다. 효성이 지극하여 한겨울에 아픈 어머니를 생각하며 눈물을 흘렸는데 눈속에서 죽순이 올라왔다고 한다. 맹종죽孟宗竹 이야기는 그의 일로 전한다.

후한 경순耿純이 동군태수가 되어 은혜로운 정사를 베풀었다. 후에 동군을 지나가는데, 백성 수천 명이 말 수레를 따르면서 "다시 경 태수를 모시고 싶다"라고 말하였다.

위경준韋景駿이 비현령肥縣令으로 있을 때 선정을 하였다. 후에 조주장사趙州長史로 부임해갈 때 비현을 통과하는데, 백성과 아전들이 놀라 기뻐하며 다투어 음식을 차려와 전별을 하므로 여러 날 묵었다. 나이 겨우 열 살쯤 되는 어린이 몇 명이 역시 그중에 섞여 있으므로, 위경준이 "내가 북쪽으로 떠난 것을 헤아려보니 그때 너희들은 태어나지도 않아 옛날의 일을 모를 텐데 어찌 그렇게 나를 은근히 대해주느냐?"라고 물었다. "근래 어른들이 하시는 말씀이 고을의 청사·학당·관사·제방·교량 모두 사또께서 남기신 자취라 하기에 이미 고인古人이 되신 줄로 생각하고 있었는데, 뜻밖에도 이처럼 우러러 뵈옵게 되니 기쁘고 사모하는 마음이 갑절이나 더합니다"라며 입을 모아 대답하였다.

요흠廖欽[37]이 하내승河內丞이 되어 청렴하고 능하다는 일컬음을 받았다. 후에 어떤 일에 걸려 귀양을 가서 수자리를 살다가 늙고 병들어 풀려났다. 돌아가는 길이 마침 하내를 지나는데, 하내의 백성들이 다투어 양고기와 술을 가지고 와서 권했다. 그리고 비단을 선물로 가져와 잠깐 사이에 수백 필이 모였다. 요흠이 아무리 사양해도 듣지 않으므로 어느 날 저녁에 몰래 달아나버렸다.

유정원이 통천군수로 있을 때 은혜로운 정사가 많았다. 교체되어 떠난 지 두어 해 후에 감시監試[38]를 맡게 되어 회양淮陽 땅에 이르렀다. 통천 백

---

37 요흠廖欽: 중국 명나라 때 사람. 하내와 오강吳江의 현승을 지냈다. 이 기사는 『명사·순리전』에 실려 있다.

성 50여 명이 수백 리를 멀다 않고 몰려와서 인사드리는데 눈물을 흘리는 자들도 있었다[『대산집大山集』].

사람들의 칭송이 오래도록 그치지 않으면 그의 정사가 어떠했는지 알 수 있다.

등유鄧攸가 오군吳郡을 맡아 다스릴 때 녹을 받지 않고 쌀을 실어와 먹으며 오직 그곳의 물만 마셨을 뿐이었다. 그가 떠남에 백성들이 유임하도록 했으나 뜻대로 되지 않았다. "등 사또는 붙잡아도 오지 않고 사謝 사또는 떠밀어도 가지 않는구나"라고 노래지어 불렀다.

당나라 이현李峴[39]이 경조윤으로 있으면서 명성과 업적이 크게 드러났다. 양국충楊國忠[40]이 이현이 자기에게 붙지 않는 것을 미워해서 장사태수長沙太守로 내려보냈다. 그때 서울에는 양곡이 귀했는데 백성들이 "쌀과 조를 쉽게 얻고 싶거든 이현을 따라가는 도리밖에 없구나"라고 노래했다.

고려 하윤원河允源[41]이 원주를 맡아 다스릴 때 어진 정치를 행했다. 임기가 되어 돌아가는데 치악산의 승려 운감云鑑이 시를 지어 보냈다. "아

---

38 감시監試: 지방에서 치르는 시험의 시관을 가리킴.
39 이현李峴, 708~766: 중국 당나라 사람. 자는 연감延鑑이다. 영릉태수·중서시랑中書侍郞·동평장사同平章事 등을 지냈다.
40 양국충楊國忠, ?~756: 중국 당나라 사람. 본명은 쇠釗, 양귀비楊貴妃의 사촌이다. 우상右相·이부상서吏部尙書를 지냈다. 현종玄宗 때의 권신權臣으로 안록산의 난이 발발하는 화근이었다. 그 난에서 주살되었다.
41 하윤원河允源, 1322~1376: 고려 공민왕 때 문신. 자는 담지湛之. 호는 고헌苦軒, 본관은 진주晉州이다. 공민왕 11년(1362) 전리총랑典理摠郞으로 홍건적에게 함락되었던 서울 회복에 공을 세워 2등공신이 되고, 원주原州·상주尙州의 목사를 역임하고 진산군晉山君에 봉해졌다.

이가 어미의 곁에 있을 적에는 사랑 받는 줄 모르더니, 어미가 떠나자 아이는 우는구나. 춥고 배고픈 때문이 아닌가."

재임 시에 혁혁한 칭송이 없었는데 떠난 후에 일어나는 것은 덕이 있었다는 증거이다.

한나라 하무何武가 여러 차례 군수를 지냈는데, 재임 중에는 혁혁한 이름이 없다가 떠난 후에 항상 사모를 받았다.

진晉나라 사안謝安이 오회태수吳會太守가 되어서 현직에 있을 때에는 명성이 없었으나 떠난 후에는 사람들이 그를 사모하였다.

어진 사람이 가는 길에 따르는 자가 시장을 이루고 돌아가는 데도 따르는 자가 있으면 덕의 징험이다.

『오대사五代史』[42]에 "오월吳越의 현가賢價[43]이 영가永嘉를 맡아 다스릴 때 교화가 두루 미쳐서 백성들이 그를 사랑하였다. 그가 고소姑蘇를 맡게 되자 온溫 땅에서 가족을 이끌고 따라온 자들이 있었다.[44] 이를 수사호隨使戶라

---

42 『오대사五代史』: 중국 당에서 송으로 넘어오는 중간에 양梁·당唐·진晉·한漢·주周가 교체되었다. 이 시기를 오대라고 일컫는데 이 시기 역사서를 『오대사』라 하며, 송나라의 구양수가 편찬했다.

43 오월吳越의 현가賢價: 중국 오대시대 오월의 승상인 전홍현錢弘價인 듯하나, 확실하지 않다. 전홍현의 자는 지인智仁, 본명은 홍칭弘稱이다.

44 영가永嘉는 중국 절강성 온주시에 속한 곳이다. 온 땅의 사람들이란 그 지역의 백성을 의미한다. 월현이 옮겨간 고소姑蘇는 강소성 소주의 별칭이다. 오현吳縣의 옛 이름. 온주 지역의 백성이 월현을 따라 소주로 이동한 것이다.

고 불렀다.

비방과 찬양의 신실 여부나 선과 악을 판별하는
문제는 필히 군자의 말을 기다려서 그것으로
공안公案[45]을 삼아야 한다.

원결元結[46]은 「도주자사청벽기道州刺史廳壁記」[47]에서 이렇게 말하였다.
"천하가 태평할 시절에는 사방 천 리 안의 모든 생명들은 자사가 생존·
멸망·애환을 능히 다 관장하며, 천하에 전쟁이 일어나면 사방 천 리 안의
뭇 백성을 위해 능히 환난을 물리치는 일 또한 자사에게 달려 있다. 무릇
자사가 문무의 재략이 없다든지, 청렴하지도 아랫사람에게 엄숙하지도
못하다든지, 밝지도 은혜롭지도 공평하지도 바르지도 못하다든지 하면,
온 주州의 생령生靈이 모두 다 해를 입을 것이다. 아, 내가 이곳에 와서 보
니 촌락과 성읍들이 온통 빈 터가 되어버렸고 생민이 거의 없어졌다. 까
닭을 물어보고서 나도 모르게 눈물이 나왔다. 전임 자사들 중에는 혹 탐
욕하고 더럽고 어둡고 나약한 자가 있어서 옳고 그름을 가리지 못하고,
단지 입고 먹는 것만을 일로 삼아서 수년 사이에 백성들이 탐욕에 침탈

---

45 공안公案: 공정한 평가.
46 원결元結, 719~772: 중국 당나라 때 인물. 자는 차산次山이다. 도주자사를 거쳐 용관경략
사容管經略使를 지냈다. 한유韓愈 이전 고문古文 진흥의 선구자로 평가되며, 저서로는 『원
차산집元次山集』이 있다.
47 「도주자사청벽기道州刺史廳壁記」: 원결이 도주자사로 있으면서 청사의 벽에 남기기 위해
쓴 글. 지방관으로서 백성을 위해 마땅히 행해야 할 바를 밝힌 내용이다. '청벽기'는 산문
문체의 일종으로 당나라 때에 확립된 것이며, 대개 어떤 지역의 관장들을 소개하고, 청송
하거나 깨우치는 내용을 담고 있다.

당하고 이에 더해 관가에서까지 몰리고 핍박을 당하는 형편이니, 아주 간교하거나 거센 사람이 아니면 살아남는 자가 거의 없었다. 고을의 늙은이에게 물어본즉 전후의 자사 중에서 가난하고 약한 백성을 휼양恤養하고 법령을 제대로 지킬 수 있는 사람은 서이도徐履道와 이익李廣 두 분이었다. 두루 여러 사람들에게 물어보니 선정을 한 자사로 누구도 이 두 분에 미치지 못하였고 악한 정사를 행한 자를 들자면 한정이 없었다. 그래서 이 글을 지어 남겨서 후일에 자사의 경계로 삼고자 하는 것이다." ○ 여온呂溫[48]이 이 글에 후기後記를 붙였다. "원차산元次山이 「도주자사청벽기」를 스스로 지어 선을 드러내되 공명하고 악을 적출하되 거짓이 없이 가슴속의 생각을 곧바로 표현하여 경계를 삼도록 하였다. 그렇게 해서 밝고 밝게 관장의 사표가 되어 길이 청사廳舍의 벽에 걸려 있으면 후일 탐학하고 방자하여 생민을 희롱거리로 삼는 자 유독 저 자신의 마음에 부끄럽지 않겠는가! 내가 어릴 적부터 옛날의 순리전循吏傳을 읽고서 그분들의 인품을 사모하여 사대부로서 대대로 이름을 세우는 것이 이보다 더 높을 수 없다고 생각하였다. 이 지역의 자사로 와서 극히 어려운 정사를 힘써 수행하려고 했지만 아직 의도한 데 도달하지 못하였다."

---

48 여온呂溫, 771~811 : 중국 당나라 사람. 자는 화숙和叔 또는 화광化光이다. 좌습유左拾遺·형주자사衡州刺史를 지냈다. 그 역시 도주자사로 부임해서 원결의 「도주자사청벽기」에 후기 형식으로 글을 지었다.

1975년 초가을.『**목민심서**』**독회 시작.**

이해 초여름, 우리 역사·문화를 어떻게 연구할 것인가를 함께 토론해보자는 모임이『목민심서』독회의 시초였다. 구체적으로 원전을 하나 골라 읽어보자 해서『목민심서』를 택하게 되었다.

독회 참여자: 이우성, 강만길, 김진균, 김태영, 안병직, 임형택, 정창렬

1977년 1월. **강진 지역 답사.**

이우성, 강만길, 김진균, 안병직, 임형택이 강진으로 가서 귤동마을의 윤재찬 尹在瓚 옹 댁에서 1박, 만덕사에서 1박하고 진주를 거쳐 상경하였다. 윤옹 댁에서 다산의 친필 자료를 열람하고 만덕사에서는『만덕사지萬德寺志』를 열람했으며, 윤옹의 안내로 황상黃裳 후손가를 찾아가서『치원유고卮園遺稿』를 열람했다.

1978년 4월 20일.『**역주 목민심서**』**제1권을 창작과비평사에서 발간하다.**

역주 참여자: 이우성, 강만길, 김경태, 김진균, 김태영, 안병직, 임형택, 정창렬

이때 역주의 주체를 밝혀야 해서 다산연구회라는 명칭을 붙였다. 이해 초에 송재소가 회원으로 가입하였다.

1978년 봄. **성호星湖 선생 산소 참배. 산소 보존을 위한 운동 발의.**

반월공단 조성작업으로 성호의 산소와 고택의 유지遺址가 없어질 위기에 처한 사실을 알고 유적 보존을 위한 운동을 발의했다. 학계의 호응을 얻어 '성호공원'을 조성하게 되었으나, 성호 선생이 살던 마을은 결국 사라지고 말았다.

1979년 7월 27일~8월 4일. **독회 여행. 밀양 금시당(今是堂, 경남 밀양시 활성로 224-183).**

이해 초에 이동환, 이만열, 이지형, 정윤형이 회원으로 가입하였다.

1979년 9월 5일. **『역주 목민심서』 제2권 발간.**

1980년 2월 12일. **순암順庵 선생 산소(경기도 광주시 중대동) 참배.**

1980년 8월 5일~00일. **독회 여행. 지곡서당(芝谷書堂, 경기도 남양주시 수동면 지둔리).**

이해 신군부의 비상계엄 확대로 인해서 회원 여럿이 구속·해직을 당했다.

구속·해직 교수: 이우성, 강만길, 김진균, 이만열, 정윤형, 정창렬.

이해 초에 박찬일, 성대경이 회원으로 가입하였다.

1980년 7월 28일~31일. **회원 다수가 참여한 지리산 등반.**

1981년 4월 4일. **지봉芝峰 선생 산소(경기도 양주시 장흥면 일영리 산19) 참배.**

이날 김시업이 회원으로 가입하였다.

1981년 12월 5일. **『역주 목민심서』 제3권 발간.**

『역주 목민심서』 제3권을 발간한 이후 군부독재가 엄중하고 회원의 상당수가 해직을 당한 상황에서 이 모임을 지속하기 어렵다고 판단하여 독회를 중단하기로 결정했다.

1982년 정초. **신년 하례회.**

이후 매년 연초에 하례 모임을 가졌으며, 정기독회를 갖지 못하는 대신에 주말이면 서울 주변의 산을 오르고 여름과 겨울로 지방의 명산을 찾아 등반을 하기도 하였다. 또한 현직에 있는 회원들이 각자 매월 약간의 후원금을 내서 해직 교수를 돕기도 했다.

1983년 3월 이후.

대학의 연구실이 아닌 회원의 댁을 돌아다니며 독회 모임을 재개하였다.

1983년 8월 3일~00일. **독회 여행. 도원정(桃源亭, 경남 밀양시 단장면 고례리).**

1984년 7월 23일~00일. **독회 여행. 종담서당(鍾潭書堂, 경남 함양군 농월정길 9-5).**

이때 우여무禹汝懋의 『홍범우익洪範羽翼』을 발굴했다. 이후 영인본이 간행되었다. 또한 안의현의 연암燕巖 선생 유적을 답사하고 그 사적비를 세우도록 추진하였다.

1984년 12월 20일. **『역주 목민심서』 제4권 발간.**

역주 참여자: 이우성, 강만길, 김경태, 김시업, 김진균, 김태영, 박찬일, 성대경, 송재소, 안병직, 이동환, 이만열, 이지형, 임형택, 정윤형, 정창렬 16인으로 고

정되었다.

1985년 10월 25일. 『역주 목민심서』 제5권 발간.

1985년 11월 15일. 『역주 목민심서』 제6권 발간.
다산 선생 서거 150주년을 기념해서 『역주 목민심서』를 완간하였다. 1권부터 6권까지 간행작업의 전과정을 창작과비평사의 정해렴丁海廉이 주관해서 진행하였다(1986년 5월에 감사패를 증정한 바 있음). 낙원표구 이효우李孝友 사장이 다산연구회 모임에 여러 가지로 많은 도움을 주었다.

1986년 3월. 다산 선생 묘소에서 『역주 목민심서』 전6권 완간 고유告由를 하다.

1986년 4월. 『역주 목민심서』 제1권의 수정 계획을 세워 작업에 들어가다.
『역주 목민심서』가 출판기자단이 뽑은 제1회 '올해의 책'으로 선정되다.

1988년 6월 15일. 『역주 목민심서』 제1권 개역판 발간.

1989년 11월 24일. 민족문화추진회(현 한국고전번역원)에서 시행하는 제2회 고전국역상 수상.

1990년 11월 3일. 『茶山의 政治經濟思想: 李佑成教授 定年紀念論文選』 출간.
이우성 「서문」
정창렬 「실학의 역사관: 이익과 정약용을 중심으로」
임형택 「다산의 '민民'주체 정치사상의 이론적·현실적 근거: 「탕론湯論」 「원목原牧」의 이해를 위하여」

김태영「다산의 국가개혁론 서설」

성대경「다산의 기술관리 육성책」

강만길「다산의 토지소유관」

안병직「다산의 농업경영론」

정윤형「다산의 환자〔還上〕개혁론」

김경태「다산의 진휼양곡賑恤糧穀 수급론」

이지형「다산경학의 고증학적 태도:『매씨서평梅氏書評』을 중심으로」

이동환「다산사상에서의 '상제上帝' 도입경로에 대한 서설적 고찰」

송재소「다산의 전傳에 대하여」

2005년 3월 30일. 『정선 목민심서』 발간.

『역주 목민심서』를 바탕으로 정수를 뽑고 표현을 되도록 쉽게 해서 일반 독자들에게 제공하기 위함이다.

2018년 11월 7일. 『역주 목민심서』 전면개정판 발간.

이우성 李佑成	한국사, 성균관대 교수 역임(2017년 작고)
강만길 姜萬吉	한국사, 고려대 교수 역임
김경태 金敬泰	한국사, 이화여대 교수 역임(1993년 작고)
김시업 金時鄴	국문학, 성균관대 교수 역임
김진균 金晉均	사회학, 서울대 교수 역임(2004년 작고)
김태영 金泰永	한국사, 경희대 교수 역임
박찬일 朴贊一	한국경제사, 한국외국어대 교수 역임(1986년 작고)
성대경 成大慶	한국사, 성균관대 교수 역임(2016년 작고)
송재소 宋載卲	한국한문학, 성균관대 교수 역임
안병직 安秉直	한국경제사, 서울대 교수 역임
이동환 李東歡	한국한문학, 고려대 교수 역임
이만열 李萬烈	한국사, 숙명여대 교수 역임
이지형 李篪衡	동양철학, 성균관대 교수 역임
임형택 林熒澤	한국한문학, 성균관대 교수 역임
정윤형 鄭允炯	경제사상사, 홍익대 교수 역임(1999년 작고)
정창렬 鄭昌烈	한국사, 한양대 교수 역임(2013년 작고)

명예회원

이효우 李孝友	낙원표구 사장

신조선사에서 간행한『여유당전서』중『목민심서』전7책(덕양재德養齋 소장)

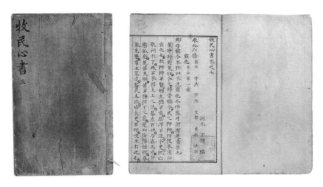

『목민심서』가장본家藏本(단국대학교 소장)

1930년대 신조선사본의 대본이 되었던 것 중의 한 책이다.

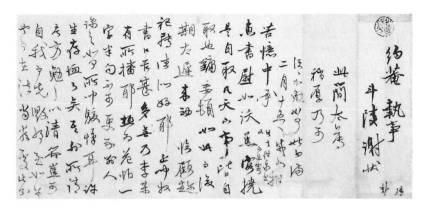

다산의 친필 간찰(덕양재 소장)

봉투 앞면

약암(約菴, 이재의李載毅)께   約菴執事

두릉(斗陵, 다산의 고향인 마재의 별칭) 답장합니다   斗陵謝狀

봉투 뒷면

이 편지는 너무 얇습니다. 좀더 두꺼워야 하겠습니다.   此簡太薄, 稍厚乃可.

약암은 경기 지역 출신의 이재의라는 학자인데, 다산과 강진에서 만나 학문적인 토론을 가졌고 이후 친교를 계속하였다. 약암에게 보낸 이 편지에서 다산은 "근래에 듣자하니 『목민심서』가 구설수에 올랐다고 하던데, 이 아무개가 퍼뜨린 때문이 아니겠습니까? 몹시 위태롭고 두려운 일입니다. 한 글자 반 구절도 다시는 다른 사람에게 보여선 안 되니 잘 헤아려주십시오. 소문이 참으로 겁이 납니다"라고 하였다. 이를 보면 다산이 『목민심서』가 세상에 널리 퍼지는 것을 두려워했음을 알 수 있다. 간찰의 전체 원문은 다음과 같다.

苦憶中, 承惠書, 慰如沃焦. 客撓是自取, 凡天下事, 皆自取也. 鏞委頓如此, 而後期太遲, 來初臨顧, 趁祀轉往似好耶? 近聞『牧書』口舌甚多, 無乃李某有所播耶? 極爲危怕, 一字半句, 不可更示別人, 諒之如何. 所聞駭懍耳. 許生存恤可矣. 其外所請, 吾方勉之以淸簡, 豈可自我而先毀耶? 至如午也事, 在法當嚴處, 此則便便加勉如何. 姑不備. 二月十五日, 戚下拜. 此去紺泉書, 又下送如何.

居官須知

凡為吏太剛則折太柔則廢剛柔得中斯可
濟事　天下萬事以人心為本苟失人和
萬事皆非縣雖少亦有更吏民人自有上
下之體怫民之上必須詞察人心使不至
於達怫咨怨　得人之心其道無他我
公平無私則人心自悅古人云公則令人
心七情之中惟怒最難制臨事而怒
則心勃而色必敗身輒亦增加抑制迷容熟
思而慶之　色必敗身能害已二者右
人切戒也　心荒事廢莫過於酒恒存戒
懼之心切勿為賓客知舊所挽而肆歡而
官屬待品官待百姓切以先事憤疾而有
罪無罪事發出公平慶之　待百姓以
愛為主待官屬以嚴為主雖主愛而不可不使
之從令雖不親不疎　官屬難支之獎必須及
品官不親不疎令雖不使之從令難支之保至於待
通其過誤未須平恕而惟欺官病民一事重

두루마리 형태의 목민서(덕양재 소장)

지방관이 숙지하고 경계해야 할 내용을 기술한 것으로 인조반정의 공신 이귀李貴의
현손인 이정(李淨, 1684~1735)이 작성한 것이다.

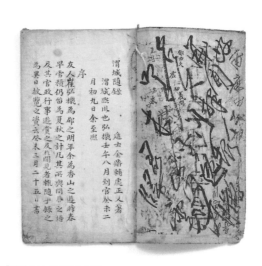

1703년에 만들어진 목민서의 일종인 『위성수록』(덕양재 소장)

1702년 위성(지금의 자강도 희천 지역)에 지방관으로 부임한 최홍기의 친구인 진사 김정보金
鼎輔가 최홍기의 행적을 보고 기록한 책이다. 1700년대에 이미 목민서가 집필되었음을 알
수 있게 하는 이 책 『위성수록』은 목민서의 원천 자료적 성격을 지니는 귀중한 사료이다.

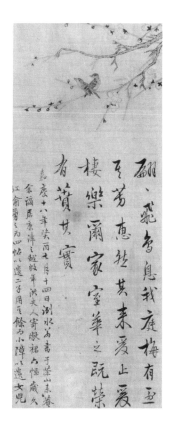

다산이 유배지인 강진에서
부인 홍씨에게 그려 보낸 매조도
(고려대학교박물관 소장)

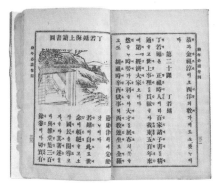

1907년에 현채玄采가 저술한 교과서의 일종인 『유년필독』(덕양재 소장)

세계 여러 위인과 함께 다산이 독서와 저술을 하는 모습도 책에 담았다. "시세時勢가 불리하여 큰 재능을 펼치지 못하고 신유옥사에 연루되어 정배定配되었으나 국민을 개도開導하기 위해 『여유당전서』 300여 권을 저술하였다"라는 설명을 달았다.

1977년 1월, 강진 귤동마을의 윤재찬 옹 댁에서(왼쪽부터 임형택, 김진균, 윤재찬, 이우성, 안병직)

다산초당 뒤편에 있는 다산이 직접 새긴 '丁石'과 다산동암 현판
다산동암은 다산초당 경내에 있는 건물로 다산이 도서를 비치하고 저술 작업을 한 곳이기
도 하다.

다산연구회 회원들의 답사 여행(강화도 북문 앞에서)

1989년, 『역주 목민심서』가 민족문화추진회(현 한국고전번역원)에서 실시하는 고전국역상을 받게 되어 시상식장에서

1986년 3월. 다산 탄생 150주년을 맞아 완간한 『역주 목민심서』 전6권을 들고
다산 선생 묘소에서 지낸 고유제(고유문은 벽사 이우성 선생이 지었다)

祭茶山先生墓文

維歲次丙寅三月三十日癸酉, 茶山研究會會員一同, 敢昭告于茶山丁美庸先生之墓.
伏以生等, 夙慕風貌, 結社研學, 於焉十秋. 一部牧書地負, 酒譯酒註, 眞意是探, 才疎
識茂, 未窺堂室, 是非錯綜, 莫衷乎一, 矧遭末世戊亥之會, 或縈圖圄, 或竄海外, 中途
束閣, 歲月遷延. 賴天有靈, 重釐舊編, 今玆丙寅, 竟得畢業. 適値歿年周百五十, 謹具
脯核, 合祭封塋, 新刊六冊, 竝此奉呈. 創批之社, 發揚新風, 殫誠協力, 以至有終. 尊
靈不昧, 陟降洋洋, 鑑此微衷, 庶歆一觴. 尙饗.

다산 선생 묘소에 올리는 고유문 告由文

유세차 維歲次 병인년(1986) 3월 30일 계유 癸酉에 다산연구회 회원 일동은 감히 다산 정미용(丁美庸, 미용은 다산의 자) 선생의 묘에 고하나이다.

생각하옵건대, 저희들은 일찍부터 선생의 풍모를 흠모하여 모임을 만들고 공부한 지 어언 10년이 되었습니다. 대지를 품은 듯한 『목민심서』 전부를 번역하고 주를 달며 진정으로 탐구하였으되, 재주가 성글고 지식이 부족한 탓에 높은 경지에 이르지 못해 시비가 엇갈려서 귀결이 되기 어려웠습니다. 게다가 말세의 험악한 때를 만나 혹은 옥에 갇히고 혹은 해외로 도피해서 중도에 포기하고 세월을 지연했습니다. 그러다 하늘의 신령한 도우심으로 다시금 옛 원고를 다듬어서 지금 병인년에 드디어 일을 끝마치게 되었습니다. 마침 선생께서 돌아가신 지 150주년이 되는 해를 당해 삼가 주과포를 갖추어 산소에 제사를 드리고 아울러 새로 간행한 이 『역주 목민심서』 6책을 받들어 올립니다. 창비는 신풍을 진작하는 출판사이온데 정성을 다해 협력하여 일을 아름답게 마무리 짓게 되었습니다. 거룩하신 영령께옵서는 저희의 조그만 충심을 굽어 살피시고 한 잔 술을 흠향하옵소서.

상향.

정약용丁若鏞

조선 정조 때 실학자로 호는 다산茶山이다. 1762년 경기도 광주부에서 출생하여 28세에 문과에 급제했다. 곡산
부사·동부승지·형조참의 등의 벼슬을 지냈다. 경학經學과 시문학에 뛰어났으며 천문·지리·의술 등 자연과학에
도 밝았는데, 수기치인修己治人의 실학은 그의 학문 자세와 방향을 상징하는 말이 됐다. 18년간의 강진 유배생
활 동안 『목민심서』 『경세유표』 『흠흠신서』 등 방대한 분량의 초고를 저술했으며, 경학 연구서 232권을 비롯해
2500여 수의 시와 다수의 산문 등 빼어난 저술들을 남겼다. 1818년 귀양이 풀려 고향으로 돌아와 1836년 별세
하기까지 방대한 저술의 완성에 힘을 쏟았다.

다산연구회

1975년 고故 벽사 이우성 선생을 필두로 실학에 관심을 가진 학자들이 함께 원전을 읽고 토론해보자는 취지로
모임이 시작되어 『목민심서』 독회와 『역주 목민심서』 출간에 이르렀다. 10년간 치밀하게 조사하고 치열하게 토
론하며 역주에 힘을 쏟은 결과, 1978년 『역주 목민심서』(창작과비평사) 제1권을 간행한 이래 1985년 전6권이 완
간되었다. 회원은 작고한 분으로 이우성李佑成·김경태金敬泰·김진균金晉均·박찬일朴贊一·성대경成大慶·정윤형
鄭允炯·정창렬鄭昌烈, 현재 활동하는 분으로 강만길姜萬吉·김시업金時鄴·김태영金泰永·송재소宋載卲·안병직安秉
直·이동환李東歡·이만열李萬烈·이지형李篪衡·임형택林熒澤 등 16인이다. 『목민심서』 200주년을 기념한 『역주 목
민심서』 전면개정판 작업의 교열은 임형택이 맡았다.

역주 목민심서 6

초판 발행/1985년 11월 15일
전면개정판 1쇄 발행/2018년 11월 7일

지은이/정약용
역주/다산연구회
교열/임형택
펴낸이/강일우
책임편집/윤동희 홍지연
펴낸곳/(주)창비
등록/1986년 8월 5일 제85호
주소/10881 경기도 파주시 회동길 184
전화/031-955-3333
팩시밀리/영업 031-955-3399 편집 031-955-3400
홈페이지/www.changbi.com
전자우편/human@changbi.com

ⓒ 다산연구회 2018
ISBN 978-89-364-6052-5 94300
     978-89-364-6985-6 (세트)